기출문제를 토대로 한 국가공인

한자 자격시험 연습문제집 1급

- 선정한자 수록
- 기출문제를 토대로 한 연습문제 15회분 구성
- 실제 시험형태의 문제지와 답안지로 실전 대비
- 대학 특기, 특별전형 시 우대
- 삼성전자 및 주요 기업 입사, 승진 시 가산점 부여

형민사

기출문제를 토대로 한

한자자격시험 연습문제 1급

인   쇄 | 2022. 10. 01
펴 낸 곳 | 주식회사 형민사
지 은 이 | 국제어문능력개발원
인터넷구매 | www.hanja114.co.kr
구 입 문 의 | TEL.02-736-7693~4, FAX.02-736-7692
주   소 | ㉾100-032 서울시 중구 수표로45, B1 101호(저동2가 비즈센터)
등 록 번 호 | 제2016-000003호
정   가 | 15,000
I S B N | 978-89-91325-40-1 13710

일러두기

국가공인
한자자격시험
연습문제집 1급

1.

이 책은
‘사단법인 한자교육진흥회’가 주관하고
‘한국한자실력평가원’이 시행하는
‘국가공인 한자자격시험 1급’을 준비하는 응시자를 위해
만들어졌습니다.

2.

선정한자와 실용한자어를 익힌 후
기출문제를 토대로 한 15회분의 연습문제를 풀면서
출제유형과 경향을 파악하도록 구성하였습니다.

3.

정답을 작성할 수 있는 연습용 답안지 5회분을 수록하여
실전에 대비한 모의시험이 가능하도록 하였습니다.

국가공인 한자자격시험 안내

● **한자자격시험은**

낱글자 암기 능력 위주의 평가를 지양하고
우리 국어 생활에 필요한 한자어들의 활용 능력을 평가하여
한자공부로 一石多鳥의 효과를 누릴 수 있도록 구성된
국가공인기관에서 시행하는 시험입니다.

총 5,000자의 선정한자를 시험 등급별로 선정 평가 ▶ 체계있는 단계별 한자학습

초·중·고등학교 교과서 한자어 평가 ▶ 전 교과목 학습능력 향상

총 1,000여 단어의 직업별 전문용어 평가 ▶ 업무능력의 향상

● **시험일정:** 연간 4회(세부일정은 홈페이지 참조, www.hanja114.org, 전화 02-3406-9111)

● **시험 요강**

급수		공인급수				교양급수							
		사범	1급	2급	3급	준3급	4급	준4급	5급	준5급	6급	7급	8급
평가한자수	계	5,000자	3,500자	2,300자	1,800자	1,350자	900자	700자	450자	250자	170자	120자	50자
	선정한자	5,000자	3,500자	2,300자	1,300자	1,000자	700자	500자	300자	150자	70자	50자	30자
	교과서. 작업군별 실용한자어	단문. 한시 등	500단어	500단어	500자 (436단어)	350자 (305단어)	200자 (156단어)	200자 (139단어)	150자 (117단어)	100자 (62단어)	100자 (62단어)	70자 (43단어)	20자 (13단어)
문항수		200	150	100	100	100	100	100	100	100	80	50	50
합격기준		80점	70점	70점	70점	70점	70점	70점	70점	70점	70점	70점	70점
시험시간(분)		120	80	60	60	60	60	60	60	60	60	60	60

※ 교과서 한자어는 3급 이하 급수에서 출제되며, 쓰기문제는 출제되지 않습니다.　　※ 직업군별 실용한자어는 1급과 2급에서 출제됩니다.

● **접수방법**

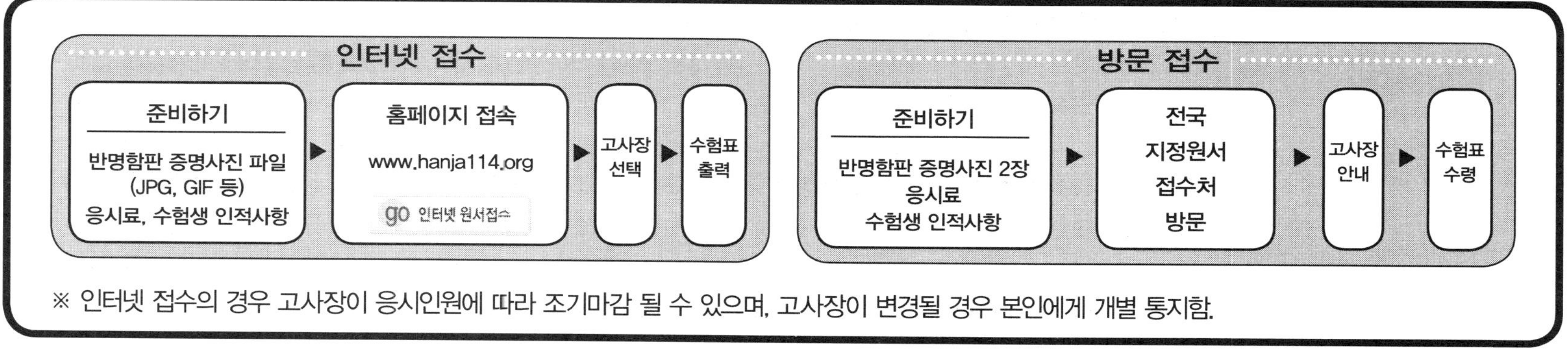

※ 인터넷 접수의 경우 고사장이 응시인원에 따라 조기마감 될 수 있으며, 고사장이 변경될 경우 본인에게 개별 통지함.

● **시험당일 준비 사항**

▶ 수험표와 신분증 소지
▶ 필기구: 6급 이상 – 컴퓨터용 싸인펜, 검정볼펜, 수정테이프
　　　　　 7급~8급 – 연필, 지우개
▶ 고사장 위치 사전 확인
▶ 시험시간 20분 전 입실 완료

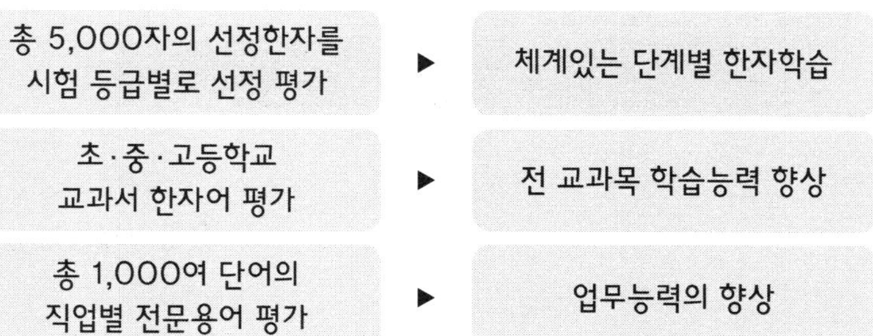

추천교재 구입처

형 민 사

전화: 02)736-7694
홈페이지: www.hanja114.co.kr

사단법인 한자교육진흥회는?

- 한자교육 단체 중 국내 최초로 법인 인가(1990년 11월)/국가공인 자격관리·운영기관 승인(2004년 1월)
- 국내 유일의 공교육체계에 맞는 급수 편성
- 한자실력급수 3급부터 사범급까지 4개 등급 공인 취득/한자·한문지도사 3급부터 특급까지 4개 등급 공인 취득
  - ○ **국가공인 민간자격증은 자격기본법 제 23조 3항에 따라 국가자격을 취득한 자와 동등한 대우를 받음**
- 전역예정군간부 직업훈련교육기관으로 지정/교원 특수분야 직무연수기관으로 지정
- 생활보호대상자(학교별 단체 특별시험에 한함–교장의 추천), 교도소재소자에게 무료 시험 실시 사회공헌
- **해외 한인학교 한자교육 및 자격시험 지원 기관(인도네시아, 독일 등)**
- 공공기관이 주관·실시하는 한자자격시험 및 한자경시대회 출제·채점(파주시청, 서천군청/양천구청장배, 구리시장배 등)
- KBS TV 퀴즈대한민국 한자문제 출제 감수
- 가천의과학대학교 뇌과학연구소와 「한자교육이 뇌발달에 미치는 영향」 공동연구
- ※ 간송학술장학재단의 장학규정에 의거 초·중·고교생 중 사범 합격자에게 장학금 지급

한자자격시험은 이렇게 출제하여 평가한다.

- 교육부선정 한문교육용 기초한자 1,800자와 대법원인명용한자, 전산용한자, 고문연구용한자 등 총 5,000자를 급수별로 선정하고, 초·중·고교의 교과서 한자어와 직업군별 실용한자어 등을 종합평가한다.
- **객관식 약 30%, 주관식 약 70%로 출제**하고 한자의 훈음, 독음, 상대어(반의어), 유의어, 부수, 고문의 이해 범위에서의 쓰기, 읽기, 해석하기, 문장구성 등 종합적 활용능력을 평가한다.
- 3급 이하에서 출제되는 교과서 한자어는 사용 빈도수가 높은 단어를 선정 평가함으로써 **어휘력, 논술력 향상과 교과서 한자어의 인지도를 높여 종합적 학습능력을 신장**시킨다.
- 2급, 1급에서는 직업군별 실용한자어를 평가함으로써 **직무능력의 향상**을 꾀한다.

자격증을 취득하면 어디에 활용하는가?

- 국내 유수대학의 **입시에 우대**(각 대학의 입시요강 참고)
- 2005학년도 대학수학능력시험부터 '漢文'을 선택과목으로 채택
- 한국방송통신대학교 중어중문학과에서 1급 이상의 자격을 취득한 자는 졸업논문 대체 인정
- 평생교육진흥원의 학점인정기준에 따라 전국학점은행제 기관에 신청하면 **사범 5학점, 1급 3학점 인정**
- 전국경제인연합회 전임 강신호 회장이 타 단체와 크게 차별화 된 것을 높이 평가 전경련 회원사(기업체)에 추천
  - ○ 국정원, 삼성그룹, 한국무역협회, 동아제약, 우리은행 등 **수많은 기업신입사원 채용 시 가산점 부여, 면접활용**
  - ○ 녹십자와 현대건설 등 다수의 기업에서는 협약을 맺어 전 사원에게 한자자격시험에 응시 인사고과에 반영
- 육군간부 및 군무원의 인사고과 반영
- 경기도 파주시청을 비롯한 국가기관에서 **공무원 직무능력 향상의 수단으로 한자 자격취득 권장**

한자자격시험 응시를 위한 준비는 어떻게 하나?

- **교재 활용하기**
  - ○ **추천도서:형민사** 발행 수험서
    - 한자자격시험(사범~8급, 총 12종)
    - 한자자격시험 연습문제집(사범~8급, 총 12종)
    - 한자공부(1단계~5단계: 8급~5급 내용수록)
    - 쉽고 재미있게 익히는 한자공부(초등학교용, 1단계~3단계): 서울시 교육감인정도서
    - 재미있고 쉽게 배우는 한자(초등학생용, 1단계~6단계): 서울시 교육감인정도서
- **인터넷 활용하기**
  - ○ 한자교육진흥회 홈페이지의 **기출문제** 이용하기: **www.hanja114.org** ➡ 상단 메뉴바 기출문제 참고

1급 선정한자

가

한자	훈(뜻)	음	약자
傢	가구	가	(家)
駕	가마	가	(驾)
袈	가사	가	
柯	가지	가	
苛	매울	가	
迦	부처이름	가	
軻	수레	가	(轲)
嫁	시집갈	가	
稼	심을	가	
殼	껍질	각	(壳)
恪	조심할	각	
揀	가릴	간	(拣)
墾	개간할	간	(垦)
艮	괘이름	간	
侃	굳셀	간	
杆	몽둥이	간	
澗	산골물	간	(涧)
磵	석간수	간	(硐)
艱	어려울	간	(艰)
玕	옥돌	간	
竿	장대	간	
竭	다할	갈	
碣	비석	갈	
鞨	오랑캐	갈	
喝	외칠/꾸짖을	갈	
柑	감귤	감	
堪	견딜	감	
瞰	내려다볼	감	
邯	사람이름	감	
勘	헤아릴	감	
匣	갑	갑	
慷	강개할	강	
彊	굳셀	강	(强)
扛	마주들	강	
薑	생강	강	(姜)
糠	쌀겨	강	
鱇	아귀	강	(鱇)
堈	언덕	강	

한자	훈(뜻)	음	약자
舡	오나라배	강	
羌	오랑캐	강	
絳	진홍색	강	(绛)
襁	포대기	강	
芥	겨자	개	
塏	높은땅	개	(垲)
溉	물댈	개	(溉)
疥	옴	개	
愷	즐거울	개	(恺)
价	클	개	
羹	국	갱	
醵	술잔치	갹	
遽	갑자기	거	
渠	도랑	거	
鉅	클	거	(钜)
楗	문빗장	건	
虔	정성	건	
愆	허물	건	
桀	이름(夏王)	걸	
怯	겁낼	겁	
檄	격문	격	
譴	꾸짖을	견	(谴)
鵑	두견이	견	(鹃)
甄	질그릇	견	
抉	도려낼	결	
鎌	낫	겸	(镰)
儆	경계할	경	
磬	경쇠	경	
鯨	고래	경	(鯨)
勁	굳셀	경	(劲)
倞	굳셀/다툴	경	
憬	깨달을	경	
梗	대개	경	
坰	들	경	
擎	들어올릴	경	
頸	목	경	(颈)
暻	밝을	경	
耿	빛날	경	
囧	빛날	경	
逕	소로/작은길	경	(迳)

한자	훈(뜻)	음	약자
莖	줄기	경	(茎)
俓	지름길	경	(径)
涇	통할	경	(泾)
絅	홑옷	경	(綗)
痙	힘줄당길	경	(痉)
誡	경계할	계	(诫)
稽	상고할	계	
磎	시내	계	(溪)
痼	고질병	고	
股	넓적다리	고	
叩	두드릴	고	
袴	바지	고	(裤)
敲	북	고	
睾	불알	고	
羔	새끼양	고	
皐	언덕	고	(皋)
拷	칠	고	
梏	쇠고랑	곡	
袞	곤룡포	곤	(衮)
鯤	곤이	곤	(鲲)
昆	맏	곤	
棍	몽둥이	곤	
崑	산이름	곤	(昆)
琨	옥돌	곤	
控	당길	공	
拱	두손맞잡을	공	
鞏	묶을	공	(巩)
珙	큰옥	공	
串	곶	곶	
廓	둘레	곽	
藿	콩잎	곽	
棺	널	관	
罐	두레박	관	
灌	물댈	관	
瓘	옥이름	관	
琯	옥피리	관	
括	묶을	괄	
壙	광	광	(圹)
洸	물용솟음할	광	
匡	바로잡을	광	

한자	훈(뜻)	음	약자
眖	빛	광	
侊	성한모양	광	
胱	오줌통	광	
珖	옥피리	광	
曠	훵할	광	(旷)
拐	속일	괴	
魁	우두머리	괴	
槐	홰나무	괴	
虢	범발톱자국	괵	
轟	수레소리	굉	(轰)
宏	클	굉	
肱	팔뚝	굉	
鉸	가위	교	(铰)
驕	교만할	교	(骄)
喬	높을	교	(乔)
嬌	아리따울	교	(娇)
攪	어지러울	교	(搅)
矩	곱자	구	
枸	구기자	구	
銶	끌	구	
柩	널	구	
耇	늙을	구	
寇	도둑	구	
溝	도랑	구	(沟)
垢	때	구	
毆	때릴	구	(殴)
駒	망아지	구	(驹)
軀	몸	구	(躯)
舅	시아비	구	
咎	허물	구	
躬	몸	궁	
眷	돌아볼	권	
蹶	넘어질/달릴	궐	
潰	무너질	궤	(溃)
詭	속일	궤	(诡)
机	책상	궤	
窺	엿볼	규	(窥)
逵	큰길	규	
葵	해바라기	규	
畇	밭일굴	균	

漢字	訓	音	略字
鈞	서른근	균	(钧)
橘	감귤나무	귤	
棘	멧대추나무	극	
剋	이길	극	(克)
戟	창자루	극	
隙	틈	극	
漌	맑을	근	
覲	뵈올	근	(觐)
墐	진흙	근	
饉	흉년들	근	(馑)
劤	힘셀	근	
昑	밝을	금	
襟	옷깃	금	
衿	옷깃/두를	금	
衾	이불	금	
扱	다룰	급	
汲	물길을	급	
岌	위태할	급	
亘	뻗칠	긍	
埼	갑	기	
圻	경기/지경	기	
杞	구기자나무	기	
璣	구슬	기	(玑)
伎	기량	기	
妓	기생	기	
譏	나무랄	기	(讥)
磯	물가돌	기	(矶)
沂	물이름	기	
淇	물이름	기	
碁	바둑	기	
冀	바랄	기	
祺	복	기	
綺	비단	기	(绮)
錡	솥	기	(锜)
嗜	즐길	기	
驥	천리마	기	(骥)
箕	키	기	
玘	패옥	기	
璂	피변꾸미개	기	
崎	험할	기	
錤	호미	기	
佶	건장할	길	
桔	도라지	길	
拮	일할	길	
喫	마실	끽	(吃)

나

漢字	訓	音	略字
懦	나약할	나	
拏	붙잡을	나	(拿)
娜	아리따울	나	
捺	누를	날	
捏	반죽할	날	
湳	강이름	남	
楠	녹나무	남	
囊	주머니	낭	
奈	능금나무	내	
恬	편안할	념	
侫	아첨할	녕	
膿	고름	농	(脓)
鬧	시끄러울	뇨	(闹)
撓	어지러울	뇨	(挠)
紐	맬	뉴	(纽)
鈕	인꼭지	뉴	(钮)

다

漢字	訓	音	略字
緞	비단	단	(缎)
湍	여울	단	
疸	황달	달	
痰	가래	담	
澹	담박할	담	
覃	미칠	담	
譚	이야기	담	(谭)
曇	흐릴	담	(昙)
遝	몰릴	답	
沓	유창할	답	
幢	기	당	
鐺	북소리	당	(铛)
螳	사마귀	당	
撞	칠	당	
棠	팥배나무	당	
玳	대모	대	
岱	대산	대	
擡	들	대	(抬)
棹	노	도	
堵	담	도	
鍍	도금할	도	(镀)
蹈	밟을	도	
荼	씀바귀	도	
屠	죽일	도	
搗	찧을	도	(捣)
濤	큰물결	도	(涛)
瀆	더럽힐	독	(渎)
犢	송아지	독	(犊)
惇	도타울	돈	
墩	돈대	돈	
焞	밝을	돈	
燉	불빛	돈	(炖)
暾	아침해	돈	
乭	이름	돌	
潼	강이름	동	
憧	그리워할	동	
瞳	눈동자	동	
董	바를	동	
疼	아플	동	
仝	한가지	동	
枓	두공/주두	두	
痘	천연두	두	
遁	달아날	둔	
鄧	나라이름	등	(邓)

라

漢字	訓	音	略字
懶	게으를	라	(懒)
癩	문둥병	라	(癞)
螺	소라	라	
珞	구슬목걸이	락	
酪	유즙	락	
烙	지질	락	
瀾	물결	란	(澜)
瓓	옥무늬	란	
辣	매울	랄	
襤	누더기	람	(褴)
籃	바구니	람	(篮)
臘	납향	랍	(腊)
琅	옥이름	랑	
狼	이리	랑	
崍	산이름	래	
輛	수레	량	(辆)
倆	재주	량	(俩)
驪	검은말	려	(骊)
黎	검을	려	
礪	숫돌	려	(砺)
戾	어그러질	려	
閭	이문	려	(闾)
霹	벼락	력	(雳)
轢	삐걱거릴	력	(轹)
攣	걸릴	련	(挛)
輦	손수레	련	(辇)
漣	잔물결	련	(涟)
璉	호련	련	(琏)
洌	맑을	렬	
冽	찰	렬	
斂	거둘	렴	(敛)
濂	물이름	렴	(濂)
簾	발	렴	(帘)
鈴	방울	령	(铃)
伶	영리할	령	
怜	영리할	령	
囹	옥	령	
昤	햇빛	령	
醴	단술	례	
撈	잡을	로	(捞)
鷺	해오라기	로	(鹭)
麓	산기슭	록	
聾	귀먹을	롱	(聋)
瀧	비올	롱	(泷)
瓏	옥소리	롱	(珑)
傀	꼭두각시	뢰	
遼	멀	료	(辽)
瞭	밝을	료	(了)
寥	쓸쓸할	료	(寥)
褸	남루할	루	(褛)
陋	좁을	루	
壘	진	루	(垒)
琉	유리	류	
硫	유황	류	
戮	죽일	륙	
綸	낚싯줄	륜	(纶)
侖	둥글	륜	(仑)
淪	빠질	륜	(沦)
崙	산이름	륜	(岽)
慄	두려울	률	(栗)
肋	갈빗대	륵	
凜	찰	름	
凌	능가할	릉	
菱	마름	릉	
楞	모	릉	
綾	비단	릉	(绫)
羅	걸릴	리	
俐	똑똑할	리	

漢字	訓	音
痢	설사	리
俚	속될	리
悧	영리할	리
籬	울타리	리 (篱)
璃	유리	리
麟	기린	린
潾	물맑을	린
鱗	비늘	린 (鳞)
吝	아낄	린
璘	옥빛	린
躪	짓밟을	린 (躏)
淋	물뿌릴	림
琳	아름다운옥	림
霖	장마	림
笠	삿갓	립

마

漢字	訓	音
瑪	마노	마 (玛)
邈	멀	막
曼	끌(끌다)	만
挽	당길	만
蔓	덩굴	만
卍	만자	만 (卐)
沫	거품	말
茉	말리	말
靺	종족이름	말
輞	바퀴테	망 (辋)
邙	산이름	망
莽	우거질	망
邁	갈(가다)	매 (迈)
煤	그을음	매
魅	매혹할	매
罵	욕할	매 (骂)
貊	북방종족	맥
萌	싹	맹
冕	면류관	면
棉	목화	면
沔	물이름	면
麵	밀가루	면 (面)
俛	힘쓸	면
酩	술취할	명
溟	어두울	명
摸	찾을	모
穆	화목할	목

漢字	訓	音
歿	죽을	몰
猫	고양이	묘
描	그릴	묘
錨	닻	묘 (锚)
昴	별이름	묘
憮	명할	무 (怃)
畝	밭이랑	무 (亩)
鵡	앵무새	무 (鹉)
撫	어루만질	무 (抚)
拇	엄지손가락	무
珷	옥돌	무
懋	힘쓸	무
蚊	모기	문
刎	목벨	문
紋	무늬	문 (纹)
湈	물놀이	미
彌	미륵	미 (弥)
嵋	산이름	미
謎	수수께끼	미 (谜)
靡	쓰러질	미
薇	장미	미
愍	근심할	민
泯	망할	민
岷	산이름	민

바

漢字	訓	音
鉑	금박	박 (铂)
駁	논박할	박 (驳)
撲	때릴/칠	박 (扑)
縛	묶을	박 (缚)
剝	벗길	박 (剥)
璞	옥돌	박
珀	호박	박
磻	강이름	반
頒	나눌	반 (颁)
磐	너럭바위	반
畔	두둑	반
潘	뜨물	반
渤	바다이름	발
鉢	바리때	발 (钵)
勃	발끈할	발
跋	밟을	발
潑	활발할	발 (泼)
彷	거닐	방

漢字	訓	音
坊	동네	방
昉	마침	방
滂	비퍼부울	방
膀	오줌통	방
徘	노닐	배
陪	도울	배
湃	물결칠	배
佰	일백	백
蕃	우거질	번
筏	뗏목	벌
氾	넘칠	범 (泛)
帆	돛	범
泛	뜰	범
笵	법	범
范	성	범
璧	둥근옥	벽
霹	벼락	벽
闢	열(열다)	벽 (辟)
軿	거마소리	병 (辀)
餠	떡	병 (饼)
昞	밝을	병
瓶	병	병
倂	아우를	병 (并)
棅	자루	병 (柄)
潽	물이름	보
菩	보리수	보
堡	작은성	보
褓	포대기	보
鰒	전복	복 (鳆)
僕	종	복 (仆)
馥	향기	복
棒	몽둥이	봉
捧	받들	봉
烽	봉화	봉
蓬	쑥	봉
鋒	칼끝	봉 (锋)
琫	칼집장식	봉
俯	구부릴	부
斧	도끼	부
孚	미쁠	부
傅	스승	부
孵	알낳을	부
阜	언덕	부
芙	연꽃	부
腑	장부	부

漢字	訓	音
敷	펼	부
溥	펼	부
糞	똥	분
焚	불사를	분
忿	성낼	분
雰	안개	분
汾	클	분
芬	향기	분
鵬	큰새	붕 (鹏)
鄙	더러울	비
庇	덮을	비
扉	문짝	비
緋	비단	비 (绯)
譬	비유할	비
琵	비파	비
枇	비파나무	비
毖	삼갈	비
痺	저릴	비
脾	지라	비
丕	클	비
臂	팔	비
誹	헐뜯을	비 (诽)
睥	흘겨볼	비
濱	물가	빈 (滨)
斌	빛날	빈
嬪	아내	빈
牝	암컷	빈
憑	기댈	빙 (凭)

사

漢字	訓	音
裟	가사	사
紗	깁	사 (纱)
嗣	대이을	사
砂	모래	사
泗	물이름	사
肆	방자할	사
獅	사자	사 (狮)
瀉	쏟을	사 (泻)
娑	춤출	사
珊	산호	산
薩	보살	살 (萨)
杉	삼나무	삼
翔	날개	상
湘	물이름	상

한자	뜻	음	이체자
觴	술잔	상	(觴)
爽	시원할	상	
牀	평상	상	(床)
庠	학교	상	
璽	도장	새	(玺)
穡	거둘	색	(穑)
嗇	아낄	색	(啬)
甥	생질	생	
笙	생황	생	
牲	희생	생	
棲	깃들	서	(栖)
壻	사위(=婿)	서	(婿)
曙	새벽	서	
嶼	작은섬	서	(屿)
惰	지혜	서	
抒	토로할	서	
潟	개펄	석	(舄)
晳	밝을	석	(晰)
淅	쌀일	석	
蓆	자리	석	(席)
汐	조수	석	
鍎	가래	선	
嬋	고울/드물	선	(婵)
璿	구슬	선	(璇)
瑄	도리옥	선	
詵	많을	선	(诜)
蟬	매미	선	(蝉)
銑	무쇠	선	(铣)
渲	바림	선	
羨	부러울	선	
扇	부채	선	
煽	부추길	선	
腺	샘	선	
琁	옥	선	
璇	옥	선	
珗	옥돌	선	
褻	더러울	설	(亵)
禼	사람이름	설	(卨)
泄	샐	설	
洩	샐	설	(泄)
楔	쐐기	설	
渫	치울	설	
殲	다죽일	섬	(歼)
蟾	두꺼비	섬	
陝	땅이름	섬	(陕)
暹	해돋을	섬	
醒	깰	성	
筬	바디	성	
宬	서고	성	
猩	성성이	성	
惺	영리할	성	
珹	옥이름	성	
逍	거닐	소	
遡	거스를	소	
搔	긁을	소	(搔)
邵	높을	소	
炤	밝을	소	
邵	성(姓)	소	
韶	풍류이름	소	
霄	하늘	소	
嘯	휘파람	소	(啸)
釗	힘쓸	소	(钊)
巽	괘이름	손	
飧	저녁밥	손	
淞	강이름	송	
悚	두려울	송	
灑	물뿌릴	쇄	(洒)
酬	갚을	수	
髓	골수	수	
隧	따를	수	
蒐	모을	수	(搜)
狩	사냥	수	
岫	산굴(=峀)	수	
竪	세울	수	(竖)
袖	소매	수	
繡	수놓을	수	(绣)
讐	원수	수	(雠)
穗	이삭	수	
綬	인끈	수	(绶)
瘦	파리할	수	
綏	편안할	수	(绥)
嫂	형수	수	
塾	글방	숙	
俶	비롯할	숙	
璹	옥그릇	숙	(璹)
琡	옥이름	숙	
夙	일찍	숙	
馴	길들	순	(驯)
詢	물을	순	(询)
錞	악기이름	순	(錞)
醇	진한술	순	
洵	참으로	순	
諄	타이를	순	(谆)
嵩	높을	숭	
膝	무릎	슬	
蝨	이	슬	(虱)
瑟	큰거문고	슬	
繩	노끈	승	(绳)
丞	도울	승	
陞	오를	승	(升)
柿	감나무	시	
恃	믿을	시	
猜	시기할	시	(猜)
熄	꺼질	식	
拭	닦을	식	
軾	수레앞턱가로나무	식	(轼)
寔	이	식	
蝕	좀먹을	식	(蚀)
埴	찰흙	식	
莘	긴모양	신	
薪	섶나무	신	
訊	캐물을	신	(讯)
悉	다	실	
瀋	물이름	심	(沈)
沁	스며들	심	
什	열사람	십	

아

한자	뜻	음	이체자
峨	높을	아	
衙	마을	아	
訝	맞을	아	(讶)
啞	벙어리	아	(哑)
娥	예쁠	아	
愕	놀랄	악	
堊	백토	악	(垩)
嶽	큰산	악	(岳)
閼	막을	알	(阏)
軋	삐걱거릴	알	(轧)
闇	닫힌문	암	(暗)
菴	풀이름	암	(庵)
鴨	오리	압	(鸭)
昂	오를	앙	(昂)
鴦	원앙새	앙	(鸯)
曖	가릴	애	(暧)
崖	벼랑	애	
艾	쑥	애	
厓	언덕	애	(崖)
埃	티끌	애	
腋	겨드랑이	액	
鶯	꾀꼬리	앵	(莺)
櫻	앵두나무	앵	(樱)
鸚	앵무새	앵	(鹦)
倻	가야	야	
冶	불릴	야	
爺	아비	야	(爷)
佯	거짓	양	
襄	도울	양	
攘	물리칠	양	
釀	술빚을	양	(酿)
瘍	종기	양	(疡)
馭	부릴	어	(驭)
圄	옥	어	
檍	감탕나무	억	
諺	속담	언	(谚)
掩	가릴	엄	
俺	나	엄	
奄	문득	엄	
嶪	높고험할	업	
睪	엿볼	역	(睾)
睗	해반짝날	역	
沇	강이름	연	
筵	대자리	연	
堧	빈터	연	
涓	시내	연	
娟	예쁠	연	
讌	잔치	연	
艶	고울	염	(艳)
閻	마을	염	(阎)
琰	옥갈	염	
曄	빛날	엽	(晔)
盈	가득찰	영	
纓	갓끈	영	(缨)
嬰	갓난아이	영	(婴)
渶	강이름	영	
瓔	구슬목걸이	영	(璎)
楹	기둥	영	
塋	무덤	영	(茔)
濚	물흐를	영	

한자	뜻	음	약자
鍈	방울소리	영	(锳)
煐	빛날	영	
瑛	옥빛	영	
穎	이삭	영	(颖)
曳	끌	예	
叡	밝을	예	(睿)
刈	벨	예	
芮	성(姓)	예	
濊	종족이름/깊을	예	
乂	풀벨	예	
裔	후손	예	
獒	개	오	
寤	깰	오	
墺	물가	오	
旿	밝을	오	
晤	밝을	오	
奧	속	오	(奥)
瑥	사람이름	온	
蘊	쌓을	온	(蕴)
穩	편안할	온	(稳)
媼	할미	온	(媪)
雍	누구러질	옹	
甕	독	옹	(瓮)
壅	막힐	옹	
邕	화할	옹	
訛	그릇될	와	(讹)
渦	소용돌이	와	(涡)
翫	가지고놀	완	
梡	도마	완	
浣	빨	완	
阮	성(姓)	완	
婉	순할	완	
頑	완고할	완	(顽)
莞	왕골	완	
椀	주발/도마	완	(碗)
腕	팔	완	
琬	홀	완	
玩	희롱할	완	
枉	굽을	왕	
猥	함부로	외	
窯	가마	요	(窑)
窈	그윽할	요	
饒	넉넉할	요	(饶)
僥	바랄	요	(侥)
瑤	아름다운옥	요	(瑶)

한자	뜻	음	약자
擾	어지러울	요	(扰)
凹	오목할	요	
埇	길돋울	용	
墉	담	용	
茸	무성할	용	
榕	뱅골보리수	용	
湧	샘솟을	용	(涌)
鏞	쇠북	용	(镛)
蓉	연꽃	용	
迂	멀	우	
隅	모퉁이	우	
盂	바리때	우	
虞	염려할	우	(虞)
玗	옥돌	우	
芋	토란	우	
瑀	패옥	우	
彧	문채	욱	
頊	삼갈	욱	(顼)
郁	성할	욱	
昱	햇빛밝을	욱	
耘	김맬	운	
暈	무리	운	(晕)
殞	죽을	운	(殒)
澐	큰물결	운	(沄)
芸	향풀	운	
熊	곰	웅	
沅	강이름	원	
洹	강이름	원	
瑗	구슬	원	
轅	끌채	원	(辕)
垣	담	원	
嫄	사람이름	원	
愿	삼갈	원	
猿	원숭이	원	
鴛	원앙새	원	(鸳)
冤	원통할	원	
粵	어조사	월	(粤)
魏	나라이름	위	
瑋	옥이름	위	(玮)
暐	햇빛	위	(暐)
褘	향낭	위	(祎)
洧	강이름	유	
庾	곳집	유	
侑	권할	유	
諭	깨우칠	유	(谕)

한자	뜻	음	약자
歆	꾀할	유	
攸	바	유	
癒	병나을	유	(愈)
瑜	아름다운옥	유	
宥	용서할	유	
柚	유자	유	
臾	잠깐	유	
帷	장막	유	
孺	젖먹이	유	
濡	젖을	유	
愉	즐거울	유	
蹂	짓밟을	유	
游	헤엄칠	유	
堉	기름진땅	육	
玧	귀막이옥	윤	
瀜	물깊고넓을	윤	
戎	되	융	
闇	향기	은	(闇)
膺	가슴	응	
鷹	매	응	(鹰)
毅	굳셀	의	
懿	아름다울	의	
椅	의나무	의	
誼	의좋을	의	(谊)
倚	의지할	의	
擬	흉내낼	의	(拟)
邇	가까울	이	(迩)
珥	귀고리	이	
貽	끼칠	이	(贻)
爾	너	이	(尔)
弛	늦출	이	
彛	떳떳할	이	
蕙	흰비름	이	
翊	도울	익	
瀷	물이름	익	
謚	웃을	익	(谥)
咽	목구멍	인	
溢	넘칠	일	
馹	역말	일	(驲)
佾	춤출	일	
稔	곡식익을	임	
剩	남을	잉	
扔	당길	잉	
孕	아이밸	잉	
仍	인할	잉	

자

한자	뜻	음	약자
藉	깔개	자	
咨	물을	자	
瓷	사기그릇	자	
煮	삶을	자	
仔	자세할	자	
鵲	까치	작	(鹊)
灼	사를	작	
炸	사를	작	
芍	함박꽃	작	
盞	잔	잔	(盏)
箴	바늘	잠	
漳	강이름	장	
暲	밝을	장	
薔	장미	장	
庄	장전/단정	장	
奘	클	장	
梓	가래나무	재	
縡	일	재	
齋	재계할	재	(斋)
錚	쇳소리	쟁	(铮)
楮	닥나무	저	
沮	막을	저	
躇	머뭇거릴	저	
咀	씹을	저	
邸	큰집	저	
迪	나아갈	적	
嫡	정실	적	
廛	가게	전	
剪	가위	전	
甸	경기	전	
悛	고칠	전	
琠	귀막이옥	전	
箋	글	전	(笺)
栓	나무못	전	
塡	메울	전	(填)
奠	바칠	전	
詮	설명할	전	(诠)
佺	신선이름	전	
銓	저울질할	전	(铨)
晢	밝을	절	
粘	끈끈할	점	
滇	강이름	정	(滇)
幀	그림	정	(帧)

한자	뜻	음	약자
妌	단정할	정	
碇	닻	정	
錠	덩이	정	(锭)
綎	띳술	정	
釘	못	정	(钉)
柾	바른나무	정	
姃	빛날	정	
挺	뺄	정	
禎	상서로울	정	(祯)
鋌	쇳덩이	정	(铤)
酲	술취할	정	
淀	얕은물	정	
玎	옥소리	정	
諪	조정할	정	(諪)
鉦	징	정	(钲)
霆	천둥소리	정	
靖	편안할	정	
晸	해뜨는모양	정	
悌	공손할	제	
蹄	굽	제	
梯	사다리	제	
瑅	옥이름	제	
詔	고할	조	(诏)
槽	구유	조	
棗	대추나무	조	(枣)
俎	도마	조	
遭	만날	조	
眺	바라볼	조	
祚	복(福)	조	
嘲	비웃을	조	
凋	시들	조	
肇	시작할/칠	조	
窕	정숙할	조	
糟	지게미	조	
淙	물소리	종	
腫	부스럼	종	(肿)
倧	상고신인	종	
鍾	술잔	종	(锺)
踪	자취	종	
椶	종려나무	종	
悰	즐길	종	
澍	단비	주	
躊	머뭇거릴	주	(踌)
湊	모일	주	
輳	모일	주	(辏)
誅	벨	주	(诛)
廚	부엌	주	(厨)
嗾	부추길	주	
呪	빌	주	(咒)
炷	심지	주	
姝	예쁠	주	
疇	이랑	주	(畴)
紂	임금이름	주	(纣)
做	지을	주	
酎	진한술	주	
胄	투구	주	
浚	깊게할	준	
濬	깊을	준	(浚)
蠢	꿈틀거릴	준	
畯	농부	준	
竣	마칠	준	
雋	영특할	준	(隽)
晙	밝을	준	
准	비준	준	
樽	술통	준	
儁	준걸	준	(俊)
焌	태울	준	
茁	싹틀	줄	
櫛	빗	즐	(栉)
楫	노	즙	
汁	즙/국물	즙	
蜘	거미	지	
祇	공경할/존경할	지	
咫	길이	지	
沚	물가	지	
趾	발가락	지	
摯	지극할	지	
稷	피	직	
賑	구휼할	진	(赈)
搢	꽂을	진	
晉	나아갈	진	(晋)
唇	놀랄	진	
縝	삼실	진	(缜)
軫	수레뒤턱나무	진	(轸)
瑨	옥돌	진	
璡	옥돌	진	(琎)
叱	꾸짖을	질	
跌	넘어질	질	
嫉	미워할	질	
瑨	사람이름	질	
斟	술따를	짐	
潗	샘솟을	집	
澄	맑을	징	

차

한자	뜻	음	약자
磋	갈(갈다)	차	
蹉	넘어질	차	
嵯	산우뚝할	차	
撰	글지을	찬	
鑽	뚫을	찬	(钻)
澯	맑을	찬	
纂	모을	찬	
瓚	옥잔	찬	(瓒)
纘	이을	찬	(缵)
粲	정미	찬	
擦	비빌	찰	
塹	구덩이	참	(堑)
懺	뉘우칠	참	(忏)
讒	참소할	참	(谗)
敞	높을	창	
瘡	부스럼	창	(疮)
愴	슬퍼할	창	(怆)
菖	창포	창	
廠	헛간	창	(厂)
宗	녹봉	채	
綵	비단	채	(彩)
凄	쓸쓸할	처	
脊	등성마루	척	
剔	뼈바를	척	
滌	씻을	척	(涤)
陟	오를	척	
瘠	파리할	척	
阡	두렁	천	
仟	일천	천	
釧	팔찌	천	(钏)
綴	묶을	철	(缀)
轍	바퀴자국	철	(辙)
凸	볼록할	철	
僉	다	첨	(佥)
瞻	볼(보다)	첨	
諂	아첨할	첨	(谄)
籤	제비	첨	(签)
捷	이길	첩	
牒	편지	첩	
帖	표제/두루마리	첩	
諦	살필/조사할	체	(谛)
樵	나무할	초	
醮	초례	초	
蕉	파초	초	
囑	부탁할	촉	(嘱)
塚	무덤	총	(冢)
楸	가래나무	추	
墜	떨어질	추	(坠)
錐	송곳	추	(锥)
錘	저울	추	(锤)
樞	지도리	추	(枢)
鄒	추나라	추	(邹)
竺	대나무	축	
瑃	옥이름	춘	
椿	참죽나무	춘	
黜	물리칠	출	
琉	귀고리	충	
萃	모을	췌	
聚	모을	취	
翠	물총새	취	
脆	연할	취	(脆)
娶	장가들	취	
仄	기울	측	
馳	달릴	치	(驰)
熾	성할	치	(炽)
癡	어리석을	치	(痴)
峙	언덕	치	
琛	보배	침	
蟄	숨을	칩	(蛰)
秤	저울	칭	

타

한자	뜻	음	약자
惰	게으를	타	
楕	길쭉할	타	(椭)
咤	꾸짖을	타	
唾	침	타	
晫	밝을	탁	
擢	뽑을	탁	
琸	사람이름	탁	
倬	클	탁	
憚	꺼릴	탄	(惮)
呑	삼킬	탄	
灘	여울	탄	(滩)

漢字	訓	音	이체자
嘆	탄식할	탄	(叹)
坦	평평할	탄	
耽	즐길	탐	
蕩	쓸어버릴	탕	(荡)
邰	나라이름	태	
跆	밟을	태	
汰	씻을	태	
苔	이끼	태	
撑	버틸	탱	
桶	통	통	
堆	쌓을	퇴	
套	덮개	투	
妬	투기할	투	

파

漢字	訓	音	이체자
琶	비파	파	
杷	비파나무	파	
芭	파초	파	
婆	할미	파	
沛	늪	패	
浿	물이름	패	
佩	찰	패	
牌	패	패	
澎	물결부딪칠	팽	
烹	삶을	팽	
彭	성(姓)	팽	
枰	바둑판	평	
陛	섬돌	폐	
泡	거품	포	
褒	기릴	포	
鮑	절인어물	포	(鲍)
佈	펼	포	(布)
輻	바퀴살	폭	(辐)
瀑	폭포	폭	
驃	날랠	표	(骠)
飄	회오리바람	표	(飘)
稟	여쭐	품	
馮	성(姓)	풍	(冯)
諷	욀	풍	(讽)
披	헤칠	피	
疋	짝/필	필	
珌	칼장식옥	필	
苾	향기날	필	
馝	향기로울	필	
逼	닥칠	핍	

하

漢字	訓	音	이체자
霞	노을	하	
遐	멀	하	
蝦	새우	하	(虾)
廈	큰집	하	(厦)
壑	골	학	
謔	희롱거릴	학	(谑)
瀚	넓고큰모양	한	
閒	한가할/틈	한	(闲)
緘	봉할	함	(缄)
涵	젖을	함	
鹹	짤	함	(咸)
陜	땅이름	합	(陕)
沆	넓을	항	
姮	항아	항	
懈	게으를	해	
楷	나무이름	해	
駭	놀랄	해	(骇)
邂	만날	해	
骸	뼈	해	
偕	함께	해	
諧	화할	해	(谐)
倖	요행	행	(幸)
饗	잔치	향	(飨)
珦	향옥	향	
墟	빈터	허	(墟)
爀	불빛	혁	
奕	클	혁	
睍	불거질눈	현	
泫	빛날	현	
玹	옥빛	현	
晛	햇살	현	(晛)
挾	낄	협	(挟)
浹	두루미칠	협	(浃)
俠	호협할	협	(侠)
荊	가시나무	형	
珩	노리개	형	
熒	등불	형	(荧)
泂	멀	형	(迥)
瀅	물맑을	형	(滢)
馨	향기	형	
蕙	난초	혜	
瞱	별반짝일	혜	
彗	비	혜	
譓	살필	혜	
蹊	지름길	혜	
護	구할	호	
灝	넓을	호	(灏)
扈	따를	호	
滈	맑을	호	
瑚	산호	호	
狐	여우	호	
顥	클	호	(颢)
濩	퍼질	호	
糊	풀	호	
壺	항아리	호	(壶)
琥	호박	호	
濠	호주	호	
弧	활	호	
渾	흐릴	혼	(浑)
惚	황홀할	홀	
訌	내분	홍	(讧)
虹	무지개	홍	
泓	물깊을	홍	
烘	횃불	홍	
樺	자작나무	화	(桦)
嬅	탐스러울	화	
驩	기뻐할	환	
喚	부를	환	
奐	빛날	환	(奂)
鰥	홀아비	환	(鳏)
晥	환할	환	
渙	흩어질	환	(涣)
紈	흰비단	환	(纨)
猾	교활할	활	
闊	넓을	활	(阔)
徨	노닐	황	
惶	두려워할	황	
煌	빛날	황	
簧	생황	황	
璜	서옥	황	
榥	책상	황	
湟	해자	황	
隍	해자	황	
遑	허둥거릴	황	
恍	황홀할	황	
誨	가르칠	회	(诲)
繪	그림	회	(绘)
晦	그믐	회	
恢	넓을	회	
徊	노닐	회	
檜	노송나무	회	(桧)
澮	붓도랑	회	(浍)
鐄	종	횡	(簧)
斅	가르칠	효	(敩)
洨	강이름	효	
驍	날랠	효	(骁)
嚆	울릴	효	
逅	만날	후	
鑂	금빛바랠	훈	
燻	연기에그을릴	훈	
壎	질나팔	훈	(埙)
暄	따뜻할	훤	
喧	시끄러울	훤	
萱	원추리	훤	
彙	무리	휘	(汇)
暉	빛	휘	(晖)
徽	아름다울	휘	
虧	이지러질	휴	(亏)
譎	속일	휼	(谲)
匈	오랑캐	흉	
欣	기뻐할	흔	
昕	아침	흔	
炘	화끈거릴	흔	
屹	산우뚝솟을	흘	
恰	마치	흡	
洽	윤택할	흡	
翕	합할	흡	
憙	기뻐할	희	
僖	기쁠	희	
晞	마를	희	
羲	복희(伏羲)	희	
熙	빛날	희	
熹	빛날	희	
曦	햇빛	희	
恛	쉴	히	
詰	꾸짖을	힐	(诘)

선 정 한 자 (8급~2급)

8 급

한자	훈	음
九	아홉	구
口	입	구
女	계집	녀
六	여섯	륙
母	어머니	모
木	나무	목
門	문	문 (门)
白	흰	백
父	아버지	부
四	넉	사
山	메/산	산
三	석	삼
上	위	상
小	작을	소
水	물	수
十	열	십
五	다섯	오
王	임금	왕
月	달	월
二	두	이
人	사람	인
日	날	일
一	한	일
子	아들	자
中	가운데	중
七	일곱	칠
土	흙	토
八	여덟	팔
下	아래	하
火	불	화

7 급

한자	훈	음
江	강	강
工	장인	공
金	쇠	금

한자	훈	음
男	사내	남
力	힘	력
立	설	립
目	눈	목
百	일백	백
生	날	생
石	돌	석
手	손	수
心	마음	심
入	들(들어가다)	입
自	스스로	자
足	발	족
川	내/냇물	천
千	일천	천
天	하늘	천
出	날	출
兄	맏	형

6 급

한자	훈	음
南	남녁	남
內	안	내
年	해	년
東	동녁	동 (东)
同	한가지	동
名	이름	명
文	글월	문
方	모/방법	방
夫	지아비/남편	부
北	북녁	북
西	서녁	서
夕	저녁	석
少	적을/젊을	소
外	바깥	외
正	바를	정
弟	아우	제
主	주인	주
靑	푸를	청

한자	훈	음
寸	마디	촌
向	향할	향

준 5 급

한자	훈	음
歌	노래	가
家	집	가
間	사이	간 (间)
車	수레	거 (车)
巾	수건	건
古	예	고
空	빌	공
敎	가르칠	교 (教)
校	학교	교
國	나라	국 (国)
軍	군사	군 (军)
今	이제	금
記	기록할	기 (记)
氣	기운	기 (气)
己	몸	기
農	농사	농 (农)
答	대답	답
代	대신할	대
大	큰	대
道	길	도
洞	골	동
登	오를	등
來	올	래 (来)
老	늙을	로
里	마을	리
林	수풀	림
馬	말	마 (马)
萬	일만	만 (万)
末	끝	말
每	매양	매
面	낯	면
問	물을	문 (问)
物	물건	물

한자	훈	음
民	백성	민
本	근본	본
分	나눌	분
不	아니	불
食	밥	사
士	선비	사
事	일	사
色	빛	색
先	먼저	선
姓	성씨	성
世	세상/인간	세
所	바	소
時	때	시 (时)
市	저자	시
植	심을	식 (植)
室	집	실
安	편안할	안
羊	양	양
語	말씀	어 (语)
午	낮	오
玉	구슬	옥
牛	소	우
右	오른	우
位	자리	위
有	있을	유
邑	고을	읍
衣	옷	의
耳	귀	이
字	글자	자
長	긴/어른	장 (长)
場	마당	장 (场)
電	번개	전 (电)
前	앞	전
全	온전할/온전	전
祖	할아버지	조
左	왼/왼쪽	좌

住	살/머무를	주		刀	칼	도		習	익힐	습	(习)	題	제목/글	제	(题)

住 살/머무를 주
地 땅 지
草 풀 초
平 평평할 평
學 배울 학 (学)
韓 나라이름 한 (韩)
漢 한수/한강 한 (汉)
合 합할 합
海 바다 해
孝 효도 효
休 쉴 휴

刀 칼 도
讀 읽을 독 (读)
冬 겨울 동
童 아이 동
頭 머리 두 (头)
等 무리 등
樂 즐거울 락 (乐)
禮 예도 례 (礼)
路 길 로
綠 푸를 록 (绿)
理 다스릴 리
李 오얏 리
利 이로울 리
命 목숨 명
明 밝을 명
毛 털 모
無 없을 무 (无)
聞 들을 문 (闻)
米 쌀 미
美 아름다울 미
朴 순박할 박
反 돌이킬 반
半 절반/반 반
發 필/출발할 발 (发)
放 놓을 방
番 차례 번
別 다를 별
病 병/병들 병
步 걸음 보
服 옷/의복 복
部 거느릴/부분 부
死 죽을 사
書 글 서 (书)
席 자리 석
線 줄 선 (线)
省 살필 성
性 성품 성
成 이룰 성
消 사라질/지울 소
速 빠를 속
孫 손자 손 (孙)
樹 나무 수 (树)
首 머리/우두머리 수

習 익힐 습 (习)
勝 이길 승 (胜)
詩 글 시 (诗)
示 보일 시
始 처음 시
式 법 식
神 귀신 신
身 몸 신
信 믿을 신
新 새로울 신
失 잃을 실
愛 사랑 애 (爱)
野 들 야
夜 밤 야
藥 약 약 (药)
弱 약할 약
陽 볕 양 (阳)
洋 큰바다 양
魚 물고기 어 (鱼)
言 말씀 언
業 일 업 (业)
永 길(길다) 영
英 꽃부리 영
勇 날쌜 용
用 쓸(쓰다) 용
友 벗 우
運 움직일/운전 운 (运)
遠 멀 원 (远)
原 언덕 원
元 으뜸 원
油 기름 유
肉 고기 육
銀 은 은 (银)
飮 마실 음 (饮)
音 소리 음
意 뜻 의
者 놈/사람 자 (者)
昨 어제 작
作 지을 작
章 글/글월 장
在 있을 재
才 재주 재
田 밭 전

題 제목/글 제 (题)
第 차례 제
朝 아침 조
族 겨레 족
晝 낮 주 (昼)
竹 대/대나무 죽
重 무거울 중
直 곧을 직 (直)
窓 창문 창 (窗)
淸 맑을 청
體 몸 체 (体)
村 마을 촌
秋 가을 추
春 봄 춘
親 친할 친 (亲)
太 클/콩 태
通 통할 통
貝 조개 패 (贝)
便 편할 편
表 겉 표
品 물건/성품 품
風 바람 풍 (风)
夏 여름 하
行 다닐 행
幸 다행 행
血 피 혈
形 모양/형상 형
號 이름/성 호 (号)
花 꽃 화
話 말씀 화 (话)
和 화할 화
活 살 활
黃 누를 황
會 모일/모을 회 (会)
後 뒤 후

한자	뜻	음		한자	뜻	음		한자	뜻	음		한자	뜻	음	
改	고칠	개		領	옷깃	령	(领)	誠	정성	성	(诚)	財	재물	재	(财)
個	낱개	개	(个)	令	하여금	령	(令)	洗	씻을	세		爭	다툴	쟁	(争)
客	손님	객		例	법식/본보기	례		歲	해	세	(岁)	低	낮을	저	
決	결단할	결	(決)	勞	수고로울	로	(劳)	送	보낼	송		貯	쌓을/저축할	저	(贮)
結	맺을	결	(結)	料	헤아릴	료		數	셈	수	(数)	的	과녁/표적	적	
輕	가벼울	경	(轻)	流	흐를	류		守	지킬	수		赤	붉을	적	
敬	공경할	경		亡	망할	망		宿	잠잘	숙		典	법	전	
季	철	계		望	바랄	망		順	순할	순	(顺)	戰	싸움	전	(战)
固	굳을/진실로	고		買	살	매	(买)	視	볼(보다)	시	(视)	傳	전할	전	(传)
考	상고할	고		妹	아랫누이	매		試	시험	시	(试)	展	펼	전	
告	알릴/고할	고		賣	팔	매	(卖)	識	알(알다)	식	(识)	店	가게	점	
曲	굽을(糚)	곡		武	굳셀/군사	무		臣	신하	신		庭	뜰	정	
公	공변될	공		味	맛	미		實	열매	실	(实)	情	뜻	정	
課	매길	과	(课)	未	아닐	미		氏	성씨	씨		定	정할	정	
過	지날	과	(过)	法	법	법		兒	아이	아	(儿)	調	고를	조	(调)
關	관계할/빗장	관	(关)	兵	군사	병		惡	악할/모질	악	(恶)	助	도울	조	
觀	볼	관	(观)	報	갚을/알릴	보	(报)	案	책상	안		鳥	새	조	(鸟)
廣	넓을	광	(广)	福	복	복		暗	어두울	암		早	이를/일찍	조	
橋	다리	교	(桥)	奉	받들	봉		約	맺을/언약	약	(约)	存	있을	존	
求	구할	구		富	부자	부		養	기를	양	(养)	卒	군사/마칠	졸	
君	임금	군		備	갖출	비	(备)	漁	고기잡을	어	(渔)	終	마칠	종	(终)
貴	귀할	귀	(贵)	比	견줄	비		億	억	억	(亿)	種	씨	종	(种)
極	다할	극	(极)	貧	가난할	빈	(贫)	如	같을	여		罪	허물	죄	
給	줄/주다	급		氷	얼음	빙		餘	남을	여	(馀)	注	물댈/부을	주	
期	기약할	기		仕	벼슬할	사		然	그럴	연		止	그칠	지	
技	재주	기		思	생각	사		熱	더울	열	(热)	志	뜻	지	
基	터	기		師	스승	사	(师)	葉	잎	엽	(叶)	知	알	지	
吉	길할	길		史	역사	사		屋	집	옥		至	이를	지	
念	생각	념		使	하여금/시킬	사		溫	따뜻할	온	(温)	紙	종이	지	(纸)
能	능할	능		産	낳을	산	(产)	完	완전할	완		支	지탱할/견딜	지	
談	말씀	담	(谈)	算	셈/계산할	산		要	구할/중요	요		進	나아갈	진	(进)
待	기다릴	대		賞	상줄	상	(赏)	雨	비	우		眞	참	진	(真)
德	덕	덕		相	서로	상		雲	구름	운	(云)	質	바탕	질	(质)
都	도읍	도	(都)	商	장사	상		園	동산	원	(园)	集	모일	집	
島	섬	도	(岛)	常	항상	상		願	원할	원	(愿)	次	버금/다음	차	
到	이를	도		序	차례	서		由	말미암을	유		參	참여할	참	(参)
動	움직일	동	(动)	船	배	선		義	옳을	의	(义)	責	꾸짖을/책임	책	(责)
落	떨어질	락		仙	신선	선		醫	의원	의	(医)	鐵	쇠	철	(铁)
冷	찰	랭		善	착할	선		以	써	이		初	처음	초	
兩	두	량	(两)	雪	눈	설		因	인할	인		祝	빌	축	
良	어질	량		說	말씀	설	(说)	姊	맏누이/누이	자		充	채울	충	
量	헤아릴/수량	량		星	별	성		再	두/다시	재		忠	충성	충	
歷	지낼	력	(历)	城	재	성		材	재목	재		致	이를	치	

한자	뜻	음	약자
他	다를	타	
打	칠(치다)	타	
宅	집	택	
統	거느릴	통	(统)
特	특별할	특	
敗	패할	패	(败)
必	반드시	필	
河	물/강	하	
寒	찰	한	
害	해칠/해할	해	
香	향기	향	
許	허락할	허	(许)
現	나타날/보일	현	(现)
好	좋을	호	
湖	호수	호	
畫	그림	화	(画)
化	될	화	
患	근심	환	
回	돌/돌아올	회	
效	본받을	효	
訓	가르칠	훈	(训)
凶	흉할/흉년	흉	
黑	검을	흑	

4 급

한자	뜻	음	약자
街	거리	가	
假	거짓	가	
佳	아름다울	가	
干	방패	간	
看	볼/쳐다볼	간	
減	덜/덜어낼	감	(減)
甲	껍질	갑	
更	다시	갱	(更)
舉	들	거	(举)
巨	클	거	
建	세울	건	
乾	하늘	건	
慶	경사	경	(庆)
競	다툴	경	(竞)
耕	밭갈	경	
景	볕	경	
經	지날/글/날줄	경	(经)

한자	뜻	음	약자
庚	천간	경	
溪	시내	계	
癸	천간	계	
故	연고/까닭	고	
谷	골	곡	
骨	뼈	골	
官	벼슬	관	
救	구원할	구	
究	궁구할/연구할	구	
句	글귀	구	
舊	옛	구	(旧)
久	오랠	구	
弓	활	궁	
權	권세	권	(权)
均	고를	균	
禁	금할	금	
及	미칠/이를	급	
其	그	기	
起	일어날	기	
乃	이에	내	
怒	성낼	노	
端	바를/끝	단	
丹	붉을	단	
單	홑	단	(单)
達	통달할	달	(达)
徒	무리	도	
獨	홀로	독	(独)
斗	말	두	
得	얻을	득	
燈	등잔	등	(灯)
旅	나그네	려	
連	이을	련	(连)
練	익힐	련	(练)
烈	뜨거울	렬	
列	벌릴	렬	
論	논할/의논	론	(论)
陸	뭍/육지	륙	(陆)
倫	인륜	륜	(伦)
律	법	률	
滿	찰(차다)	만	(满)
忘	잊을	망	
妙	묘할	묘	
卯	토끼	묘	

한자	뜻	음	약자
務	힘쓸	무	(务)
尾	꼬리	미	
密	빽빽할	밀	
飯	밥	반	(饭)
防	막을	방	
房	방	방	
訪	찾을	방	(访)
拜	절	배	
伐	칠/징벌할	벌	
變	변할	변	(变)
丙	남녘	병	
保	지킬/보전	보	
復	돌아올	복	(复)
否	아닐	부	
婦	지어미/며느리	부	(妇)
佛	부처	불	
悲	슬플	비	
非	아닐	비	
鼻	코	비	
巳	뱀	사	
謝	사례할	사	(谢)
私	사사로울	사	
絲	실	사	(丝)
寺	절	사	
舍	집	사	
散	흩어질	산	
想	생각	상	
選	가릴	선	(选)
鮮	고울	선	(鲜)
舌	혀	설	
聖	성스러울/성인	성	(圣)
盛	성할	성	
聲	소리	성	(声)
細	가늘	세	(细)
勢	권세	세	(势)
稅	세금	세	
笑	웃음	소	
續	이을	속	(续)
俗	풍속	속	
松	소나무/솔	송	
收	거둘	수	
修	닦을	수	
受	받을	수	

한자	뜻	음	약자
授	줄(주다)	수	
純	순수할	순	(纯)
戌	개	술	
拾	주울	습	
承	이을	승	
是	옳을	시	
申	납	신	
辛	매울	신	
眼	눈	안	
若	같을/만약	약	
與	더불	여	(与)
逆	거스를	역	
研	갈	연	(研)
榮	영화	영	(荣)
藝	재주	예	(艺)
誤	그릇될	오	(误)
往	갈(가다)	왕	
浴	목욕할	욕	
容	얼굴	용	
遇	만날	우	
雄	수컷	웅	
危	위태할	위	
偉	클/거룩할	위	(伟)
爲	할	위	(为)
遺	남길	유	(遗)
酉	닭	유	
恩	은혜	은	
乙	새	을	
陰	그늘	음	(阴)
應	응할	응	(应)
依	의지할	의	
異	다를	이	(异)
移	옮길	이	
益	더할	익	
引	끌	인	
印	도장	인	
寅	범	인	
認	알	인	(认)
壬	천간/북방	임	
將	장수/장차	장	(将)
適	맞을/마침	적	(适)
敵	원수/대적할	적	(敌)
節	마디	절	(節)

한자	뜻	음	약자
接	이을/접할	접	
停	머무를	정	
井	우물	정	
精	정기/정밀할	정	
政	정사	정	
除	덜/제할	제	
祭	제사	제	
製	지을	제	(制)
兆	조	조	
造	지을	조	
尊	높을	존	
坐	앉을	좌	
走	달릴/달아날	주	
朱	붉을	주	
衆	무리	중	(众)
增	더할/불어날	증	
持	가질	지	
指	손가락/가리킬	지	
辰	별/용	진	
着	붙을/닿을	착	
察	살필	찰	
唱	부를	창	
冊	책	책	
處	곳	처	(处)
聽	들을	청	(听)
請	청할	청	(请)
最	가장	최	
蟲	벌레	충	(虫)
取	가질	취	
治	다스릴	치	
齒	이/치아	치	(齿)
則	법칙	칙	(则)
針	바늘	침	(针)
快	쾌할	쾌	
脫	벗을/탈출	탈	
探	찾을/더듬을	탐	
退	물러날	퇴	
波	물결	파	
判	판단할/쪼갤	판	
片	조각	편	(片)
布	베/펼	포	
暴	사나울	포	(暴)
筆	붓	필	(笔)

한자	뜻	음	약자
限	한정/막을	한	
解	풀	해	
鄕	시골	향	(乡)
協	도울/협동	협	(协)
惠	은혜	혜	
呼	부를	호	
戶	지게문/집	호	
婚	혼인할	혼	
貨	재화	화	(货)
興	일어날/일	흥	(兴)
希	바랄	희	

준 3 급

한자	뜻	음	약자
脚	다리	각	
渴	목마를	갈	
敢	감히/구태여	감	
監	볼	감	(监)
鋼	강철	강	(钢)
降	내릴	강	
康	편한할/논할	강	
皆	다	개	
居	살	거	
健	건강할	건	
件	사건/물건	건	
檢	검사할	검	(检)
儉	검소할	검	(俭)
格	격식	격	
堅	굳을	견	(坚)
潔	깨끗할	결	(洁)
鏡	거울	경	(镜)
警	경계할	경	
驚	놀랄	경	(惊)
境	지경	경	
戒	경계할	계	
鷄	닭	계	(鸡)
階	섬돌	계	(阶)
繼	이을	계	(继)
庫	곳집	고	(库)
孤	외로울	고	
穀	곡식	곡	(谷)
困	곤할/괴로울	곤	
坤	땅	곤	

한자	뜻	음	약자
具	갖출	구	
球	공	구	
區	나눌	구	(区)
局	판	국	
群	무리	군	
窮	다할/구할	궁	(穷)
宮	집	궁	(宫)
勸	권할	권	(劝)
卷	책	권	
歸	돌아갈	귀	(归)
規	법	규	(规)
勤	부지런할	근	
級	등급	급	(级)
器	그릇	기	
旗	기/깃발	기	
幾	몇	기	(几)
旣	이미	기	(既)
暖	따뜻할	난	
難	어려울	난	(难)
納	드릴	납	(纳)
努	힘쓸	노	
斷	끊을	단	(断)
但	다만	단	
團	둥글,모일	단	(团)
壇	제단	단	(坛)
段	층계/조각	단	
隊	무리/떼	대	(队)
導	인도할	도	(导)
豆	콩	두	
羅	벌릴/벌일	라	(罗)
卵	알	란	
覽	볼	람	(览)
浪	물결	랑	
郞	사내	랑	
略	간략할	략	
涼	서늘할	량	(凉)
露	이슬	로	
錄	기록할	록	(录)
留	머무를	류	
類	무리/같을	류	(类)
柳	버들	류	
莫	없을	막	
晚	늦을	만	

한자	뜻	음	약자
忙	바쁠	망	
麥	보리	맥	(麦)
免	면할	면	
眠	잠잘	면	
勉	힘쓸	면	
鳴	울	명	(鸣)
暮	저물	모	
牧	칠/기를	목	
墓	무덤	묘	
茂	무성할	무	
戊	천간/별	무	
舞	춤출	무	
墨	먹	묵	
勿	말/금지할	물	
班	나눌/반열	반	
倍	갑절/곱	배	
背	등	배	
杯	잔	배	
配	짝	배	
罰	벌할/벌줄	벌	(罚)
凡	무릇/평범할	범	
犯	범할	범	
寶	보배	보	(宝)
伏	엎드릴	복	
逢	만날/상봉할	봉	
扶	도울/붙들	부	
浮	뜰	부	
副	버금/다음	부	
朋	벗	붕	
飛	날	비	(飞)
祕	숨길/감출	비	(秘)
費	쓸/허비할	비	(费)
社	모일	사	
寫	베낄/쓸	사	(写)
射	쏠	사	
査	조사할/살필	사	(查)
殺	죽일	살	(杀)
狀	모양	상	(状)
傷	상할/다칠	상	(伤)
霜	서리	상	
尙	오히려	상	
喪	초상	상	(丧)
象	코끼리	상	

한자	뜻	음	약자
床	평상/책상	상	
暑	더울	서	(暑)
惜	아낄	석	
昔	옛	석	
設	베풀	설	(设)
掃	쓸	소	(扫)
素	흴/본디	소	
束	묶을	속	
損	덜	손	(损)
愁	근심/시름	수	
誰	누구	수	(谁)
須	모름지기	수	(须)
壽	목숨	수	(寿)
雖	비록	수	(虽)
秀	빼어날/뛰어날	수	
淑	맑을	숙	
叔	아재비	숙	
術	재주/꾀	술	(术)
崇	높일	숭	
乘	탈(타다)	승	
施	베풀	시	
息	숨쉴	식	
深	깊을	심	
甚	심할	심	
我	나/우리	아	
顔	얼굴	안	(颜)
巖	바위	암	(岩)
央	가운데/중앙	앙	
仰	우러를	앙	
哀	슬플	애	
也	어조사	야	
揚	날릴/떨칠	양	(扬)
讓	사양할	양	(让)
於	어조사	어	
憶	생각할	억	(忆)
嚴	엄할	엄	(严)
余	나/나머지	여	
汝	너	여	
亦	또	역	
域	지경	역	
煙	연기	연	(烟)
悅	기쁠	열	
炎	불꽃	염	

한자	뜻	음	약자
營	경영할	영	(营)
迎	맞이할	영	
烏	까마귀	오	(乌)
悟	깨달을	오	
吾	나	오	
瓦	기와	와	
臥	누울	와	(卧)
曰	가로	왈	
謠	노래	요	(谣)
欲	하고자할	욕	
憂	근심	우	(忧)
尤	더욱	우	
又	또	우	
于	어조사	우	
宇	집/우주	우	
云	이를	운	
源	근원	원	
圓	둥글	원	(圆)
怨	원망할	원	
員	인원/관원	원	(员)
院	집	원	
威	위엄	위	
猶	같을	유	(犹)
遊	놀(놀다)	유	
柔	부드러울	유	
儒	선비	유	
幼	어릴	유	
唯	오직	유	
乳	젖	유	
吟	읊을	음	
泣	울	읍	
矣	어조사	의	
議	의논할	의	(议)
而	말이을	이	
易	쉬울	이	
已	이미	이	
仁	어질	인	
忍	참을	인	
任	맡길	임	
慈	사랑	자	
壯	씩씩할/장할	장	(壮)
腸	창자	장	(肠)
栽	심을/재배할	재	

한자	뜻	음	약자
哉	어조사/이끼	재	
災	재앙	재	(灾)
著	나타날	저	
積	쌓을	적	(积)
轉	구를	전	(转)
錢	돈	전	(钱)
專	오로지	전	(专)
切	끊을/간절할	절	
絶	끊을/자를	절	(绝)
點	점	점	(点)
靜	고요할/고요	정	(静)
貞	곧을	정	(贞)
淨	깨끗할	정	(净)
丁	장정	정	
頂	정수리	정	(顶)
制	마를/법도	제	
諸	모든	제	(诸)
際	사이/즈음/때	제	(际)
帝	임금/황제	제	
操	잡을	조	
宗	마루	종	
鐘	쇠북	종	(钟)
從	좇을	종	(从)
州	고을	주	
酒	술	주	
宙	집	주	
準	법도/표준	준	(准)
卽	곧	즉	(即)
曾	일찍	증	
證	증거/증명할	증	(证)
枝	가지	지	
之	갈/어조사	지	
只	다만	지	
智	지혜	지	
職	벼슬/직분	직	(职)
盡	다할	진	(尽)
執	잡을	집	(执)
且	또	차	
借	빌릴	차	
此	이	차	
創	비롯할/비로소	창	(创)
昌	창성할	창	
菜	나물	채	

한자	뜻	음	약자
採	캘	채	(采)
妻	아내	처	
尺	자	척	
泉	샘	천	
淺	얕을	천	(浅)
晴	갤/날갤	청	
招	부를	초	
總	거느릴/다	총	(总)
推	밀	추	
追	쫓을/따를	추	
丑	소	축	
就	나아갈	취	
吹	불	취	
層	층	층	(层)
卓	높을	탁	
炭	숯	탄	
泰	클	태	
討	칠/토의할	토	(讨)
痛	아플	통	
投	던질	투	
破	깨뜨릴/깰	파	
板	널빤지/널	판	
篇	책	편	
閉	닫을	폐	(闭)
包	쌀	포	
抱	안을	포	
票	표/투표	표	
豐	풍년	풍	(丰)
皮	가죽	피	
彼	저	피	
疲	피곤할/가쁠	피	
匹	짝	필	
何	어찌	하	
賀	하례할	하	(贺)
閑	한가할/문지방	한	(闲)
恨	한할/슬플	한	
恒	항상	항	
亥	돼지	해	
虛	빌	허	(虚)
驗	시험/증명할	험	(验)
革	가죽	혁	
賢	어질	현	(贤)
刑	형벌	형	

虎	범	호		攻	칠	공		慮	생각	려	(虑)	補	기울/보충	보	(补)
乎	어조사/온	호		冠	갓	관		戀	사모할	련	(恋)	普	넓을/널리	보	
或	혹	혹		貫	꿸	관	(贯)	蓮	연꽃	련	(莲)	譜	족보/적을	보	(谱)
混	섞을	혼		管	대롱/주관할	관		聯	잇닿을	련	(联)	複	겹칠/거듭	복	(复)
紅	붉을	홍	(红)	慣	버릇/익숙할	관	(惯)	嶺	고개	령	(岭)	腹	배	복	
華	빛날	화	(华)	較	견줄/비교할	교	(较)	鹿	사슴	록		卜	점	복	
歡	기쁠	환	(欢)	構	얽을	구	(构)	了	마칠	료		峯	봉우리	봉	(峰)
皇	임금	황		苟	진실로	구		龍	용	룡	(龙)	府	관청	부	
候	기후/기다릴	후		券	문서	권		輪	바퀴	륜	(轮)	付	부칠	부	
厚	두터울	후		拳	주먹	권		栗	밤	률		負	질/짐질	부	(负)
胸	가슴	흉		菌	버섯	균		離	떠날	리	(离)	粉	가루	분	
吸	숨들이쉴/마실	흡		克	이길	극		履	밟을/신	리		奔	달릴/달아날	분	
喜	기쁠	희		斤	도끼	근		梨	배	리		紛	어지러울	분	(纷)
				謹	삼갈	근	(谨)	吏	아전/관리	리		拂	떨/떨칠	불	
				畿	경기	기		臨	임할/다다를	림	(临)	批	비평할/깍을	비	
	3 급			奇	기이할	기		麻	삼	마		肥	살찔	비	
暇	겨를/틈	가		企	꾀할/바랄	기		妄	망령될	망		司	맡을	사	
架	시렁	가		機	베틀	기	(机)	梅	매화	매		捨	버릴	사	(舍)
覺	깨달을	각	(觉)	紀	벼리	기	(纪)	孟	맏	맹		詐	속일	사	(诈)
刻	새길	각		寄	부칠/기여할	기		盟	맹세	맹		斯	이	사	
姦	간사할	간	(奸)	祈	빌	기		盲	소경/눈멀	맹		祀	제사	사	
刊	책펴낼/간행할	간		欺	속일	기		銘	새길	명	(铭)	償	갚을	상	(偿)
講	익힐	강	(讲)	娘	아가씨	낭		募	모을/뽑을	모		祥	상서로울	상	
介	낄,끼일	개		耐	견딜	내	(耐)	模	법/모범/본뜰	모		像	형상/모양	상	
距	떨어질	거		奴	종	노		慕	사모할	모		索	찾을	색	
拒	막을	거		腦	뇌	뇌	(脑)	某	아무	모		署	관청	서	(署)
傑	뛰어날	걸		茶	차	다		睦	화목할	목		庶	여러	서	
劍	칼	검	(剑)	淡	맑을	담		貿	무역할/살	무	(贸)	恕	용서할	서	
激	부딪칠/격할	격		擔	멜	담	(担)	敏	재빠를	민		宣	베풀	선	
缺	이지러질/빠질	결		畓	논	답		博	넓을	박		涉	건널	섭	
兼	겸할/아우를	겸		黨	무리	당	(党)	薄	얇을	박		蔬	나물/채소	소	
硬	굳을	경		帶	띠	대	(带)	返	돌아올	반		頌	기릴/칭송할	송	(颂)
傾	기울	경	(倾)	貸	빌릴	대	(贷)	般	일반,돌	반		訟	송사할	송	(讼)
械	기계/틀	계		倒	넘어질	도		髮	터럭	발	(发)	刷	인쇄할	쇄	
係	맬	계	(系)	逃	달아날	도		芳	꽃다울/향기	방		囚	가둘	수	
契	맺을/계약	계		盜	도둑	도	(盗)	邦	나라이름	방		輸	보낼/굴릴	수	(输)
系	이어맬/계통	계		督	감독할/살필	독		妨	방해할	방		熟	익을	숙	
姑	시어미	고		毒	독	독		輩	무리	배	(辈)	巡	순행할	순	
稿	원고/볏집	고		豚	돼지	돈		繁	번성할/성할	번		旬	열흘	순	
恭	공손	공		突	갑자기,부딪힐	돌		範	법/모범	범	(范)	述	지을/베풀	술	(述)
孔	구멍	공		銅	구리	동	(铜)	壁	벽	벽		雅	바를/맑을	아	
貢	바칠	공	(贡)	亂	어지러울	란	(乱)	邊	가	변	(边)	亞	버금/다음	아	(亚)
供	이바지할/바칠	공		糧	양식	량	(粮)	辯	말잘할/말씀	변	(辩)	餓	주릴	아	(饿)

한자	뜻	음	약자
岸	언덕	안	
涯	물가	애	
額	이마	액	(额)
樣	모양	양	(样)
壤	흙	양	
役	부릴	역	
驛	역마	역	(驿)
延	끌/뻗칠	연	
鉛	납	연	(铅)
沿	물따라내려갈	연	
緣	인연	연	(缘)
宴	잔치	연	
演	펼/넓을	연	
映	비칠	영	
泳	헤엄칠	영	
銳	날카로울	예	(锐)
辱	욕될	욕	
慾	욕심	욕	(欲)
羽	깃	우	
優	넉넉할/뛰어날	우	(优)
愚	어리석을	우	
郵	우편	우	(邮)
援	구원할/도울	원	
圍	둘레/에울	위	(围)
委	맡길	위	
胃	밥통	위	
衛	지킬/호위할	위	(卫)
裕	넉넉할	유	
悠	멀	유	
維	벼리/얽을	유	(维)
儀	거동	의	(仪)
宜	마땅	의	
疑	의심	의	
姻	혼인할	인	
逸	편안	일	
姿	맵시/모양	자	
資	재물/자본	자	(资)
殘	남을/잔인할	잔	(残)
雜	섞일	잡	(杂)
奬	권면할/장려할	장	(奖)
裝	꾸밀/장식할	장	(装)
障	막을/장애	장	
張	베풀	장	(张)
丈	어른	장	
帳	휘장/장막	장	(帐)
抵	거스를/막을	저	
底	밑	저	
績	길쌈	적	(绩)
賊	도둑	적	(贼)
籍	문서	적	
占	점칠/점령할	점	
整	가지런할	정	
訂	바로잡을/고칠	정	(订)
亭	정자	정	
廷	조정	정	
征	칠(치다)	정	
齊	가지런할	제	(齐)
濟	건널	제	(济)
提	끌/제안할/들	제	
堤	둑	제	
照	비칠/비출	조	
條	조목/가지	조	(条)
弔	조상할	조	(吊)
租	조세	조	
潮	조수/밀물	조	
組	짤/조직	조	(组)
座	자리	좌	
株	그루	주	
柱	기둥	주	
周	두루	주	
舟	배	주	
俊	준걸/뛰어날	준	
症	증세	증	
誌	기록할/기록	지	(志)
池	못	지	
織	짤	직	(织)
陳	늘어놓을/베풀	진	(陈)
珍	보배	진	
鎭	진압할/진정할	진	(镇)
陣	진칠	진	(阵)
姪	조카	질	(侄)
秩	차례	질	
差	어긋날	차	
贊	도울	찬	(赞)
倉	곳집/창고	창	(仓)
債	빚	채	(债)
策	꾀	책	(策)
拓	넓힐/개척할	척	
踐	밟을	천	(践)
賤	천할	천	(贱)
哲	밝을	철	
妾	첩	첩	
超	넘을/뛰어넘을	초	
礎	주춧돌	초	(础)
聰	귀밝을/총명할	총	(聪)
築	쌓을	축	(筑)
側	곁	측	(侧)
測	헤아릴/측량할	측	(测)
値	값/만날	치	(值)
置	둘	치	(置)
恥	부끄러울	치	(耻)
浸	적실/젖을	침	
侵	침노할	침	
稱	일컬을	칭	(称)
妥	평온할/당할	타	
濯	씻을/세탁할	탁	
歎	탄식할	탄	(叹)
彈	탄알/탄환	탄	(弹)
塔	탑	탑	
態	모양/태도	태	(态)
擇	가릴	택	(择)
澤	못	택	(泽)
吐	토할	토	
鬪	싸울	투	(斗)
派	물갈래	파	
版	판목/조각	판	
販	팔/판매할	판	(贩)
評	평론할/평할	평	(评)
肺	허파	폐	
浦	물가/나루	포	
捕	잡을	포	
胞	태보/세포	포	
爆	터질/폭발할	폭	
被	입을	피	
避	피할	피	
咸	다	함	
抗	겨룰/항거할	항	
項	목	항	(项)
航	배	항	
港	항구	항	
享	누릴	향	
響	소리/울릴	향	(响)
憲	법	헌	(宪)
險	험할	험	(险)
絃	줄	현	(弦)
亨	형통할	형	
昏	저물/어두울	혼	
弘	클	홍	
確	굳을	확	(确)
環	고리/두를	환	(环)
丸	알/둥글	환	
悔	뉘우칠	회	
劃	그을	획	(划)
揮	휘두를/지휘할	휘	(挥)

2 급

한자	뜻	음	약자
賈	성	가	(贾)
嘉	아름다울	가	
伽	절	가	
閣	누각	각	(阁)
却	물리칠	각	
珏	쌍옥	각	
肝	간	간	
諫	간할	간	(谏)
簡	대쪽	간	(简)
奸	범할/간사할	간	
懇	정성	간	(恳)
幹	줄기	간	(干)
葛	칡	갈	
鑑	거울	감	(鉴)
憾	한할	감	
鉀	갑옷	갑	(钾)
岬	산허리	갑	
剛	굳셀	강	(刚)
綱	벼리	강	(纲)
腔	빈속	강	
姜	성	강	
岡	언덕	강	(冈)
疆	지경	강	
凱	개선할	개	(凯)
箇	낱	개	(个)

한자	뜻	음	약자
概	대개	개	(概)
蓋	덮을	개	(盖)
慨	슬퍼할	개	(慨)
坑	구덩이	갱	
據	의지할/의거할	거	
鍵	열쇠	건	(键)
乞	빌	걸	
劫	위협할	겁	
揭	높이들	게	
憩	쉴	게	
隔	막힐	격	
擊	칠	격	(击)
牽	끌	견	(牵)
遣	보낼	견	
絹	비단	견	(绢)
肩	어깨	견	
訣	이별할	결	(诀)
謙	겸손할	겸	(谦)
竟	마침내	경	
卿	벼슬	경	(卿)
瓊	붉은옥	경	(琼)
炅	빛날	경	
璟	옥빛	경	
頃	잠깐/이랑	경	(顷)
徑	지름길	경	(径)
桂	계수나무	계	
繫	얽어맬	계	(系)
啓	열(열다)	계	(启)
屆	이를	계	(届)
膏	기름	고	
顧	돌아볼	고	(顾)
枯	마를	고	
鼓	북	고	
雇	품팔이	고	
哭	울	곡	
恐	두려울	공	
菓	과자	과	
瓜	오이	과	
誇	자랑할	과	(夸)
寡	적을	과	
戈	창	과	
郭	성곽	곽	
寬	너그러울	관	(宽)
款	정성	관	
館	집	관	(馆)
狂	미칠	광	
鑛	쇳돌	광	(矿)
掛	걸(걸다)	괘	(挂)
卦	점괘	괘	
怪	기이할	괴	
傀	꼭두각시	괴	
壞	무너질	괴	(坏)
愧	부끄러울	괴	
塊	흙덩이	괴	(块)
僑	객지살	교	(侨)
巧	공교할	교	
狡	교활할	교	
郊	들	교	
絞	목맬	교	(绞)
矯	바로잡을	교	(矫)
膠	아교	교	(胶)
鷗	갈매기	구	(鸥)
狗	개	구	
懼	두려울	구	(惧)
邱	땅이름	구	
灸	뜸	구	
驅	몰	구	(驱)
鳩	비둘기	구	(鸠)
購	살(사다)	구	(购)
丘	언덕	구	
玖	옥돌	구	
仇	원수	구	
拘	잡을/거리낄	구	
歐	토할	구	(欧)
俱	함께	구	
菊	국화	국	
鞠	기를	국	
窟	굴	굴	
屈	굽힐/굴복할	굴	
掘	팔	굴	
倦	게으를	권	
圈	둘레	권	
厥	그	궐	
闕	집	궐	(阙)
軌	굴대/바퀴사이	궤	(轨)
龜	거북	귀	(龟)
鬼	귀신	귀	
糾	바로잡을/꼴	규	(纠)
奎	별이름	규	
叫	부르짖을	규	
珪	서옥	규	(圭)
閨	안방	규	(闺)
揆	헤아릴	규	
圭	홀	규	
劇	심할/연극	극	(剧)
僅	겨우	근	(仅)
瑾	구슬	근	
槿	무궁화	근	
筋	힘줄	근	
琴	거문고	금	
禽	날짐승/새	금	
錦	비단	금	(锦)
兢	삼가할	긍	
矜	자랑할	긍	
肯	즐길	긍	
岐	갈림길	기	
麒	기린	기	
忌	꺼릴	기	
耆	늙을	기	
騎	말탈	기	(骑)
棋	바둑	기	
棄	버릴	기	(弃)
豈	어찌/바랄	기	
琪	옥	기	
琦	옥이름	기	
飢	주릴	기	(饥)
騏	준마	기	(骐)
汽	증기	기	
緊	굳게얽을	긴	(紧)
那	어찌	나	
諾	허락할	낙	(诺)
奈	어찌	내	
寧	편안할	녕	(宁)
濃	짙을	농	(浓)
惱	괴로워할	뇌	(恼)
尿	오줌	뇨	
尼	여승	니	
泥	진흙	니	
溺	빠질	닉	
匿	숨을	닉	
鍛	단련할	단	(锻)
檀	박달나무	단	
旦	아침	단	
撻	매질할	달	(挞)
毯	담요	담	
潭	못	담	
膽	쓸개	담	(胆)
踏	밟을	답	
唐	당나라	당	
塘	못	당	
糖	엿	당	
臺	대	대	(台)
戴	일	대	
袋	자루	대	
垈	터	대	
渡	건널	도	
途	길	도	
挑	돋울	도	
跳	뛸	도	
塗	바를	도	(涂)
稻	벼	도	
桃	복숭아	도	
燾	비출	도	(焘)
禱	빌	도	(祷)
悼	슬퍼할	도	
陶	질그릇	도	
萄	포도	도	
篤	도타울	독	(笃)
敦	도타울	돈	
頓	조아릴	돈	(顿)
棟	마룻대	동	(栋)
凍	얼	동	(冻)
桐	오동나무	동	
杜	막을	두	
鈍	무딜/둔할	둔	(钝)
屯	진칠	둔	
藤	등나무	등	
謄	베낄	등	(誊)
騰	오를	등	(腾)
裸	벌거벗을	라	
洛	강이름	락	
絡	맥락/이을	락	(络)

한자	뜻	음		한자	뜻	음		한자	뜻	음		한자	뜻	음	
欄	난간	란	(栏)	僚	동료	료		冥	어두울	명		拔	뺄/뽑을	발	
蘭	난초	란	(兰)	療	병고칠	료	(疗)	謨	꾀	모	(谟)	傍	곁	방	
爛	빛날	란	(烂)	淚	눈물	루	(泪)	謀	꾀할	모	(谋)	紡	길쌈	방	(纺)
剌	어그러질	랄		樓	다락	루	(楼)	茅	띠	모		旁	두루	방	
濫	넘칠	람	(滥)	漏	샐	루		貌	모양	모		倣	본받을/모방할	방	(仿)
藍	쪽	람	(蓝)	累	여러/포갤	루		帽	모자	모		肪	비계	방	
拉	꺾을	랍		屢	자주/여럿	루	(屡)	冒	무릅쓸	모		龐	클	방	(庞)
朗	밝을	랑		謬	그릇될	류	(谬)	牡	수컷	모		謗	헐뜯을	방	(谤)
廊	행랑	랑		劉	죽일	류	(刘)	侮	업신여길	모		俳	광대	배	
萊	명아주	래	(莱)	率	비율	률		耗	줄일	모		排	물리칠/헤칠	배	
掠	노략질할	략		隆	높을	륭		矛	창	모		賠	배상할	배	(赔)
梁	들보/돌다리	량		陵	언덕	릉		牟	클	모		培	북돋을/배양할	배	
亮	밝을	량		裏	속(=裡)	리	(里)	沐	목욕할	목		裴	성	배	(裴)
諒	살필	량	(谅)	鄰	이웃	린	(邻)	沒	빠질	몰	(没)	魄	넋	백	
麗	고울	려	(丽)	粒	낟알	립		夢	꿈	몽	(梦)	伯	맏	백	
廬	오두막집	려	(庐)	磨	갈(갈다)	마		蒙	어릴/무릅쓸	몽		帛	비단	백	
呂	음률	려	(吕)	魔	마귀	마		廟	사당	묘	(庙)	柏	잣나무	백	
侶	짝	려	(侣)	摩	문지를	마		苗	싹	묘		飜	뒤칠/번역할	번	(翻)
勵	힘쓸	려	(励)	痲	저릴	마		毋	말	무		煩	번거로울	번	(烦)
曆	책력	력	(历)	寞	고요할	막		巫	무당	무		閥	문벌	벌	(阀)
鍊	단련할	련	(鍊)	漠	사막/아득할	막		霧	안개	무	(雾)	汎	뜰	범	(泛)
煉	달굴	련	(炼)	幕	장막	막		默	잠잠할	묵		碧	푸를	벽	
憐	불쌍할	련	(怜)	膜	홀떼기	막		汶	물이름	문		僻	후미질	벽	
劣	못할	렬		慢	거만할	만		紊	어지러울	문		弁	고깔	변	
裂	찢을	렬		灣	물굽이	만		眉	눈썹	미		辨	분별할/변별할	변	
廉	청렴할	렴		漫	물질펀할	만		迷	미혹할	미		卞	성	변	
獵	사냥할	렵	(猎)	瞞	속일	만	(瞒)	微	작을	미		竝	아우를	병	(并)
齡	나이	령	(龄)	蠻	오랑캐	만	(蛮)	旻	가을하늘	민		屛	병풍	병	(屏)
零	떨어질	령	(零)	娩	해산할	만		閔	근심할	민	(闵)	炳	불꽃	병	
靈	신령	령	(灵)	網	그물	망	(网)	悶	민망할	민	(闷)	幷	아우를	병	(并)
玲	옥소리	령	(玲)	茫	망망할	망		憫	불쌍히여길	민	(悯)	柄	자루	병	
隷	종	례	(隶)	罔	없을	망		玫	옥돌	민		秉	잡을	병	
蘆	갈대	로	(芦)	枚	낱	매		珉	옥돌	민		輔	도울	보	(辅)
盧	검을	로	(卢)	埋	묻을	매		旼	온화할	민		甫	클	보	
魯	노나라	로	(鲁)	昧	어두울	매		蜜	꿀	밀		覆	뒤집힐	복	
虜	사로잡을	로	(虏)	寐	잠잘	매		泊	배댈/머무를	박		縫	꿰맬	봉	(缝)
爐	화로	로	(炉)	媒	중매	매		拍	칠	박		蜂	벌	봉	
祿	녹	록	(禄)	脈	맥/줄기	맥	(脉)	舶	큰배	박		俸	봉사할/녹	봉	
籠	새장	롱	(笼)	猛	사나울	맹		迫	핍박할	박		封	봉할	봉	
弄	희롱할	롱		覓	찾을	멱	(觅)	叛	배반할	반		鳳	봉황새	봉	(凤)
賂	뇌물줄	뢰	(赂)	綿	솜	면	(绵)	盤	소반/쟁반	반	(盘)	釜	가마	부	
雷	우레	뢰		滅	멸망할/꺼질	멸	(灭)	搬	운반할	반		賦	구실/과할	부	(赋)
賴	힘입을/의뢰할	뢰	(赖)	蔑	업신여길	멸		伴	짝	반		赴	다다를/부임할	부	

한자	뜻	음	약자
簿	문서	부	
訃	부고	부	(讣)
符	부신/명부	부	
賻	부의	부	(賻)
附	붙을	부	
膚	살갗	부	(肤)
腐	썩을	부	
剖	쪼갤	부	
盆	동이	분	
奮	떨칠	분	(奋)
墳	무덤	분	(坟)
憤	분할/성낼	분	(愤)
噴	뿜을	분	(喷)
弗	아니	불	
崩	무너질/붕괴할	붕	
婢	계집/여자종	비	
卑	낮을/천할	비	
匪	도둑	비	
毘	도울	비	(毗)
碑	비석	비	
匕	비수	비	
妃	왕비	비	
彬	빛날	빈	
賓	손님	빈	(宾)
頻	자주	빈	(频)
聘	부를/맞을	빙	
邪	간사할	사	
似	같을/비슷	사	
詞	말/글	사	(词)
辭	말씀	사	(辞)
飼	먹일	사	(饲)
沙	모래	사	
蛇	뱀	사	
唆	부추길	사	
斜	비낄	사	
祠	사당	사	
奢	사치할	사	
徙	옮길	사	
赦	용서할	사	
賜	줄/하사할	사	(赐)
削	깎을	삭	
朔	초하루	삭	
酸	실(시다)	산	
傘	우산	산	(伞)
撒	뿌릴	살	
森	빽빽할	삼	
蔘	삼	삼	
揷	꽂을	삽	
嘗	맛볼	상	(尝)
桑	뽕나무	상	
箱	상자	상	
詳	자세할/상세할	상	(详)
裳	치마	상	
塞	변방	새	
逝	갈(가다)	서	
誓	맹세할	서	
瑞	상서로울	서	
緖	실마리	서	(绪)
敍	차례	서	
徐	천천히	서	
舒	펼	서	
析	가를/쪼갤	석	
錫	주석	석	(锡)
奭	클	석	
碩	클	석	(硕)
釋	풀	석	(释)
禪	고요할	선	(禅)
繕	기울	선	(缮)
旋	돌(돌다)	선	
膳	반찬	선·	
薛	성씨	설	
纖	가늘	섬	(纤)
閃	번쩍할	섬	(闪)
攝	끌어잡을	섭	(摄)
燮	불꽃	섭	
晟	밝을	성	
貰	세낼	세	(贳)
沼	늪	소	
蘇	깨어날	소	(苏)
昭	밝을	소	
召	부를	소	
燒	불사를	소	(烧)
巢	새집	소	
騷	시끄러울	소	(骚)
紹	이을	소	(绍)
疏	트일	소	
訴	하소연할	소	(诉)
屬	무리/붙일	속	(属)
粟	조	속	
遜	겸손할	손	(逊)
宋	나라이름	송	
誦	욀	송	(诵)
碎	부술	쇄	
鎖	쇠사슬/자물쇠	쇄	(锁)
衰	쇠약할	쇠	
需	구할	수	
殊	다를	수	
垂	드리울	수	
隨	따를	수	(随)
銖	무게이름	수	(铢)
洙	물이름	수	
羞	부끄러울	수	
隋	수나라	수	
戍	수자리	수	
粹	순수할	수	
遂	이룰/드디어	수	
帥	장수	수	(帅)
睡	졸(졸다)	수	
獸	짐승	수	(兽)
搜	찾을	수	
孰	누구	숙	
肅	엄숙할	숙	(肃)
瞬	눈깜짝할/순간	순	
循	돌/순행할	순	
殉	따라죽을	순	
盾	방패	순	
淳	순박할	순	
舜	순임금	순	
珣	옥그릇	순	
脣	입술	순	(唇)
筍	죽순	순	(笋)
荀	풀이름	순	
襲	엄습할	습	(袭)
濕	젖을	습	(湿)
升	되	승	
昇	오를	승	(升)
僧	중	승	
侍	모실	시	
柴	섶	시	
媤	시집	시	
尸	주검	시	
屍	주검	시	(尸)
弑	죽일	시	
矢	화살	시	
飾	꾸밀	식	(饰)
湜	맑을	식	
殖	번식할	식	(殖)
迅	빠를	신	
愼	삼갈	신	(慎)
晨	새벽	신	
娠	아이밸	신	
腎	콩팥	신	(肾)
紳	큰띠	신	(绅)
伸	펼	신	
審	살필	심	(审)
尋	찾을	심	(寻)
雙	쌍	쌍	(双)
芽	싹	아	
牙	어금니	아	
阿	언덕	아	
握	잡을	악	
岳	큰산/멧부리	악	
雁	기러기	안	
晏	늦을	안	
按	살필	안	
鞍	안장	안	
斡	돌(돌다)	알	
謁	뵐	알	(谒)
癌	암	암	
庵	암자	암	
壓	누를	압	(压)
押	누를	압	
殃	재앙	앙	
碍	막을(=礙)	애	
隘	좁을	애	
厄	재앙	액	
液	진액	액	
耶	어조사	야	
惹	이끌	야	
躍	뛸	약	(跃)
楊	버들	양	(杨)
孃	아가씨	양	(娘)

한자	뜻	음	약자	한자	뜻	음	약자	한자	뜻	음	약자	한자	뜻	음	약자
禦	막을	어	(御)	歪	비뚤	왜		踰	넘을	유	(踰)	潛	잠길	잠	(潜)
御	어거할	어		倭	와나라	왜		榆	느릅나무	유	(榆)	暫	잠깐	잠	(暂)
抑	누를	억		畏	두려울	외		愈	더욱/나을	유	(愈)	藏	감출	장	
彦	선비	언		遙	멀	요	(遥)	惟	생각할	유		樟	녹나무	장	
焉	어조사/어찌	언		曜	빛날	요		兪	성	유	(俞)	粧	단장할	장	(妆)
予	나/줄	여		耀	빛날	요		尹	다스릴	윤		墻	담	장	
輿	수레	여	(舆)	姚	예쁠	요		胤	맏아들	윤		璋	반쪽홀	장	
譯	번역할	역	(译)	妖	요망할	요		鈗	병기	윤	(铳)	掌	손바닥	장	
疫	염병	역		堯	요임금	요	(尧)	閏	윤달	윤	(闰)	臟	오장	장	(脏)
淵	못	연	(渊)	夭	일찍죽을	요		潤	윤택할	윤	(润)	葬	장사지낼/장례	장	
捐	버릴	연		腰	허리	요		允	진실로	윤		莊	장엄할/씩씩할	장	(庄)
硯	벼루	연	(砚)	搖	흔들	요	(摇)	融	녹을	융		匠	장인	장	
燃	불탈	연		鎔	녹일	용	(镕)	隱	숨을	은	(隐)	蔣	줄	장	(蒋)
軟	연할	연	(软)	庸	떳떳할	용		垠	언덕	은		杖	지팡이	장	
姸	예쁠	연	(妍)	踊	뛸	용		殷	은나라	은		載	실을	재	(载)
燕	제비	연		溶	질펀히흐를	용		淫	음란할	음		裁	옷마를/재단할	재	
衍	퍼질	연		瑢	패옥소리	용		凝	엉길	응		宰	재상	재	
閱	검열할	열	(阅)	傭	품팔이	용	(佣)	貳	두	이	(贰)	箸	젓가락	저	
染	물들일	염		佑	도울	우		夷	오랑캐	이		寂	고요할	적	
鹽	소금	염	(盐)	祐	복	우		姨	이모	이		摘	딸/적발할	적	
厭	싫을	염	(厌)	寓	붙어살	우		伊	저	이		滴	물방울	적	
燁	빛날	엽	(烨)	禹	우임금	우		怡	화할	이		跡	발자취/자취	적	(迹)
瑩	귀막이옥	영	(莹)	偶	짝	우		翼	날개	익		蹟	사적	적	(迹)
影	그림자	영		煜	불꽃	욱		翌	다음날	익		迹	자취	적	
詠	읊을	영	(咏)	旭	해뜰	욱		刃	칼날	인		笛	피리	적	
譽	기릴	예	(誉)	韻	운	운	(韵)	鎰	스물넉냥	일	(镒)	殿	대궐/큰집	전	
豫	미리	예		鬱	답답할	울	(郁)	壹	하나	일		顚	이마	전	(颠)
預	미리	예	(预)	苑	나라동산	원		姙	아이밸	임		折	꺾을	절	
傲	거만할	오		媛	미인	원		賃	품팔이/품삯	임	(赁)	竊	훔칠	절	(窃)
伍	대오	오		袁	옷/성씨	원		炙	고기구울	자		漸	점차/점점	점	(渐)
汚	더러울	오	(污)	越	넘을/건널	월		諮	물을	자	(谘)	蝶	나비	접	
吳	성	오	(吴)	韋	가죽	위	(韦)	恣	방자할	자		艇	거룻배	정	
梧	오동나무	오		僞	거짓	위	(伪)	滋	불을	자		楨	광나무	정	(桢)
娛	즐거워할	오	(娱)	渭	물이름	위		雌	암컷	자		旌	기	정	
嗚	탄식할/슬플	오	(呜)	尉	벼슬이름	위		茲	이	자	(兹)	程	길	정	
沃	기름질	옥		蔚	성할	위		磁	자석	자		鄭	나라이름	정	(郑)
鈺	단단한쇠	옥	(钰)	緯	씨줄	위	(纬)	紫	자주빛	자		晶	맑을	정	
獄	옥/감옥	옥	(狱)	違	어긋날	위	(违)	刺	찌를	자		汀	물가	정	
翁	늙은이	옹		慰	위로할	위		疵	흠	자		町	밭두둑	정	
擁	안을	옹	(拥)	謂	이를	위	(谓)	酌	따를/잔질할	작		呈	보일	정	
緩	느릴	완	(缓)	幽	그윽할	유		爵	벼슬	작		鼎	솥	정	
汪	넓을	왕		喩	깨우칠	유	(喻)	雀	참새	작		珽	옥홀	정	
旺	성할	왕		誘	꾈/달랠	유	(诱)	蠶	누에	잠	(蚕)	偵	정탐할	정	(侦)

漢字	뜻	음	이체자
窄	함정	정	(阱)
劑	약지을	제	(剤)
趙	나라이름	조	(赵)
釣	낚을	조	(钓)
措	둘	조	
燥	마를/건조할	조	
曹	마을	조	(曹)
彫	새길	조	(雕)
爪	손톱	조	
拙	못날/졸렬할	졸	
綜	모을	종	(综)
縱	세로/놓을	종	(纵)
琮	옥홀	종	
佐	도울/보좌할	좌	
珠	구슬	주	
駐	머무를	주	(驻)
洲	물가	주	
鑄	쇠부어만들	주	(铸)
奏	아뢸	주	
註	주낼	주	(注)
週	주일	주	(周)
埈	높을	준	
峻	높을	준	
遵	좇을	준	
駿	준마	준	(骏)
仲	버금	중	
憎	미워할/미울	증	
贈	줄/증여할	증	(赠)
蒸	찔	증	
脂	기름	지	
遲	더딜/지연할	지	(迟)
旨	뜻	지	
祉	복	지	
肢	사지	지	
芝	지초	지	
址	터	지	
稙	올벼	직	(稙)
秦	나라이름	진	
津	나루	진	
振	떨칠	진	
診	볼(보다)	진	(诊)
震	진동할/벼락	진	
塵	티끌	진	(尘)
窒	막을	질	
疾	병	질	
輯	모을	집	(辑)
徵	부를/징수	징	
懲	징계할	징	(惩)
叉	깍지낄	차	
遮	막을	차	
錯	섞일	착	(错)
捉	잡을/포착할	착	
讚	기릴/칭찬할	찬	(赞)
餐	먹을	찬	
燦	빛날	찬	(灿)
璨	옥빛	찬	
刹	절	찰	
札	편지	찰	
斬	벨/부끄러울	참	(斩)
慙	부끄러워할	참	(惭)
慘	참혹할/슬플	참	(惨)
昶	밝을	창	
彰	빛날	창	
滄	큰바다	창	(沧)
蒼	푸를	창	(苍)
暢	화창할	창	(畅)
蔡	성씨	채	(蔡)
垛	채밭	채	
彩	채색	채	
采	풍채	채	
悽	슬플	처	(凄)
戚	겨레/친척	척	
斥	물리칠	척	
隻	외짝	척	(只)
遷	옮길	천	(迁)
薦	천거할/추천할	천	(荐)
撤	거둘	철	
澈	물맑을	철	
喆	밝을	철	(哲)
徹	통할/철저할	철	(彻)
添	더할/덧붙일	첨	
尖	뾰족할	첨	
諜	염탐할	첩	(谍)
廳	청사/관청	청	(厅)
滯	막힐	체	(滞)
締	맺을	체	(缔)
逮	미칠	체	
替	바꿀/대체할	체	
遞	번갈아/갈마들	체	(递)
肖	닮을	초	
哨	망볼	초	
抄	베낄/뽑을	초	
秒	초/까끄라기	초	
楚	초나라	초	
焦	탈	초	
蜀	나라이름	촉	
觸	닿을/찌를	촉	(触)
促	재촉할	촉	
燭	촛불	촉	(烛)
叢	모일	총	(丛)
寵	사랑	총	(宠)
銃	총	총	(铳)
崔	높을	최	
催	재촉할	최	
趨	달릴	추	(趋)
抽	뽑을/뺄	추	
醜	추할/더러울	추	(丑)
軸	굴대	축	(轴)
畜	기를	축	
蓄	모을/쌓을	축	
縮	줄어질	축	(缩)
逐	쫓을	축	
蹴	찰	축	
沖	깊을	충	(冲)
衷	정성	충	
衝	찌를	충	(冲)
臭	냄새	취	
炊	불땔	취	
醉	술취할/취할	취	
趣	취미/뜻	취	
惻	슬퍼할	측	(恻)
雉	꿩	치	
侈	사치할	치	
稚	어릴	치	
勅	칙서	칙	(敕)
漆	옻칠할	칠	
枕	베개	침	
沈	잠길	침	
寢	잠잘	침	(寝)
墮	떨어질/타락할	타	(堕)
托	맡길/의탁할	탁	
鐸	방울	탁	(铎)
託	부탁할	탁	(托)
琢	쫄	탁	
濁	흐릴	탁	(浊)
誕	낳을/탄생할	탄	(诞)
奪	빼앗을/탈취할	탈	(夺)
眈	노려볼	탐	
貪	탐할/탐낼	탐	(贪)
湯	끓을	탕	(汤)
怠	게으를	태	
兌	바꿀	태	
台	별	태	
胎	아이밸	태	
殆	위태할/거의	태	
颱	태풍	태	(台)
兎	토끼	토	
透	통할/꿰뚫을	투	
巴	땅이름	파	
播	뿌릴/씨뿌릴	파	
坡	언덕	파	
頗	자못	파	(颇)
把	잡을	파	
罷	파할	파	(罢)
阪	비탈	판	
覇	으뜸	패	
遍	두루	편	
編	엮을	편	(编)
鞭	채찍	편	
偏	치우칠	편	
扁	현판	편	
坪	들	평	
蔽	덮을/가릴	폐	
幣	폐백	폐	(币)
廢	폐할	폐	(废)
弊	해질/폐단	폐	
砲	대포	포	(炮)
抛	던질	포	
怖	두려울	포	
哺	먹일	포	
飽	배부를/포식할	포	(饱)
鋪	펼	포	(铺)

한자	뜻	음	속자
葡	포도	포	
幅	폭/너비	폭	
漂	뜰/빨래	표	
杓	자루	표	
豹	표범	표	
標	표할	표	(标)
楓	단풍나무	풍	(枫)
弼	도울	필	
畢	마칠	필	(毕)
泌	스며흐를	필	
乏	다할	핍	
荷	연꽃/멜	하	
瑕	티	하	
虐	사나울	학	
鶴	학/두루미	학	(鶴)
旱	가물	한	
翰	글	한	
汗	땀	한	
轄	다스릴	할	(辖)
割	벨	할	
含	머금을	함	
陷	빠질	함	
艦	싸움배	함	(舰)
函	함	함	
巷	거리	항	
亢	목	항	
該	그/해당할	해	(该)
奚	어찌	해	
核	씨	핵	
杏	은행	행	
獻	드릴/바칠	헌	(献)
軒	처마/집	헌	(轩)
赫	붉을	혁	
玄	검을/가물거릴	현	
峴	고개	현	(岘)
縣	고을	현	(县)
顯	나타날	현	(显)
懸	매달/달	현	(悬)
炫	빛날	현	
鉉	솥귀	현	(铉)
弦	활시위	현	
穴	구멍	혈	
嫌	싫어할	혐	

한자	뜻	음	속자
峽	골짜기	협	(峡)
脅	위협할/갈비	협	(胁)
狹	좁을	협	(狭)
螢	반딧불	형	(萤)
炯	빛날	형	
邢	성	형	
衡	저울	형	
型	틀	형	
兮	어조사	혜	
慧	지혜	혜	
毫	가는털/터럭	호	
浩	넓을	호	
晧	밝을	호	
護	보호할/지킬	호	(护)
祜	복	호	
互	서로	호	
胡	오랑캐	호	
昊	하늘	호	
壕	해자	호	
豪	호걸	호	
鎬	호경	호	(镐)
皓	흴	호	
酷	독할	혹	
惑	미혹할	혹	
魂	넋	혼	
忽	갑자기/홀연	홀	
洪	넓을	홍	
鴻	큰기러기	홍	(鸿)
靴	가죽신	화	
禾	벼	화	
禍	재앙	화	(祸)
穫	거둘	확	(获)
擴	넓힐	확	(扩)
桓	굳셀	환	
還	돌아올	환	(还)
換	바꿀	환	(换)
煥	빛날	환	(焕)
幻	허깨비	환	
滑	미끄러울	활	
荒	거칠	황	
晃	밝을	황	
凰	봉황새	황	
況	하물며/상황	황	(况)

한자	뜻	음	속자
賄	뇌물	회	(贿)
廻	돌아올	회	(回)
淮	물이름	회	
灰	재	회	
懷	품을	회	(怀)
獲	사로잡을	획	(获)
橫	가로/비낄	횡	
曉	새벽	효	(晓)
喉	목구멍	후	
后	왕후	후	
侯	제후/임금	후	
勳	공	훈	(勋)
熏	연기낄	훈	
薰	향풀	훈	
毀	헐/훼손할	훼	
輝	빛날	휘	(辉)
携	끌/휴대할	휴	
烋	아름다울	휴	
痕	흉터	흔	
欽	공경할	흠	(钦)
欠	하품	흠	
稀	드물	희	
禧	복	희	
熙	빛날	희	
姬	아가씨	희	
嬉	즐길	희	
噫	탄식할	희	
戱	희롱할	희	(戏)
犧	희생	희	(牺)

음과 뜻이 여럿인 한자

賈
- 성　　가 (賈氏:가씨)
- 장사　고 (賈船:고선)

降
- 내릴　강 (下降:하강)
- 항복할 항 (降伏:항복)

更
- 다시　갱 (更新:갱신)
- 고칠　경 (變更:변경)

車
- 수레　거 (車馬:거마)
- 수레　차 (車費:차비)

見
- 볼　　견 (見聞:견문)
- 뵐　　현 (謁見:알현)

龜
- 거북　귀 (龜甲:귀갑)
- 땅이름 구 (龜浦:구포)
- 터질　균 (龜裂:균열)

金
- 쇠　　금 (金屬:금속)
- 성　　김 (金氏:김씨)

度
- 법도　도 (制度:제도)
- 헤아릴 탁 (度支:탁지)

讀
- 읽을　독 (讀書:독서)
- 구절　두 (句讀:구두)

洞
- 마을　동 (洞里:동리)
- 꿰뚫을 통 (洞達:통달)

樂
- 즐거울 락 (娛樂:오락)
- 풍류　악 (音樂:음악)
- 좋아할 요 (樂山:요산)

率
- 비율　률 (能率:능률)
- 거느릴 솔 (統率:통솔)

北
- 북녘　북 (北方:북방)
- 달아날 배 (敗北:패배)

復
- 돌아올 복 (回復:회복)
- 다시　부 (復活:부활)

覆
- 덮을　부 (覆載:부재)
- 뒤집힐 복 (覆面:복면)

否
- 아닐　부 (否認:부인)
- 막힐　비 (否塞:비색)

不
- 아니　불 (不吉:불길)
- 아닐　부 (不當:부당)

殺
- 죽일　살 (殺生:살생)
- 감할　쇄 (相殺:상쇄)

狀
- 모양　상 (形狀:형상)
- 문서　장 (賞狀:상장)

塞
- 변방　새 (要塞:요새)
- 막을　색 (窒塞:질색)

索
- 찾을　색 (搜索:수색)
- 쓸쓸할 삭 (索莫:삭막)

說
- 말씀　설 (說明:설명)
- 달랠　세 (遊說:유세)
- 기쁠　열 (說樂:열락)

省	살필　성 (省察:성찰) 덜　　생 (省略:생략)	辰	지지　진 (辰時:진시) 별　　신 (辰星:신성)
數	셈　　수 (數學:수학) 자주　삭 (頻數:빈삭)	參	참여할 참 (參加:참가) 석　　삼 (參拾:삼십)
宿	잠잘　숙 (宿所:숙소) 별자리 수 (星宿:성수)	沈	가라앉을 침 (沈沒:침몰) 성　　심 (沈氏:심씨)
拾	주울　습 (拾得:습득) 열　　십 (拾萬:십만)	拓	넓힐　척 (開拓:개척) 박을　탁 (拓本:탁본)
食	먹을　식 (飮食:음식) 밥　　사 (簞食:단사)	宅	집　　택 (住宅:주택) 댁　　댁 (宅內:댁내)
識	알　　식 (知識:지식) 기록할 지 (標識:표지)	便	편할　편 (便利:편리) 오줌　변 (小便:소변)
惡	악할　악 (善惡:선악) 미워할 오 (嫌惡:혐오)	布	펼　　포 (布告:포고) 펼　　보 (布施:보시)
易	바꿀　역 (貿易:무역) 쉬울　이 (容易:용이)	暴	사나울 폭 (暴風:폭풍) 사나울 포 (暴惡:포악)
咽	목구멍 인 (咽喉:인후) 목멜　열 (嗚咽:오열)	輻	바퀴살 폭 (輻輳:폭주) 바퀴살 복 (輻射:복사)
炙	구울　자 (膾炙:회자) 고기구이 적 (散炙:산적)	泌	스며흐를 필 (泌泌:필필) 분비할 비 (泌尿:비뇨)
刺	찌를　자 (刺客:자객) 찌를　척 (刺殺:척살) 수라　라 (水刺:수라)	行	다닐　행 (行人:행인) 항렬　항 (行列:항렬)
切	끊을　절 (切斷:절단) 모두　체 (一切:일체)	滑	미끄러울 활 (滑降:활강) 익살스러울 골 (滑稽:골계)

교육

家系研究	가계연구
假想授業	가상수업
家族治療	가족치료
干涉理論	간섭이론
感情移入	감정이입
講義法	강의법
槪念−經驗主義	개념−경험주의
個別敎授	개별교수
個別化 敎授	개별화 교수
客觀度	객관도
客觀式 評價	객관식 평가
競爭 學習	경쟁 학습
經驗授業模型	경험수업모형
系列性	계열성
啓蒙主義	계몽주의
系統學習	계통학습
高原現象	고원현상
攻擊機制	공격기제
過剩學習	과잉학습
觀察學習	관찰학습
敎具	교구
敎授工學	교수공학
敎育機會經費	교육기회경비
敎育萬能說	교육만능설
敎育社會學	교육사회학
敎育生産性	교육생산성
敎育稅	교육세
敎育電算網	교육전산망
敎育統計	교육통계
口腔期	구강기
構成主義	구성주의
歸因理論	귀인이론
記號形態說	기호형태설
螺旋形 敎育	나선형 교육
烙印理論	낙인이론
內的 妥當度	내적 타당도

勞作敎育	노작교육
論理的 操作	논리적 조작
多重知能理論	다중지능이론
單線型 學制	단선형 학제
代理强化	대리강화
代理學習	대리학습
發見學習	발견학습
發達課業	발달과업
防禦機制	방어기제
百分位 點數	백분위 점수
變量分析	변량분석
複線型 學制	복선형 학제
分散法	분산법
批判哲學	비판철학
序列尺度	서열척도
選多型	선다형
說明式 授業	설명식 수업
授業媒體	수업매체
循環敎育	순환교육
完全學習	완전학습
人間資本論	인간자본론
認知戰略	인지전략
潛在的 敎育課程	잠재적 교육과정
適應機制	적응기제
全習法	전습법
傳統的 知識觀	전통적 지식관
絶對基準評價	절대기준평가
總括評價	총괄평가
最適模型	최적모형
出發點 行動	출발점 행동
探究學習	탐구학습
統合性	통합성
標準點數	표준점수
標準偏差	표준편차
標準化 檢査	표준화 검사
學點銀行制	학점은행제

국사

桂苑筆耕	계원필경
廣濟院	광제원
龜州大捷	귀주대첩
禁亂廛權	금난전권
金鰲新話	금오신화
都庫	도고
賭租法	도조법
度牒制	도첩제
頓悟漸修	돈오점수
東醫壽世保元	동의수세보원
麻科會通	마과회통
無垢淨光大陀羅尼經	무구정광대다라니경
彌勒寺址 石塔	미륵사지석탑
磻溪隧錄	반계수록
浮石寺無量壽殿	부석사무량수전
備邊寺	비변사
瑞甸書塾	서전서숙
星湖僿說	성호사설
蘇塗	소도
育英公院	육영공원
醫方類聚	의방유취
錢荒	전황
濟生院	제생원
濟危寶	제위보
賑貸法	진대법

경제

價格加重指數	가격가중지수
價格決定日	가격결정일
價格變動準備金	가격변동준비금
價格煽動	가격선동
價格消費曲線	가격소비곡선
價格伸縮性	가격신축성
價格逆指定注文	가격역지정주문

價格의 下向 硬直性　　가격의 하향 경직성
價格轉嫁率　　가격전가율
價格支持　　가격지지
價格波及效果分析　　가격파급효과분석
價格標示制　　가격표시제
價格割增　　가격할증
家計貯蓄率　　가계저축률
假計定　　가계정
經濟統合　　경제통합
裸收益率　　나수익률
裸備船　　나용선
裸地/坑地　　나지/갱지
樂悲兩觀法　　낙비양관법
諾成契約　　낙성계약
亂數表檢查方式　　난수표 검사방식
納會　　납회
內國信用狀制度　　내국신용장제도
內部不經濟　　내부불경제
內部移轉價格制度　　내부이전가격제도
多角決濟　　다각결제
多角貿易　　다각무역
多角化會社　　다각화회사
多階層證券　　다계층 증권
多國間援助　　다국간원조
多段階流通모델　　다단계유통모델
多數株主參加規定　　다수 주주 참가규정
買收 / 合併 매수 / 합병 (M&A)
差減決濟　　차감결제
差金決濟　　차금결제
借入金依存度　　차입금 의존도
借株　　차주
借換發行　　차환발행
借換　　차환
參加的 優先株　　참가적 우선주
參考換率制　　참고환율제
他入貸　　타입대
夏季株　　하계주
下落 買入　　하락 매입

下向直角三角形　　하향직각 삼각형

경영

加重平均賃金引上率　　가중평균임금인상율
見習賃金　　견습임금
考課昇級　　고과승급
考課集團　　고과집단
苦情(不滿)處理制度　　고정(불만)처리제도
固定給과 變動給　　고정급과 변동급
固定勞務費　　고정노무비
共同決定法　　공동결정법
功勞補償說　　공로보상설
工場委員會　　공장위원회
公的年金　　공적연금
課業管理　　과업관리
課業配分表　　과업배분표
課制廢止　　과제폐지
寬待化傾向　　관대화경향
慣行的賞與說　　관행적상여설
均等待遇　　균등대우
勤續給　　근속급
企業年金　　기업연금
基準內(外) 賃金　　기준내(외) 임금
勞動分配率　　노동분배율
勞動生産性　　노동생산성
勞務管理　　노무관리
勞組加入 勤勞者　　노조가입 근로자
能力考課　　능력고과
單純平均賃金 引上率　　단순평균임금 인상률
名目賃金　　명목임금
法定福利費　　법정복리비
變形勤勞時間制　　변형근로시간제
福利厚生　　복리후생
複線形雇傭管理　　복선형고용관리
附加價値　　부가가치
附加價値生産性　　부가가치생산성
社內公募制　　사내공모제
生産性向上運動　　생산성향상운동

生産獎勵給　　생산장려급
生活給體系　　생활급체계
消費者物價指數　　소비자물가지수
業績考課　　업적고과
業績給　　업적급
年間賃金協定　　연간임금협정
年功序列制　　연공서열제
緣邊勞動力　　연변노동력
人事異動　　인사이동
人的資源管理　　인적자원관리
賃金計數　　임금계수
操業短縮　　조업단축
從業員 持株制度　　종업원 지주제도
職務設計　　직무설계
職務評價　　직무평가
總額人件費　　총액인건비
特殊作業手當　　특수작업수당
解雇　　해고
休職　　휴직

국제금융

可用 外換保有庫　　가용 외환보유고
減債基金　　감채기금
經常收支　　경상수지
經常投資 償還比率　　경상투자 상환비율
經濟統合　　경제통합
硬貨, 軟貨　　경화, 연화
繼續注文　　계속주문
公開買收請約　　공개매수청약
空去來　　공거래
攻擊的 技法　　공격적 기법
空賣　　공매
公的開發援助　　공적개발원조
公定換率　　공정환율
關稅同盟　　관세동맹
交換可能通貨　　교환가능통화
求償貿易　　구상무역
構造調整借款　　구조조정차관
國家 傳導　　국가 전도

國際決濟銀行	국제결제은행(BIS)
國際復興開發銀行	국제부흥개발은행(IBRD)
國際分散投資	국제분산투자
國際資本移動	국제자본이동
起算日	기산일
緊急輸入制限措置	긴급수입제한조치
金融計定	금융계정
金融恐慌	금융공황
金融先物金利	금융선물금리
金融節制	금융절제
金融革新	금융혁신
南北問題	남북문제
多國籍銀行	다국적은행
多者間援助	다자간원조
多者間投資協定	다자간투자협정
對充資金	대충자금
都賣金融	도매금융
貿易收支	무역수지
複數通貨條項	복수통화조항
商業會議所	국제상업회의소(ICC)
先物換	선물환
少額株主權	소액주주권
域外資金	역외자금
一般借入協定	일반차입협정
資金管理	국제자금관리(IMM)
資金豫受	자금예수
財務擔當 最高 責任者	재무담당 최고 책임자(CFO)
轉換社債	전환사채(CB)
最高經營管理者	최고경영관리자(COO)
最高經營者	최고경영자(CEO)
最適通貨地域	최적통화지역
最惠國約款	최혜국약관
換去來契約	환거래계약
回轉貸出	회전대출
後配株	후배주
後順位轉換社債	후순위전환사채

무역

覺書貿易	각서무역
開港	개항
見積送狀	견적송장
見質어음	견질어음
見品搬出	견품반출
經濟協力開發機構	경제협력개발기구 (OECD)
關稅	관세
關稅割當制	관세할당제
關稅協定	관세협정(GATT)
國內總生産	국내총생산 (GDP)
報復關稅	보복관세
附加價値稅	부가가치세

유통물류

價格敏感度	가격민감도
價格先導者	가격선도자
價格先導戰略	가격선도전략
假想企業	가상기업
間接表示換率	간접표시환률
減價償却	감가상각
減資	감자
介入通貨	개입통화
個裝	개장
客單價	객단가
客動線	객동선
居間	거간
景氣豫告指標	경기예고지표
經濟的發注量	경제적발주량
繫留效果	계류효과
繫船池	계선지
計劃的陳腐化	계획적진부화
顧客動線	고객동선

무역 (우측)

高壓通貨	고압통화
空路貿易	공로무역
過當競爭	과당경쟁
關稅讓許	관세양허
國除環境標準化制度	국제환경표준화제도
斷續生産	단속생산
端數價格	단수가격
當座貸越	당좌대월
獨立採算制	독립채산제
賣渡確約書	매도확약서
複數單位價格設定戰略	복수단위가격설정전략
非關稅貿易障壁	비관세무역장벽
遡及約款	소급약관
受託購買	수탁구매
雙務契約	쌍무계약
閉鎖注文生産	폐쇄주문생산

법률

價格賠償	가격배상
假定抗辯	가정항변
苛酷行爲	가혹행위
假還付	가환부
間接敎唆	간접교사
監督官廳	감독관청
減資差額	감자차액
强姦·醜行罪	강간·추행죄
强盜殺人致死罪	강도살인치사죄
個別訊問	개별신문
据置保險	거치보험
檢索의 抗辯權	검색의 항변권
牽連犯	견련범
缺席 判決	결석판결
決選投票	결선투표
結審	결심
競落期日	경락기일
競落許可決定	경락허가결정
競賣	경매
競賣保證金	경매보증금

經營權	경영권
警察緊急權	경찰긴급권
繼續費	계속비
拷問	고문
告訴權의 抛棄	고소권의 포기
雇傭	고용
雇傭保險	고용보험
國務委員	국무위원
金約款	금약관
誣告罪	무고죄
保險委付	보험위부
不逮捕特權	불체포특권
詐欺罪	사기죄
委託賣買人	위탁매매인
誘導訊問	유도신문
遺贈	유증
融通어음	융통어음
資本剩餘金	자본잉여금
贓物罪	장물죄
抵觸法	저촉법
定款變更	정관변경
證據	증거
贈與	증여
彈劾	탄핵
通貨僞造罪	통화위조죄
編輯著作物	편집저작물

정치

繫留	계류
飜案	번안
批准	비준
獵官制	엽관제
院內交涉團體	원내교섭단체
中間選擧	중간선거
彈劾訴追權	탄핵소추권
懸案	현안

행정

缺損處分	결손처분
國際環境規格	국제환경규격

歸屬金	귀속금
排出權 去來制度	배출권 거래제도
排出賦課金	배출부과금
保管金	보관금
附課의 除斥期間	부과의 제척기간
不納缺損額	불납결손액
粉飾會計	분식회계
私募私債	사모사채
事態收拾訓練	사태수습훈련
押留의 槪念	압류의 개념
疫學調査	역학조사
汚染防止	오염방지
奧地開發事業	오지개발사업
災害警戒警報	재해경계경보
繰替給	조체급
地籍公簿	지적공부
徵收交付金	징수교부금
徵收猶豫	징수유예
債務負擔行爲	채무부담행위
滯納處分	체납처분
派遣勤勞制	파견근로제
環境影響評價	환경영향평가

군사

國家安全保障	국가안전보장
軍費管理	군비관리
軍事戰略	군사전략
軍縮	군축
極限戰爭	극한전쟁
機動戰	기동전
大量破壞(殺傷)武器	대량파괴(살상)무기
突發的 局地戰	돌발적 국지전
兵站線	병참선
狀況(情勢)判斷	상황(정세)판단
伸縮對應	신축대응
安全制御裝置	안전제어장치
抑止戰略	억지전략
偶發戰爭	우발전쟁
遠隔操縱機	원격조종기
威脅	위협

誘導彈	유도탄
柔軟反應戰略	유연반응전략
前進防禦	전진방어
縱深防禦	종심방어
集團安全保障	집단안전보장
擴戰	확전

사회

雇傭保險	고용보험
公職者 財産登錄制	공직자 재산등록제
公職者倫理法	공직자윤리법
官僚制	관료제
母子保健法	모자보건법
非關稅障壁	비관세장벽
社會保障 制度	사회보장 제도
歪曲, 隱蔽	왜곡, 은폐

시사

價格監視	가격감시
價格景氣	가격경기
家計所得	가계소득
家計手票	가계수표
架橋銀行	가교은행
加算稅	가산세
假想私設網	가상사설망
可處分所得	가처분소득
簡易定額還給制	간이정액환급제
簡便帳簿	간편장부
減耗償却	감모상각
甲類貿易代理業	갑류무역대리업
工事履行保證書	공사이행보증서
構造調整	구조조정펀드 / 벌처펀드
企業構造調整會社	기업구조조정회사
氣候變化	기후변화
農業補助金	농업보조금
代替決濟	대체결제
無酸素登頂	무산소등정

物納	물납
法定管理	법정관리
變額保險	변액보험
複式簿記	복식부기
富營養化	부영양화
秘資金	비자금
信託計定	신탁계정
雙務協商	쌍무협상
豫置金制度	예치금제도
潛在成長率	잠재성장율
政黨名簿制 投票	정당명부제 투표
情報化指標	정보화지표
支給準備金	지급준비금
統合財務諸表	통합재무제표

과학

加減抵抗器	가감저항기
加減蓄電器	가감축전기
架空電線	가공전선
假觀測量	가관측량
架橋高分子	가교고분자
可動爐	가동로
加齡現想	가령현상
可變翼機	가변익기
可變增幅管	가변증폭관
可變蓄電器	가변축전기
可塑性耐火物	가소성내화물
可視放射計	가시방사계
假平均	가평균
角閃石	각섬석
角速度	각속도
桿狀體	간상체
感光性樹脂	감광성수지
減極化	감극화
橄欖石	감람석
橄欖巖	감람암
鑑別培養基	감별배양기

減壓神經	감압신경
甘汞電極	감홍전극
甲狀腺機能低下症	갑상선기능저하증
甲狀腺機能亢進症	갑상선기능항진증
南極環流	남극환류
放線菌	방선균
始祖새	시조새

정보통신

光中繼器	광중계기
單對單 暗號化	단대단 암호화
防火壁	방화벽
電子貨幣	전자 화폐

산업공학

顧客滿足經營	고객만족경영
物流革新	물류혁신
時間基準競爭	시간기준경쟁
適時供給生産體制	적시공급생산체제

의학

肝技能檢査	간기능검사
强迫性人格障碍	강박성 인격장애
結膜炎	결막염
結腸癌	결장암
結核	결핵
高血壓	고혈압
高血壓性 心疾患	고혈압성 심질환
交感神經系	교감신경계
佝僂病	구루병
潰瘍	궤양

건축

假登記	가등기
高度地區	고도지구
公共收用	공공수용
公用面積	공용면적

根抵當	근저당
旣成檢査	기성검사
裸垈地	나대지
多家口形 單獨住宅	다가구형 단독주택
都市住宅價格指數	도시주택가격지수
豫告登記	예고등기
請約賦金/請約預金/請約貯蓄	청약부금/청약예금/청약저축
投機過熱地區	투기과열지구
標準工事費	표준공사비

국가공인

한자실력급수 자격시험
1급

연 습 문 제

(1회~15회)

한자실력급수 자격시험 1급 연습문제 〈1〉

객관식 (1~50번)

※ 다음 [ ] 안의 한자와 음이 같은 한자는?

1. [汾]　① 糞　② 斌　③ 蕃　④ 畔
2. [軫]　① 焄　② 娠　③ 廚　④ 脣
3. [瞻]　① 纖　② 僉　③ 儉　④ 曇
4. [渤]　① 庾　② 溟　③ 鉢　④ 涓
5. [鍾]　① 綜　② 仲　③ 瞳　④ 衝

※ 다음 [ ] 안의 한자와 음이 다른 한자는?

6. [舅]　① 樞　② 邱　③ 咎　④ 枸
7. [俚]　① 罹　② 廛　③ 璃　④ 痢
8. [涍]　① 驍　② 斅　③ 嚆　④ 窯
9. [壻]　① 抒　② 棲　③ 遞　④ 嶼
10. [咤]　① 弛　② 楕　③ 唾　④ 妥

※ 다음 [ ] 안의 한자와 뜻이 비슷하거나 같은 한자는?

11. [閻]　① 闕　② 閻　③ 閨　④ 閣
12. [愆]　① 懋　② 惑　③ 過　④ 愿
13. [堪]　① 射　② 紂　③ 尉　④ 耐
14. [遭]　① 遜　② 遇　③ 邁　④ 迹
15. [澄]　① 澈　② 沆　③ 渙　④ 洩

※ 다음 [ ] 안의 한자와 뜻이 반대되거나 상대되는 한자는?

16. [黜]　① 隍　② 隙　③ 陝　④ 陟
17. [挽]　① 拭　② 捧　③ 推　④ 擴

※ 다음 〈보기〉의 낱말들과 가장 관련이 깊은 한자는?

18.

〈보기〉	고둥	우렁이	다슬기

① 蟾　② 蜘　③ 蝶　④ 螺

19.

〈보기〉	칡	포도	고구마

① 蓬　② 蔓　③ 芬　④ 芮

20.

〈보기〉	우유	치즈	버터

① 釀　② 醵　③ 酪　④ 酊

※ [ ] 의 뜻을 가진 한자는?

21. [수레]　① 輛　② 轃　③ 較　④ 輯
22. [예쁘다]　① 姤　② 姑　③ 媪　④ 娟

※ 다음 중 한자어의 독음이 바르지 않은 것은?

23. ① 葵花 : 계화　② 謁見 : 알현　③ 濡染 : 유염　④ 覲親 : 근친
24. ① 跋扈 : 발호　② 耿潔 : 경결　③ 貊弓 : 백궁　④ 蹈襲 : 도습
25. ① 草莽 : 초망　② 肇造 : 계조　③ 讒佞 : 참녕　④ 虧損 : 휴손

※ [ ]안의 단어를 한자로 알맞게 쓴 것은?

26. 펭귄은 수컷과 암컷이 교대로 알을 품어 [**부화**]시킨다.
① 傅靴　② 腑華　③ 芙禾　④ 孵化
27. 세련되고 지적인 그녀는 많은 여성들에게 [**선망**]의 대상이었다.
① 旋望　② 羨望　③ 善望　④ 煽望
28. 새벽녘 떠오르는 태양에 바다가 [**황홀**]하게 빛났다.
① 恍惚　② 惶惚　③ 惶忽　④ 恍忽
29. 그는 발언자의 주장을 조목조목 [**반박**]하였다.
① 頒拍　② 頒駁　③ 反駁　④ 反拍
30. 많은 배가 항구에 [**정박**] 중이다.
① 錠舶　② 錠泊　③ 碇舶　④ 碇泊

※ 주어진 뜻에 알맞은 한자어는?

31. 어떤 국가가 제3국에 부여하고 있는 가장 유리한 대우를 당 조약 상대국에게도 부여한다는 계약의 내용.
① 最惠國約款　② 催惠國約款
③ 最惠國約關　④ 催惠國約關
32. 교육사상 및 현상을 수리적 방법을 통하여 정확하고 간결하게 기술·요약하고 설명하는 방법.
① 代理強化　② 歸因理論
③ 教育統計　④ 序列尺度
33. 조선 후기의 의학자 이제마가 저술한 사상의학서.
① 東醫壽世保援　② 東醫壽世保元
③ 東醫修世保援　④ 東醫修世保元
34. 기업의 장래 인적자원의 수요를 예측하여, 기업전략의 실현에 필요한 인적자원을 확보하기 위하여 실시하는 일련의 활동.
① 人的自源管理　② 人的資願管理
③ 人的自願管理　④ 人的資源管理
35. 인간의 지성을 해방하여 인간의 지성적 자율을 수립하려 하는 경향 및 운동.
① 修正主義　② 全體主義
③ 啓蒙主義　④ 實存主義
36. 조선 시대에 변방의 군사 행정을 관장하던 기관으로, 임진왜란 이후 문무합의의 최고 정무기관이 됨.
① 備邊司　② 備邊使　③ 備辨使　④ 備辨司
37. 학생들 사이의 경쟁을 기본적으로 이용하는 교실 조직형태.
① 探究學習　② 競爭學習
③ 觀察學習　④ 系統學習
38. 어떤 사건이 해결되지 않고 걸려 있음.
① 殘留　② 押留　③ 抑留　④ 繫留
39. 선물거래의 결제방법으로 구매대금과 판매대금 또는 판매대금과 구매대금의 차액만을 결제하는 것.
① 差金結濟　② 差金結製
③ 差金決濟　④ 差金決製

40. 과세율이 높은 나라에 거주하는 투자가가 이윤을 극대화하기 위하여 조세 피난처라고 불리는 과세율이 낮은 나라에서 운용하는 자금.
① 域外資金　　② 對充資金
③ 信託資金　　④ 運營資金

※ [　　]안에 들어갈 한자어로 알맞은 것은?

41. 공유자들이 법원으로부터 [　　]을 제대로 통지받지 못하였다는 이유로 항고하였다.
① 競絡期日　　② 競落期日
③ 警絡期日　　④ 警落期日

42. 돌발 변수로 자금의 흐름이 막히자 그는 [　　]의 만기일을 앞두고 초조해졌다.
① 家系數票　　② 家系手票
③ 家計手票　　④ 家計數票

43. 그는 손자에게 자산의 일부를 [　　]하였다.
① 褒贈　② 追贈　③ 加贈　④ 遺贈

44. 해당 저축 은행이 부실한 경영 끝에 파산하자 정부는 [　　]의 설립을 검토하였다.
① 架橋銀行　　② 街橋銀行
③ 街矯銀行　　④ 架矯銀行

45. 요즘 [　　]이 유행하여 안과를 방문하는 사람이 많아졌다.
① 食道炎　② 結膜炎　③ 鼓膜炎　④ 口腔炎

※ 주어진 설명에 알맞은 한자성어는?

46. 가난한 살림에서 그저 겨우 먹고살아 가는 방책.
① 南柯一夢　　② 糊口之策
③ 轍環天下　　④ 擊鼓鳴金

47. 같은 무리 가운데에서 특별히 뛰어남.
① 出類拔萃　　② 曲肱之樂
③ 流水不腐　　④ 外柔內剛

※ 다음 글을 읽고 물음에 답하시오.

(가) 疾行先長者 謂之不㉠弟		《孟子》
(나) 王侯將相 ㉡寧有種乎		《史記》
(다) 尺璧非寶 寸㉢陰是競		《千字文》

48. 밑줄 친 ㉠과 같은 의미로 알맞은 것은?
① 逮　　② 達　　③ 遜　　④ 遂

49. 밑줄 친 ㉡과 바꿔 쓸 수 있는 것이 아닌 것은?
① 奚　　② 何　　③ 焉　　④ 與

50. 밑줄 친 ㉢의 의미로 알맞은 것은?
① 陰影　② 陰陽　③ 綠陰　④ 光陰

주관식 (주1~주100번)

※ 한자의 훈(뜻)과 음(소리)을 한글로 쓰시오.

주1. 誨 (　　　)　　주2. 蟬 (　　　)
주3. 癒 (　　　)　　주4. 俎 (　　　)
주5. 謎 (　　　)　　주6. 袷 (　　　)
주7. 斟 (　　　)　　주8. 珊 (　　　)
주9. 撰 (　　　)　　주10. 渠 (　　　)
주11. 沓 (　　　)　　주12. 芋 (　　　)
주13. 牒 (　　　)　　주14. 屹 (　　　)
주15. 泯 (　　　)　　주16. 棉 (　　　)
주17. 溢 (　　　)　　주18. 蹊 (　　　)
주19. 痰 (　　　)　　주20. 闊 (　　　)

※ 훈과 음에 맞는 한자를 쓰시오.

주21. 누를　날 (　)　　주22. 구부릴　면 (　)
주23. 더러울 비 (　)　　주24. 노을　　하 (　)
주25. 발끈할 발 (　)　　주26. 장마　　림 (　)
주27. 갤　　성 (　)　　주28. 비올　　롱 (　)
주29. 빈터　허 (　)　　주30. 울타리 리 (　)

※ 한자어의 독음을 쓰시오.

주31. 董督 (　　　)　　주32. 亘古 (　　　)
주33. 詰難 (　　　)　　주34. 恢復 (　　　)
주35. 支撑 (　　　)　　주36. 屠殺 (　　　)
주37. 書齋 (　　　)　　주38. 紐帶 (　　　)
주39. 拷掠 (　　　)　　주40. 浚渫 (　　　)
주41. 氾濫 (　　　)　　주42. 巖壑 (　　　)
주43. 轟飮 (　　　)　　주44. 紈扇 (　　　)
주45. 蠢動 (　　　)

※ 문장에서 잘못 쓴 한자를 바르게 고쳐 쓰시오. (단, 음이 같은 한자로 고칠 것)

주46. 그 問題集에는 권말에 2회분의 模儀考査가 添附되어 있다.　　(　　→　　)

주47. 在位 기간 동안 聖君으로 존경받던 임금이 昇荷하였다.　　(　　→　　)

주48. 그가 回廊에서 마주한 肖像畵 속의 여인은 어젯밤 꿈에서 본 여인과 翕似하였다.　　(　　→　　)

주49. 對峙한 두 사람이 서로 노려보면서 험악한 噴圍氣가 高潮되었다.　　(　　→　　)

주50. 民主主義 國家에서 人權이 蹂鱗되는 일이 다시 일어나게 해서는 안 된다.　　(　　→　　)

※ [　　] 안의 단어를 문맥에 맞게 한자로 쓰시오.

주51. 처음으로 교통안전 교육을 받는 아이들의 표정이 사뭇 [진지]하다.　　(　　　)

주52. 적군 [진지]는 경비가 삼엄했다. (　　　)

주53. 왕이 성책을 [순수]한 뒤 장수와 병사들의 노고를 치하했다.　　(　　　)

주54. 자식에 대한 어머니의 사랑은 그 어떤 사랑보다도 [순수]하다.　　(　　　)

※ [　　] 안의 단어를 한자로 쓰시오.

주55. [노파] : 늙은 여자.　　(　　　)

주56. [도금] : 금속이나 비금속의 겉에 금이나 은 따위의 금속을 얇게 입히는 일.　　(　　　)

주57. [순탄] : 길이 험하지 않고 평탄함. 성질이 까다롭지 않음.　　(　　　)

주58. [농아] : 청각 장애인과 언어 장애인을 아울러 이르는 말. 귀가 안 들려 언어 장애인이 된 것.　　(　　　)

주59. [**함수**] : 바다의 짠물.　　　　　　　(　　　　　)
주60. [**초급**] : 땔나무하는 일과 물 긷는 일을 아울러
　　　이르는 말.　　　　　　　　　　　(　　　　　)
주61. [**주촉**] : 남을 꾀어 부추겨서 시킴.
　　　　　　　　　　　　　　　　　　　(　　　　　)
주62. [**타성**] : 오래되어 굳어진 좋지 않은 버릇.
　　　　　　　　　　　　　　　　　　　(　　　　　)
주63. [**속박**] : 어떤 행위나 권리의 행사를 자유로이 하
　　　지 못하도록 강압적으로 얽어매거나 제한함.
　　　　　　　　　　　　　　　　　　　(　　　　　)
주64. [**요철**] : 오목함과 볼록함.　　　(　　　　　)
주65. [**유화**] : 상대편을 너그럽게 용서하고　사이좋게
　　　지냄.　　　　　　　　　　　　　(　　　　　)

※ [　　] 안의 한자어의 독음을 쓰시오.
주66. 정부는 공직자의 사익 추구 행위 제한을 강화하는
　　　[公職者倫理法]의 개정안을 입법 예고하였다.
　　　　　　　　　　　　　　　　　　　(　　　　　)
주67. 경기도 일부 지역이 [投機過熱地區]로 추가 지
　　　정되었다.　　　　　　　　　　　(　　　　　)
주68. 국회의 [批准]을 마친 협약이 다음 달부터 발효
　　　될 것이다.　　　　　　　　　　　(　　　　　)
주69. 청소, 경비 등 일부 분야에서는 [派遣勤勞制]가
　　　적용되고 있다.　　　　　　　　　(　　　　　)
주70. 그는 과중한 업무 스트레스로 인해 잦은 소화기 계
　　　열 [潰瘍]에 시달렸다.　　　　　(　　　　　)
주71. 그는 [卑怯]하게 반칙을 써서 승리를 거두었다.
　　　　　　　　　　　　　　　　　　　(　　　　　)
주72. 그녀는 해당 사건의 기사와 자료들을 [蒐錄]하여
　　　책으로 엮었다.　　　　　　　　　(　　　　　)
주73. [梗塞] 정국을 타개할 수 있는 정부와 여당의 고
　　　무적 조치에 야당은 환영의 뜻을 표했다.
　　　　　　　　　　　　　　　　　　　(　　　　　)
주74. 경주는 신라 천년 [社稷]의 중심지이다.
　　　　　　　　　　　　　　　　　　　(　　　　　)
주75. 나는 그녀의 [影幀] 앞에서 하염없이 눈물을 흘
　　　렸다.　　　　　　　　　　　　　(　　　　　)
주76. 세 사람은 함께 [撞球]를 하며 담소를 나누었다.
　　　　　　　　　　　　　　　　　　　(　　　　　)
주77. 문중에 하나뿐인 종손이 요절하여 [後嗣]가 없었
　　　으므로 절손을 막기 위해 양자를 들였다.
　　　　　　　　　　　　　　　　　　　(　　　　　)
주78. 왕은 대신들에게 [戒盈杯]를 하사하면서 과욕을
　　　경계하라고 타일렀다.　　　　　　(　　　　　)
주79. 마을에서 가장 부유한 그는 언덕 위에 큰 [邸宅]
　　　을 짓고 그곳에서 생활하였다.　　(　　　　　)
주80. 그들은 나무막대기 두 개를 [摩擦]시켜 불을 피
　　　워냈다.　　　　　　　　　　　　(　　　　　)

※ [　　] 안의 단어를 한자로 쓰시오.
주81. 보석함에 담긴 보석들이 [**영롱**]하게 반짝였다.
　　　　　　　　　　　　　　　　　　　(　　　　　)
주82. 좌초된 선박을 끌어내기 위해 [**예인선**]이 투입되
　　　었다.　　　　　　　　　　　　　(　　　　　)

주83. 발굴된 유해를 [**운구**]하여 영결식을 거행한 후 화
　　　장하였다.　　　　　　　　　　　(　　　　　)
주84. 이 소설에서는 한 시대를 [**풍미**]한 영웅호걸의 이
　　　야기를 들려주고 있다.　　　　　　(　　　　　)
주85. [**요람**]에 누운 아기가 방긋 웃으면서 나를 향해
　　　손을 뻗었다.　　　　　　　　　　(　　　　　)
주86. 그 사건은 대다수의 국민을 분노와 [**경악**]에 떨게
　　　하였다.　　　　　　　　　　　　(　　　　　)
주87. 부정부패의 [**척결**]은 국가 기강의 확립으로 이어
　　　진다.　　　　　　　　　　　　　(　　　　　)
주88. 그는 휴가를 얻어 오랜만에 여유를 [**만끽**]했다.
　　　　　　　　　　　　　　　　　　　(　　　　　)
주89. 스스로를 속이지 않고 성실하게 꾸준히 노력하는
　　　것만이 성공에 이르는 [**첩경**]이다.(　　　　　)
주90. 일시적인 [**미봉책**]이나 편법은 악순환만 초래할
　　　뿐이다.　　　　　　　　　　　　(　　　　　)

※ [　　] 안의 한자성어의 뜻을 읽고 ○ 안에 들어
　갈 알맞은 한자를 쓰시오.
주91. [一 目 ○ 然] : 한 번 보고 대번에 알 수 있을
　　　만큼 분명하고 뚜렷함.　　　　　(　　　　　)
주92. [惹 起 ○ 端] : 서로 시비의 실마리를 끌어 일
　　　으킴.　　　　　　　　　　　　　(　　　　　)
주93. [○ 事 後 素] : 내적인 아름다움을 먼저 갖춘
　　　다음에 외적인 아름다움을 가꿀 수 있음.
　　　　　　　　　　　　　　　　　　　(　　　　　)
주94. [○ 斂 誅 求] : 가혹하게 세금을 거두거나 백성
　　　의 재물을 억지로 빼앗음.　　　　(　　　　　)

※ ○ 안에 들어갈 한자를 〈보기〉에서 찾아 차례로
　쓰시오

〈보기〉	內　善　家　罪　電　毫　暗　好　諸

주95. 一日不念○　○惡皆自起　　　　《明心寶鑑》
　　　　　　　　　　　　　　　　　(　　　,　　　)
주96. ○室欺心　神目如○　　　　　　《明心寶鑑》
　　　　　　　　　　　　　　　　　(　　　,　　　)

※ 주어진 국역을 참고하여 [　　] 안의 한자들을 알
　맞게 배열하여 문장을 완성하시오.
주97. [惡 人 其 之 知 莫 子]　　　　　《大學》
　　　국역 : 사람은 그 자식의 나쁜 점을 알아보지 못한다.
주98. [學 之 習 時 而] 不亦說乎　　　《論語》
　　　국역 : 배우고 그것을 수시로 익힌다면 즐겁지 아니겠는가.
　　　　　　　　　　　　　　　　　　　(　　　　　)

※ [　　] 부분을 국역하시오.
주99. 忠言 [逆於耳而利於行]　　　　《孔子家語》
　　　(　　　　　　　　　　　　　　　　　)
주100. 屈己者能處重 [好勝者必遇敵]《明心寶鑑》
　　　(　　　　　　　　　　　　　　　　　)

－ 수고하셨습니다 －

한자실력급수 자격시험 **1**급 연습문제 〈2〉

※ 다음 [   ] 안의 한자와 음이 같은 한자는?
1. [壻]   ① 蔬   ② 弼   ③ 緒   ④ 錠
2. [籬]   ① 彌   ② 鮑   ③ 罹   ④ 鄒
3. [鵬]   ① 肇   ② 嵩   ③ 畏   ④ 崩
4. [燉]   ① 掩   ② 頓   ③ 饗   ④ 螢
5. [愷]   ① 漑   ② 箕   ③ 涯   ④ 懦

※ 다음 [   ] 안의 한자와 음이 다른 한자는?
6. [綺]   ① 碁   ② 祺   ③ 祈   ④ 析
7. [瓘]   ① 驪   ② 慣   ③ 棺   ④ 寬
8. [糊]   ① 昊   ② 敲   ③ 狐   ④ 皓
9. [鞏]   ① 貢   ② 控   ③ 江   ④ 供
10. [銓]   ① 焌   ② 塡   ③ 箋   ④ 旬

※ 다음 [   ] 안의 한자와 뜻이 비슷하거나 같은 한자는?
11. [萌]   ① 苔   ② 芭   ③ 芽   ④ 艾
12. [屠]   ① 戌   ② 戮   ③ 戴   ④ 戲
13. [悚]   ① 憬   ② 戀   ③ 悉   ④ 惶
14. [弛]   ① 繩   ② 繡   ③ 綏   ④ 緩
15. [煮]   ① 熊   ② 熟   ③ 熙   ④ 照

※ 다음 [   ] 안의 한자와 뜻이 반대되거나 상대되는 한자는?
16. [陟]   ① 降   ② 阮   ③ 陝   ④ 隅
17. [鰥]   ① 寥   ② 寓   ③ 寡   ④ 宥

※ 다음 〈보기〉의 낱말들과 가장 관련이 깊은 한자는?

18.
〈보기〉	선	색채	예술
① 縮	② 繪	③ 綏	④ 縝

19.
〈보기〉	시체	무덤	장례
① 柩	② 棕	③ 樺	④ 杷

20.
〈보기〉	숫돌	사포	연마
① 碇	② 砲	③ 磻	④ 礪

※ [   ] 의 뜻을 가진 한자는?
21. [속이다]   ① 驥   ② 擎   ③ 拐   ④ 沔
22. [거품]   ① 浦   ② 淋   ③ 茉   ④ 沫

※ 다음 중 한자어의 독음이 바르지 <u>않은</u> 것은?
23.   ① 尖袖 : 첨수   ② 疸病 : 단병
      ③ 伽倻 : 가야   ④ 萱菜 : 훤채
24.   ① 堆肥 : 추비   ② 風靡 : 풍미
      ③ 樞軸 : 추축   ④ 逵路 : 규로
25.   ① 洗濯 : 세탁   ② 顥天 : 호천
      ③ 詔勅 : 소칙   ④ 樵採 : 초채

※ [   ]안의 단어를 한자로 알맞게 쓴 것은?
26. 수해 복구에 앞장선 장병들이 [포상]을 받았다.
      ① 褒尙   ② 哺賞   ③ 哺尙   ④ 褒賞
27. 무도회에 참석한 사람들의 옷차림이 [해괴]하다.
      ① 骸怪   ② 骸愧   ③ 駭怪   ④ 駭愧
28. 선수들은 그동안 갈고 닦은 [기량]을 발휘하였다.
      ① 技倆   ② 技輛   ③ 器量   ④ 氣量
29. 두 배우의 [염문]이 일간지의 1면을 차지하였다.
      ① 染聞   ② 艷聞   ③ 炎聞   ④ 厭聞
30. 그는 [미흡]한 항목에 대해 재검토를 지시하였다.
      ① 迷恰   ② 迷洽   ③ 未洽   ④ 未恰

※ 주어진 뜻에 알맞은 한자어는?
31. 일의 형편에 따라 적절하게 대처하는 것.
      ① 迅縮對應   ② 伸蹴對應
      ③ 迅蹴對應   ④ 伸縮對應
32. 보험 계약을 한 뒤 일정 기간은 효력이 발생하지 않는 보험.
      ① 据置保險   ② 據置保險
      ③ 距置保險   ④ 拒置保險
33. 수출품목별로 중소기업들에 대한 전년도 환급실적에 따라 관세청장이 평균환급금을 산정해 고시하면, 각 중소기업은 수출면장만 제시하고 간편하게 관세 환급금을 받아가는 제도.
      ① 簡易整額換給制   ② 簡易定額還給制
      ③ 簡易整額還給制   ④ 簡易定額換給制
34. 심장에 있는 구심성 신경.
      ① 感壓神經   ② 減壓神經
      ③ 感押神經   ④ 減押神經
35. 사업자가 생산 또는 판매하는 제품에 대하여 가격을 적어 나타내는 제도.
      ① 價格票示制   ② 價格標視制
      ③ 價格標示制   ④ 價格票視制
36. 얇은 방어선을 여러 겹으로 깔아서 적의 공격을 둔화시키고 소모시키는 과정을 통해 전선을 유지하는 전술.
      ① 縱深防禦   ② 抑止戰略
      ③ 狀況判斷   ④ 最適模型
37. 금리 리스크 관리기법 중 금리 차의 극대화에 주안점을 두는 기법.
      ① 積極的技法   ② 防禦的技法
      ③ 觀望的技法   ④ 攻擊的技法
38. 고과기간의 업적수행도를 질과 양의 양면에서 평가하는 것.
      ① 業積考科   ② 業績考科
      ③ 業績考課   ④ 業積考課
39. 노동자 1인당 생산량 혹은 생산액.
      ① 總額人件費   ② 勞動生産性
      ③ 內的妥當度   ④ 勞動分配率
40. 천연자원과 같은 고갈성 또는 소모성 자산의 가치 감소에 따른 상각.
      ① 減耗償却   ② 減貌相却
      ③ 減耗相却   ④ 減貌償却

※ [   ]안에 들어갈 한자어로 알맞은 것은?
41. 사내 [   ]을 앞두고 사무실에는 긴장감이 감돌았다.
　　① 人事移同　　　　② 人事異同
　　③ 人事移動　　　　④ 人事異動
42. 그는 돈을 차용한 적이 없을 뿐더러, 차용하였더라
　　도 이미 변제하였다고 [   ]을 하였다.
　　① 假定抗辯　　　　② 缺席判決
　　③ 個別訊問　　　　④ 印鑑證明
43. 경기 침체로 재고가 쌓이고 판매량이 급감하자 일
　　부 생산 공장은 [   ]을 실시하였다.
　　① 操業斷縮　　　　② 造業短縮
　　③ 造業斷縮　　　　④ 操業短縮
44. 해당 사건의 [   ]된 진실에 대한 규명을 요구하
　　는 국민들의 목소리가 커지고 있다.
　　① 休職　　② 隱蔽　　③ 拷問　　④ 威脅
45. 정부는 농업 분야에 다양한 형태의 [   ]을 지원
　　하고 있다.
　　① 農業步助金　　　　② 農業補調金
　　③ 農業補助金　　　　④ 農業步調金

※ 주어진 설명에 알맞은 한자성어는?
46. 같은 사람의 말이나 행동이 앞뒤가 서로 맞지 아니
　　하고 모순됨.
　　① 荒唐無稽　　　　② 自家撞着
　　③ 針小棒大　　　　④ 虛靈不昧
47. 공경하고 조심하며 몸과 마음을 다하여 힘씀을 이
　　르는 말.
　　① 暖衣飽食　　　　② 窮人謀事
　　③ 克己復禮　　　　④ 鞠躬盡瘁

※ 다음 글을 읽고 물음에 답하시오.

┌───┐
│ (가) 樹欲靜而風不止 子欲養而親不待《韓詩外傳》│
│ (나) 德不孤 必有(ㄴ)　　　　　　　《論語》│
│ (다) 種瓜得瓜 種豆得豆　　　　　《明心寶鑑》│
└───┘

48. (가)의 주제로 알맞은 것은?
　　① 孝　　② 忠　　③ 信　　④ 悌
49. ㄴ에 들어갈 한자로 알맞은 것은?
　　① 賓　　② 親　　③ 鄰　　④ 愼
50. (다)의 주제와 의미가 통하는 성어로 알맞은 것은?
　　① 先花後果　　　　② 因果應報
　　③ 碩果不食　　　　④ 美酒佳果

주관식 (주1~주100번)

※ 한자의 훈(뜻)과 음(소리)을 한글로 쓰시오.
주1. 鄙 (　　　　)　　　주2. 罩 (　　　　)
주3. 埴 (　　　　)　　　주4. 腕 (　　　　)
주5. 媼 (　　　　)　　　주6. 蓉 (　　　　)
주7. 詰 (　　　　)　　　주8. 馥 (　　　　)
주9. 烽 (　　　　)　　　주10. 枉 (　　　　)
주11. 庾 (　　　　)　　　주12. 彊 (　　　　)
주13. 嗜 (　　　　)　　　주14. 釘 (　　　　)
주15. 酪 (　　　　)　　　주16. 邀 (　　　　)
주17. 綯 (　　　　)　　　주18. 陋 (　　　　)
주19. 瘠 (　　　　)　　　주20. 釀 (　　　　)

※ 훈과 음에 맞는 한자를 쓰시오.
주21. 젖먹이　유(　　)　　　주22. 해바라기 규(　　)
주23. 술취할　명(　　)　　　주24. 파리할　수(　　)
주25. 막을　알(　　)　　　주26. 밸　주(　　)
주27. 담　도(　　)　　　주28. 찾을　모(　　)
주29. 구휼할　진(　　)　　　주30. 붙잡을　나(　　)

※ 한자어의 독음을 쓰시오.
주31. 囑託 (　　　　)　　　주32. 譎諫 (　　　　)
주33. 遐齡 (　　　　)　　　주34. 讒言 (　　　　)
주35. 褻瀆 (　　　　)　　　주36. 漏洩 (　　　　)
주37. 窯址 (　　　　)　　　주38. 桔梗 (　　　　)
주39. 恬逸 (　　　　)　　　주40. 拔擢 (　　　　)
주41. 齋戒 (　　　　)　　　주42. 羔雁 (　　　　)
주43. 遼遠 (　　　　)　　　주44. 私邸 (　　　　)
주45. 阿諂 (　　　　)

※ 문장에서 잘못 쓴 한자를 바르게 고쳐 쓰시오.
　　(단, 음이 같은 한자로 고칠 것)
주46. 邕器는 자연스러움과 素朴함이 큰 魅力이다.
　　　　　　　　　　　　　　(　　→ 　　)
주47. 그는 너무 緊張해서 얼굴에 痙聯이 일어날 地境
　　이었다.　　　　　　　　(　　→ 　　)
주48. 그녀는 劉黃 농법으로 양파를 栽培하여 큰 收穫
　　을 거두었다.　　　　　　(　　→ 　　)
주49. 그는 먹고살 길이 暗曇했지만 希望을 버리지 않
　　고 끝내 屈起하였다.　　(　　→ 　　)
주50. 그들은 세계 到處에서 야생 동물의 嶼息地를 보
　　호하기 위해 많은 노력을 傾注하였다.
　　　　　　　　　　　　　　(　　→ 　　)

※ [   ] 안의 단어를 문맥에 맞게 한자로 쓰시오.
주51. 삼촌은 자랑스러운 표정으로 군복에 달려 있는 전
　　공 [휘장]을 매만졌다.　　(　　　　)
주52. [휘장]이 드리워진 누각에서는 큰 연회가 열렸다.
　　　　　　　　　　　　　　(　　　　)
주53. 시아버지는 젊은 나이에 과부가 된 며느리를 안쓰
　　러워 여러 차례 [개가]를 권했다.(　　　　)
주54. 그들은 침략자를 물리치고 [개가]를 부르면서 마
　　을로 귀환하였다.　　　　(　　　　)

※ [   ] 안의 단어를 한자로 쓰시오.
주55. [작열] : 불 따위가 이글이글 뜨겁게 타오름.
　　　　　　　　　　　　　　(　　　　)
주56. [갱반] : 국과 밥을 아울러 이르는 말.
　　　　　　　　　　　　　　(　　　　)
주57. [잉구관] : 고치지 않고 이전대로 둠.
　　　　　　　　　　　　　　(　　　　)
주58. [호상] : 호탕하고 시원시원함.　(　　　　)
주59. [용천] : 물이 솟아나는 샘.　(　　　　)

주60. [윤곽] : 일이나 사건의 대체적인 줄거리.
（　　　　）
주61. [방사] : 제멋대로 행동하며 거리끼고 어려워하는
데가 없음. （　　　　）
주62. [강보] : 어린아이의 작은 이불. 포대기.
（　　　　）
주63. [부감도] : 높은 곳에서 내려다본 상태의 그림이
나 지도. （　　　　）
주64. [호박] : 지질 시대 나무의 진 따위가 땅속에 묻
혀서 탄소, 수소, 산소 따위와 화합하여 굳어진
누런색 광물. （　　　　）
주65. [유막] : 비밀스러운 일을 의논하는 곳.
（　　　　）

※ [　　　]안의 한자어의 독음을 쓰시오.
주66. 이 회사는 국내 최초로 [從業員持株制度]를 도
입하였다. （　　　　）
주67. 취업 후 바로 [請約貯蓄]에 가입하였다.
（　　　　）
주68. 해당 단원의 학습을 끝마치고 [總括評價]를 실
시하였다. （　　　　）
주69. [獵官制]는 타파해야 할 구습이라고 비판할 수
있다. （　　　　）
주70. 그 은행은 [支給準備金]을 높이기 위해 기업들에
대한 당좌 대출을 줄이고 있다. （　　　　）
주71. 상품평을 게시판에 올려 주시견 [抽籤]을 통해
사은품을 드립니다. （　　　　）
주72. 연암은 양반들의 도덕적 타락상을 [辛辣]하게 풍
자하고 조소하였다. （　　　　）
주73. 지난날의 [愆過]를 뉘우치며 눈물을 흘렸다.
（　　　　）
주74. 최근 경찰은 [虞犯] 지대에 대한 단속을 강화하
고 있다. （　　　　）
주75. 서로 간의 오해로 깊은 [間隙]이 생겼다.
（　　　　）
주76. 심한 [波濤]로 배가 한 쪽으로 기우뚱 기울었다.
（　　　　）
주77. 풍년가를 부르기 전에 벼멸구를 [撲滅]해야 하는
일이 남아 있다. （　　　　）
주78. 남한산성은 병자호란 때 위태로웠던 국운의 마지막
[堡壘]였다. （　　　　）
주79. [檄文]을 보고 각처에서 의병이 모집되었다.
（　　　　）
주80. 지난날의 비리를 [滌蕩]하고자 합니다.
（　　　　）

※ [　　　]안의 단어를 한자로 쓰시오.
주81. 방문객은 왼쪽 가슴에 출입증을 [패용]하시기 바
랍니다. （　　　　）
주82. 가을의 산열매 익는 달콤한 냄새가 [폐부] 깊숙이
스며드는 것 같았다. （　　　　）
주83. 기술 개발은 경제 발전의 [요체]이다.
（　　　　）

주84. 임금은 자신의 명령을 기록한 문서에 [옥새]를 찍
고 사자를 보내 전달하였다. （　　　　）
주85. 침몰한 [유조선]에서 원유가 계속 유출되었다.
（　　　　）
주86. 동치미 국물에 말아 먹는 시원한 [냉면]을 생각하
니 입맛이 돋는다. （　　　　）
주87. 정원에는 갖가지 [장미]가 만발해 있었다.
（　　　　）
주88. 어떤 [희생]을 감수하더라도 이번 일은 반드시 성
공해야 한다. （　　　　）
주89. [곤충]을 소재로 한 영화가 상영 중이다.
（　　　　）
주90. 두 진영의 [알력]이 결국 분쟁으로 이어졌다.
（　　　　）

※ [　　　] 안의 한자성어의 뜻을 읽고 ○ 안에 들어
갈 알맞은 한자를 쓰시오.
주91. [杯盤狼○] : 한창 술을 흥겹게 마시고 노는
모양. 또는 술자리가 끝난 이후의 난잡한 모습.
（　　　　）
주92. [琪花○草] : 옥같이 고운 풀에 핀 구슬같이
아름다운 꽃. （　　　　）
주93. [懸頭刺○] : 상투를 천장에 매달고, 송곳으로
허벅지를 찌르며 잠을 깨운다는 뜻. （　　　　）
주94. [○頭亂髮] : 머리털이 쑥대강이같이 헙수룩
하게 마구 흐트러짐. （　　　　）

※ ○ 안에 들어갈 한자를 〈보기〉에서 찾아 차례로
쓰시오

〈보기〉	文　春　萬　望　明　仁　佐　詩　種

주95. 君子 以○會友 以友輔○　　　　　《論語》
（　　，　　）
주96. ○若不耕 秋無所○　　　　　《明心寶鑑》
（　　，　　）

※ 주어진 국역을 참고하여 [　　　]안의 한자들을 알
맞게 배열하여 문장을 완성하시오.
주97. 自非生知者 [問 知 學 而 必 資 之]
《童蒙先習》
국역 : 스스로가 태어나면서 이치를 깨달은 자가 아니라면,
반드시 학문에 힘입어야 그것을 깨닫는다.
（　　　　）
주98. 爲善者 [福 之 天 報 以]　　　　《明心寶鑑》
국역 : 선행을 하는 자는 하늘이 복으로써 그에게 보답한다.
（　　　　）

※ [　　　] 부분을 국역하시오.
주99. [少年易老學難成] 一寸光陰不可輕
《明心寶鑑》
（　　　　）
주100. 苟非吾之所有 [雖一毫而莫取]　《前赤壁賦》
（　　　　）

－ 수고하셨습니다 －

한자실력급수 자격시험 1급 연습문제 〈3〉

객관식 (1~50번)

※ 다음 [　] 안의 한자와 음이 같은 한자는?
1. [不]　① 譬　② 剖　③ 趾　④ 弗
2. [韶]　① 逍　② 秒　③ 窈　④ 蒐
3. [淅]　① 錯　② 晳　③ 措　④ 錫
4. [裔]　① 鯨　② 誼　③ 濊　④ 躬
5. [窺]　① 棘　② 揆　③ 皐　④ 寇

※ 다음 [　] 안의 한자와 음이 <u>다른</u> 한자는?
6. [濬]　① 奠　② 峻　③ 儁　④ 蠢
7. [逕]　① 耿　② 冏　③ 俓　④ 炯
8. [薪]　① 迅　② 賑　③ 娠　④ 腎
9. [煽]　① 蟬　② 羨　③ 萱　④ 繕
10. [澍]　① 冑　② 洙　③ 炷　④ 酎

※ 다음 [　] 안의 한자와 뜻이 비슷하거나 같은 한자는?
11. [辣]　① 苛　② 菩　③ 蘊　④ 艾
12. [譎]　① 諷　② 諦　③ 訌　④ 詭
13. [邂]　① 透　② 避　③ 逅　④ 遍
14. [闢]　① 閥　② 闇　③ 開　④ 闕
15. [渾]　① 湯　② 灘　③ 澄　④ 濁

※ 다음 [　] 안의 한자와 뜻이 반대되거나 상대되는 한자는?
16. [肥]　① 瘠　② 痕　③ 癒　④ 堆
17. [聚]　① 嫁　② 散　③ 稼　④ 濮

※ 다음 〈보기〉의 낱말들과 가장 관련이 깊은 한자는?

18.	〈보기〉	해	달	구름
	① 霆	② 震	③ 霄	④ 霖

19.	〈보기〉	발진	곰보	종두법
	① 癲	② 痘	③ 痺	④ 痢

20.	〈보기〉	조개	낙지	망둥어
	① 潟	② 沼	③ 渦	④ 淳

※ [　] 의 뜻을 가진 한자는?
21. [두견새]　① 鸚　② 鷗　③ 鵑　④ 鵑
22. [향기]　① 悉　② 褘　③ 彧　④ 馥

※ 다음 중 한자어의 독음이 바르지 <u>않은</u> 것은?
23.　① 訛傳 : 화전　② 誅戮 : 주륙
　　③ 蔓延 : 만연　④ 傀儡 : 괴뢰
24.　① 順坦 : 순탄　② 關粲 : 얼찬
　　③ 憑準 : 빙준　④ 狩獵 : 수렵
25.　① 彌久 : 미구　② 萌芽 : 맹아
　　③ 湍水 : 천수　④ 昂揚 : 앙양

※ [　]안의 단어를 한자로 알맞게 쓴 것은?
26. 내일 여야 [영수]회담이 열린다.
　　① 領帥　② 令帥　③ 令袖　④ 領袖
27. 꽃밭을 거닐며 아름다운 꽃들을 [완상]했다.
　　① 玩賞　② 頑賞　③ 頑像　④ 玩像

28. 전통 결혼식 때, 신랑은 [사모]관대 차림을 한다.
　　① 邪帽　② 娑冒　③ 紗帽　④ 肆募
29. 헌법에 [배치]되는 법률을 만들면 안 된다.
　　① 排置　② 背馳　③ 排馳　④ 背置
30. 그분은 [방광염]으로 몇 년째 고생하고 계신다.
　　① 膀胱炎　② 滂洸炎　③ 房廣炎　④ 放曠炎

※ 주어진 뜻에 알맞은 한자어는?
31. 장래에 생길 채권의 담보로서 저당권을 미리 설정함.
　　① 謹低當　② 謹抵當　③ 根抵當　④ 根低當
32. 어떤 기업을 합병하거나 경영권을 장악하고자 하는
　　회사가 자본 참여를 통하여 흡수 대상 기업의 주식
　　을 매매하려고 일정한 가격을 제시하는 방법.
　　① 公開買授請約　　② 公開買收請約
　　③ 公開賣收請約　　④ 公開賣授請約
33. 두렵거나 불쾌한 정황이나 욕구 불만에 직면하였을
　　때 스스로를 방어하기 위하여 자동적으로 취하는 적
　　응 행위.
　　① 訪禦基制　　② 防禦基制
　　③ 訪禦機制　　④ 防禦機制
34. 일정 기간 동안의 수출과 수입이 균형을 이루도록 두
　　나라가 협정하여 차액 결제를 위한 별도의 자금 지
　　불을 필요로 하지 않는 무역 제도.
　　① 求償貿易　　② 救償貿易
　　③ 求狀貿易　　④ 救狀貿易
35. 원운동에서 단위 시간 동안에 회전한 각도를 말한다.
　　① 角速道　② 角速度　③ 刻速道　④ 刻速度
36. 독촉을 받고도 납세 의무를 이행하지 않는 납세자의
　　재산을 압류하고 공매에 부쳐 강제로 세금을 거두는
　　행정 행위.
　　① 締納處分　　② 締拉處分
　　③ 滯拉處分　　④ 滯納處分
37. 화성암과 변성암을 이루는 주요한 규산염광물. 녹색·
　　청색·갈색의 기둥모양 또는 섬유모양의 결정으로 유
　　리광택을 낸다.
　　① 角纖石　② 各閃石　③ 角閃石　④ 各纖石
38. 전쟁할 의도가 전혀 없는 상태에서 우발적으로 일어
　　나게 되는 전쟁.
　　① 偶拔戰爭　　② 遇拔戰爭
　　③ 遇發戰爭　　④ 偶發戰爭
39. 증권을 새로 발행하여 얻은 돈으로 이미 발행된 증권
　　을 상환함.
　　① 借換　② 借株　③ 借貸　④ 借款
40. 관세 협정을 맺은 나라끼리 최혜국 대우를 하여 관세
　　율을 인하하는 일.
　　① 關稅壤墟　　② 關稅讓許
　　③ 關稅壤許　　④ 關稅讓墟

※ [   ]안에 들어갈 한자어로 알맞은 것은?

41. 그는 퇴직금 중간 정산을 위해 [   ]과 근속연수에 대해 알아보았다.
　　① 退職日　② 滿期日　③ 起算日　④ 安息日

42. [   ]의 활용은 수업목적을 효과적이고 효율적으로 달성하는 데 목적이 있다.
　　① 輸業媒體　　　　② 收業媒體
　　③ 授業媒體　　　　④ 受業媒體

43. 세무서에서 세금연체자에게 [   ]를 부과했다.
　　① 遊興稅　② 加算稅　③ 累進稅　④ 附加稅

44. 고려 시대의 [   ]는 백성들을 의한 구호 및 의료 기관이었다.
　　① 除危寶　② 除委寶　③ 濟委寶　④ 濟危寶

45. 이상설 등이 교포 자제의 교육을 위하여 북간도에 [   ]을/를 세웠다.
　　① 瑞甸書塾　　　　② 麻科會通
　　③ 頓悟漸修　　　　④ 桂苑筆耕

※ 주어진 설명에 알맞은 한자성어는?

46. 남의 권세를 빌려 위세를 부림.
　　① 孤掌難鳴　　　　② 虛張聲勢
　　③ 減膳撤樂　　　　④ 狐假虎威

47. 뜻밖의 일에 얼굴빛이 변할 정도로 놀람.
　　① 啞然失色　　　　② 巧言令色
　　③ 乾坤一色　　　　④ 疾言遽色

※ 다음 글을 읽고 물음에 답하시오.

> (가) (㉠)二姓之合 生民之始 萬福之原　《童蒙先習》
> (나) 破山中賊㉡易 破心中賊難　　　　《陽明全書》
> (다) 歲寒然後 知松柏之後凋也　　　　　《論語》

48. ㉠에 들어갈 한자어로 알맞은 것은?
　　① 父子　　② 君臣　　③ 夫婦　　④ 朋友

49. 밑줄 친 ㉡과 독음이 같은 것은?
　　① 譯　　② 夷　　③ 轢　　④ 罹

50. (다)의 주제와 가장 연관이 없는 성어는?
　　① 疾風勁草　　　　② 獨也靑靑
　　③ 松茂柏悅　　　　④ 傲霜孤節

주관식 (주1~주100번)

※ 한자의 훈(뜻)과 음(소리)을 한글로 쓰시오.
주1. 稽 (　　　)　　　주2. 譏 (　　　)
주3. 嗾 (　　　)　　　주4. 挺 (　　　)
주5. 笙 (　　　)　　　주6. 崖 (　　　)
주7. 毆 (　　　)　　　주8. 汐 (　　　)
주9. 獅 (　　　)　　　주10. 蟾 (　　　)
주11. 簾 (　　　)　　　주12. 驍 (　　　)
주13. 嶼 (　　　)　　　주14. 苗 (　　　)
주15. 套 (　　　)　　　주16. 揑 (　　　)
주17. 鋒 (　　　)　　　주18. 挽 (　　　)
주19. 晦 (　　　)　　　주20. 毅 (　　　)

※ 훈과 음에 맞는 한자를 쓰시오.
주21. 놀랄　　진 (　　)　　주22. 모을　　찬 (　　)
주23. 문둥병　라 (　　)　　주24. 죽을　　몰 (　　)
주25. 시끄러울 훤 (　　)　　주26. 짓밟을　린 (　　)
주27. 구부릴　부 (　　)　　주28. 넘칠　　일 (　　)
주29. 언덕　　부 (　　)　　주30. 우두머리 괴 (　　)

※ 한자어의 독음을 쓰시오.
주31. 腋臭 (　　　)　　　주32. 殘壘 (　　　)
주33. 丞相 (　　　)　　　주34. 肇秋 (　　　)
주35. 軫念 (　　　)　　　주36. 隙駒 (　　　)
주37. 熊膽 (　　　)　　　주38. 綺羅星 (　　　)
주39. 胤嗣 (　　　)　　　주40. 咀呪 (　　　)
주41. 潰瘍 (　　　)　　　주42. 樽酒 (　　　)
주43. 俚諺 (　　　)　　　주44. 叩扉 (　　　)
주45. 稟申 (　　　)

※ 문장에서 잘못 쓴 한자를 바르게 고쳐 쓰시오.
　　(단, 음이 같은 한자로 고칠 것)
주46. 우리나라에서 다수의 불교 宗團은 僧侶의 擢鉢을 금하고 있다.
　　　　　　　　　　　　　(　　　→　　　)
주47. 암초에 부딪쳐 沈沒한 船舶의 선원 중 일부가 失腫되었다.
　　　　　　　　　　　　　(　　　→　　　)
주48. 撤收하는 부대를 嚴護하기 위해 포병대가 曲射砲를 배치하였다.
　　　　　　　　　　　　　(　　　→　　　)
주49. 그는 契約書에 적힌 着手金과 成功報隨에 대한 사항을 다시 확인했다.
　　　　　　　　　　　　　(　　　→　　　)
주50. 조선 후기 三政의 紊亂과 잦은 재해로 백성의 삶은 塗炭에 빠졌다.
　　　　　　　　　　　　　(　　　→　　　)

※ [   ] 안의 단어를 문맥에 맞게 한자로 쓰시오.
주51. 의장직 선거를 앞두고 후보 경합이 [치열]하게 벌어지고 있다.
　　　　　　　　　　　　　(　　　　　　)
주52. 최근 비뚤어진 [치열]을 바로잡는 치아 교정에 대한 관심이 높아지고 있다.
　　　　　　　　　　　　　(　　　　　　)
주53. 회사는 두 차례의 [전형]을 통해서 20명의 신입 사원을 선발하였다.
　　　　　　　　　　　　　(　　　　　　)
주54. 작가는 소설 속 주인공을 이기적인 인간의 [전형]으로 설정하였다.
　　　　　　　　　　　　　(　　　　　　)

※ [   ] 안의 단어를 한자로 쓰시오.
주55. [연찬] : 학문 따위를 깊이 연구함.
　　　　　　　　　　　　　(　　　　　　)
주56. [이륜] : 사람으로서 떳떳하게 지켜야 할 도리.
　　　　　　　　　　　　　(　　　　　　)
주57. [첨사] : 점대에 적힌 길흉의 점사.
　　　　　　　　　　　　　(　　　　　　)
주58. [자순] : 윗사람이 아랫사람에게 의견을 물어 의논함.
　　　　　　　　　　　　　(　　　　　　)
주59. [적요] : 적적하고 고요함.
　　　　　　　　　　　　　(　　　　　　)
주60. [곤붕] : ≪장자≫에 나오는 상상의 큰 물고기와 새. 흔히 매우 큰 사물을 비유적으로 이를 때에 쓰는 말.
　　　　　　　　　　　　　(　　　　　　)
주61. [응징] : 잘못을 깨우쳐 뉘우치도록 징계함.
　　　　　　　　　　　　　(　　　　　　)

주62. [**총괄**] : 개별적인 여러 가지를 한데 모아서 묶음.
( )

주63. [**응시**] : 매처럼 날카롭게 노려봄.
( )

주64. [**소면**] : 고기붙이를 넣지 않은 국수.
( )

주65. [**고신**] : 숨기고 있는 사실을 강제로 알아내기 위
하여 육체적 고통을 주며 신문함.
( )

※ [   ] 안의 한자어의 독음을 쓰시오.

주66. 그는 풀 한 포기 나지 않는 [裸地]를 누군가가
사갈 것이라고 생각하지 못했다. ( )

주67. 지도층의 어설픈 [情勢判斷]은 나라를 곤경에
처하게 할 수도 있다. ( )

주68. [磻溪隨錄]은 조선 시대의 실학자 유형원이 지
은 책이다. ( )

주69. 정부는 [亂數表檢査方式]을 적용하여 수출품을
검사하기로 했다. ( )

주70. 집단으로 식중독 의심 증세를 보이자 보건 당국이
[疫學調査]에 나섰다. ( )

주71. 이 곳에서는 보안을 위해 항상 신분증을 [佩用]
해야 한다. ( )

주72. 격렬한 운동을 하기 전에 미리 전신 스트레칭을 통
해 근육을 [弛緩]해 주었다. ( )

주73. 그는 자신이 저질렀던 잘못에 대해 [懺悔]를 하
며 용서를 빌었다. ( )

주74. 그는 위의 [粘膜] 상태가 좋지 않아 식사를 마친
뒤 속쓰림을 느꼈다. ( )

주75. 두 사람의 [醮禮]를 구경하기 위해 온 동네 사람
들이 다 모였다. ( )

주76. 이곳 하천에서는 [浚渫]공사가 한창 진행 중이다.
( )

주77. 그는 외조부의 문집을 편찬한 후 몸소 [跋文]을
썼다. ( )

주78. 그들은 다음날 밤에 [捕繩]에 묶여 이송되었다.
( )

주79. 간신들은 저마다 임금에게 세자를 [讒訴]하기 시
작했다. ( )

주80. 승리하고 돌아온 전사들을 위해 [饗宴]을 베풀었
다. ( )

※ [   ] 안의 단어를 한자로 쓰시오.

주81. 그가 결백하다면 [**누명**]은 곧 벗겨질 것이다.
( )

주82. 전과자라는 [**낙인**] 때문에 그가 종사할 수 있는
업종은 제한적이었다. ( )

주83. [**춘부장**]께서 별세하셨다는데 조문을 못 가 미안
하네. ( )

주84. 이번 호우로 수많은 [**이재민**]이 발생하였다.
( )

주85. 부부는 다정하게 [**원앙금침**]에 누웠다.
( )

주86. 그의 취미는 [**골동품**]과 서화 수집이다.
( )

주87. 이들 작품은 한국 문학의 [**범주**]에 속한다.
( )

주88. 범죄 현장에서 발견된 담배꽁초에 묻은 [**타액**]이
수사의 중요한 단서가 된다. ( )

주89. 지역감정의 심화는 국민 단합의 [**저해**] 요인이 되
고 있다. ( )

주90. [**태권도**]는 정신 수양의 의미뿐만 아니라 호신술
로서의 실용적인 가치를 지닌다. ( )

※ [   ] 안의 한자성어의 뜻을 읽고 ○ 안에 들어
갈 알맞은 한자를 쓰시오.

주91. [純 眞 無 ○] : 티 없이 순진함. ( )

주92. [針 小 ○ 大] : 작은 일을 크게 불리어 떠벌림.
( )

주93. [悲 憤 ○ 慨] : 슬프고 분하여 마음이 북받침.
( )

주94. [錦 ○ 江 山] : 비단에 수를 놓은 것처럼 아름
다운 산천이라는 뜻으로, 우리나라의 산천을 비
유적으로 이르는 말. ( )

※ ○ 안에 들어갈 한자를 〈보기〉에서 찾아 차례로
쓰시오

〈보기〉	出 衰 盈 缺 落 漏 淚 綱 網

주95. 天○恢恢 疏而不○   《明心寶鑑》
(,)

주96. 月滿則○ 物盛則○   《史記》
(,)

※ **주어진 국역을 참고하여 [   ] 안의 한자들을 알
맞게 배열하여 문장을 완성하시오.**

주97. [**時 勉 及 勵 當**] 歲月不待人   《明心寶鑑》
국역 : 제때에 미처 마땅히 힘써야 하니, 세월은 사람을 기
다려주지 않는다.
( )

주98. [**書 樂 如 讀 至 莫**]   《明心寶鑑》
국역 : 지극한 즐거움은 책을 읽는 것만 한 것이 없다.
( )

※ [   ] 부분을 국역하시오.

주99. 富貴不歸故鄕 [**如衣錦夜行**]   《漢書》
( )

주100. 恩義廣施 [**人生何處不相逢**]   《明心寶鑑》
( )

– 수고하셨습니다 –

한자실력급수 자격시험 **1**급 연습문제 〈4〉

※ 다음 [   ] 안의 한자와 음이 같은 한자는?
1. [迪]   ① 廚   ② 鄒   ③ 瑜   ④ 嫡
2. [杆]   ① 殼   ② 墾   ③ 瀚   ④ 昉
3. [廈]   ① 虐   ② 墟   ③ 迦   ④ 遐
4. [虞]   ① 釬   ② 窈   ③ 攬   ④ 扈
5. [徽]   ① 壻   ② 彌   ③ 彙   ④ 羲

※ 다음 [   ] 안의 한자와 음이 다른 한자는?
6. [達]   ① 叫   ② 揆   ③ 窺   ④ 譎
7. [俠]   ① 浹   ② 峽   ③ 陝   ④ 狹
8. [蜘]   ① 稷   ② 祇   ③ 咫   ④ 摯
9. [墩]   ① 豚   ② 遁   ③ 頓   ④ 惇
10. [鵑]   ① 絹   ② 牽   ③ 睊   ④ 譴

※ 다음 [   ] 안의 한자와 뜻이 비슷하거나 같은 한자는?
11. [灌]   ① 漑   ② 沆   ③ 滌   ④ 潘
12. [儡]   ① 儁   ② 偕   ③ 做   ④ 傀
13. [渙]   ① 敢   ② 散   ③ 斂   ④ 敲
14. [寥]   ① 審   ② 寂   ③ 寇   ④ 寃
15. [怜]   ① 悧   ② 愴   ③ 怯   ④ 憾

※ 다음 [   ] 안의 한자와 뜻이 반대되거나 상대되는 한자는?
16. [弛]   ① 緩   ② 弼   ③ 張   ④ 捉
17. [牝]   ① 牧   ② 犢   ③ 犧   ④ 牡

※ 다음 〈보기〉의 낱말들과 가장 관련이 깊은 한자는?

18.
〈보기〉	비열	천박	세속

① 仍   ② 俚   ③ 倧   ④ 什

19.
〈보기〉	춤	노래	술자리

① 妓   ② 姑   ③ 娩   ④ 嫉

20.
〈보기〉	숯	기와	벽돌

① 穽   ② 突   ③ 窯   ④ 窕

※ [   ] 의 뜻을 가진 한자는?
21. [울타리]   ① 墉   ② 縛   ③ 棠   ④ 籬
22. [널/관]   ① 槐   ② 柩   ③ 珖   ④ 擎

※ 다음 중 한자어의 독음이 바르지 <u>않은</u> 것은?
23.   ① 揷圖 : 삽도   ② 規矩 : 규구
      ③ 溝壑 : 구학   ④ 唾壺 : 수호
24.   ① 澄澈 : 징철   ② 稼穡 : 가색
      ③ 悠遠 : 수원   ④ 凹彫 : 요조
25.   ① 凜慄 : 늠열   ② 嵯峨 : 차아
      ③ 岫雲 : 수운   ④ 斟量 : 침량

※ [   ]안의 단어를 한자로 알맞게 쓴 것은?
26. 그는 언제든지 나라를 위해서는 한 목숨을 [초개]와
    같이 버릴 수 있다고 생각했다.
      ① 草蓋   ② 草慨   ③ 草芥   ④ 草凱

27. 수재민 돕기 행사에 각계의 성금이 [답지]하고 있다.
    ① 踏至   ② 遝至   ③ 遝遲   ④ 踏遲
28. 벼가 여러 번 [도정]을 거치자 하얀 쌀이 되었다.
    ① 鍍程   ② 鍍精   ③ 搗程   ④ 搗精
29. 초보자라는 것을 십분 [감안]하여도 운전이 너무 서
    툴러 위험하였다.
      ① 勘案   ② 堪案   ③ 憾案   ④ 感案
30. 국세청에서 나온 직원들은 여러 개의 문서와 [장부]
    들을 일일이 대조하며 검토하고 있었다.
      ① 裝簿   ② 裝符   ③ 帳符   ④ 帳簿

※ 주어진 뜻에 알맞은 한자어는?
31. 갑상선호르몬의 양이 부족해 부종·오한·탈모·피로 등
    의 증상이 나타나는 것.
      ① 甲狀腺機能低下症   ② 甲狀腺技能低下症
      ③ 甲狀鮮機能低下症   ④ 甲狀鮮技能低下症
32. 공격자가 조기에 영토를 획득하는 것을 거부하기 위하
    여 가능한 전방 방어선을 방어하려고 하는 방어계획.
      ① 縱深防禦   ② 前進防禦
      ③ 鐵壁防禦   ④ 對人防禦
33. 투자 전망이 불확실할 때 낙관적 관점과 비관적 관점
    에서 전망을 계수화한 후 그 중간 예측을 가지고 투
    자를 결정하는 방법.
      ① 樂飛兩觀法   ② 落悲兩觀法
      ③ 樂悲兩觀法   ④ 落飛兩觀法
34. 생산물의 흐름이 연속적이지 않은 생산 형태. 주문
    생산이나 다품종 소량 생산에서 나타난다.
      ① 迂廻生産   ② 斷續生産
      ③ 都給生産   ④ 組立生産
35. 선박을 빌리는 사람이 선장·선원·장비·소모품 따위를
    직접 구하고, 운항에 대한 모든 책임을 지는 방식으
    로 배를 빌림.
      ① 輸送船   ② 地土船   ③ 使送船   ④ 裸傭船
36. 정부가 미국의 대외원조계획에 의하여 우리 나라에 제공
    되는 원조물자를 국내시장에 공매하여 조성한 원화자금.
      ① 代衝資金   ② 代充資金
      ③ 對充資金   ④ 對衝資金
37. 오염물질을 기준치를 초과하여 배출하는 경우 사업주
    가 부담해야 하는 비용.
      ① 排出賦課金   ② 不納缺損額
      ③ 缺損處分   ④ 地籍公簿
38. 다른 사람의 의뢰를 받고 물건을 구매해주는 것.
      ① 受託購賣   ② 受擢購賣
      ③ 受託購買   ④ 受擢購買
39. 근로자가 실직할 경우 실업급여를 지급하여 실직자의
    생계를 보호해 줄 뿐만 아니라 다양한 고용안정사업
    과 직업능력개발사업을 행하는 사회보장제도.
      ① 顧用保險   ② 雇傭保險
      ③ 顧傭保險   ④ 雇用保險

40. 내장에 분포하는 신경이 척수에서 가슴 신경과 위쪽
    허리 신경을 통하여 나오는 자율 신경 계통의 부분.
    ① 交感神經系　　　② 交感神經係
    ③ 交感神痙系　　　④ 交感神痙係

※ [　　]안에 들어갈 한자어로 알맞은 것은?

41. 섭외적 사법 관계에서 준거법을 지정하는 '국제사법'
    은 '[　　]'이라고도 한다.
    ① 全習法　② 分散法　③ 賑貸法　④ 抵觸法
42. 정기적·일률적·고정적으로 지급되는 [　　]은 통상임
    금으로 볼 수 있다.
    ① 特殊作業需當　　　② 特殊作業授當
    ③ 特殊作業手當　　　④ 特殊作業逐當
43. 대한제국 때, [　　]은 국립 병원의 성격을 지닌 기관
    이었다.
    ① 光濟院　② 廣諸院　③ 光諸院　④ 廣濟院
44. [　　]는 보통 공급가액의 10퍼센트를 부가한다.
    ① 附可價値稅　　　　② 附加價値稅
    ③ 副可價値稅　　　　④ 副加價値稅
45. 수생 식물은 [　　]와 녹조를 막고 어류, 수서 곤충류
    의 산란처를 제공한다.
    ① 富營養化　　　　② 府營養化
    ③ 否營養化　　　　④ 副營養化

※ 주어진 설명에 알맞은 한자성어는?

46. 문득 나타났다 문득 없어짐.
    ① 泥田鬪狗　　　　② 興亡盛衰
    ③ 橫說竪說　　　　④ 忽顯忽沒
47. 어깨를 옹송그리고 아첨하며 웃음.
    ① 含憤蓄怨　　　　② 虛張聲勢
    ③ 脅肩諂笑　　　　④ 豹死留皮

※ 다음 글을 읽고 물음에 답하시오.

(가) 非(㉠)勿視 非(㉠)勿聽 非(㉠)勿言 非(㉠)勿動
《論語》

(나) 敏而(㉡) 不恥下問 是以謂之文也　《論語》

(다) 三軍可奪㉢帥也 匹夫不可奪志也　《論語》

48. ㉠에 공통으로 들어갈 한자로 알맞은 것은?
    ① 禮　　② 常　　③ 理　　④ 知
49. ㉡에 들어갈 한자어로 알맞은 것은?
    ① 好用　② 好學　③ 好勝　④ 好樂
50. 밑줄 친 ㉢과 독음이 같은 것은?
    ① 率　　② 蒐　　③ 嗣　　④ 騷

주관식 (주1~주100번)

※ 한자의 훈(뜻)과 음(소리)을 한글로 쓰시오.

주1. 訊 (　　　)　　　주2. 渼 (　　　)
주3. 潘 (　　　)　　　주4. 莽 (　　　)
주5. 霞 (　　　)　　　주6. 恢 (　　　)
주7. 魅 (　　　)　　　주8. 阡 (　　　)
주9. 鉦 (　　　)　　　주10. 咀 (　　　)
주11. 駒 (　　　)　　　주12. 逅 (　　　)
주13. 橘 (　　　)　　　주14. 艮 (　　　)
주15. 倚 (　　　)　　　주16. 瀉 (　　　)
주17. 穆 (　　　)　　　주18. 隙 (　　　)
주19. 塵 (　　　)　　　주20. 佩 (　　　)

※ 훈과 음에 맞는 한자를 쓰시오.

주21. 여울　　　탄 (　　)　　주22. 겨드랑이 액 (　　)
주23. 유창할　 답 (　　)　　주24. 놀랄　　해 (　　)
주25. 춤출　　 일 (　　)　　주26. 용서할　유 (　　)
주27. 내분　　 홍 (　　)　　주28. 두려울　송 (　　)
주29. 뻗칠　　 긍 (　　)　　주30. 아름다울 의 (　　)

※ 한자어의 독음을 쓰시오.

주31. 甄拔 (　　)　　　주32. 微曇 (　　)
주33. 恬澹 (　　)　　　주34. 濊貊 (　　)
주35. 垣墻 (　　)　　　주36. 戰慄 (　　)
주37. 取扱 (　　)　　　주38. 灼熱 (　　)
주39. 梗槪 (　　)　　　주40. 雋選 (　　)
주41. 陶冶 (　　)　　　주42. 綠汁 (　　)
주43. 櫛比 (　　)　　　주44. 炸裂 (　　)
주45. 恪愼 (　　)

※ 문장에서 잘못 쓴 한자를 바르게 고쳐 쓰시오.
　 (단, 음이 같은 한자로 고칠 것)

주46. 그는 無時로 外濫된 언사를 일삼아 주변 사람들
    에게 忌避 대상이었다.　　　　（　　　→　　　）
주47. 우리는 무분별한 줄임말과 卑俗語 사용을 止揚
    하고, 표현과 어휘를 가급적 順化하여 사용하여야
    한다.　　　　　　　　　　　　（　　　→　　　）
주48. 그녀는 無斷으로 缺勤한 것에 대해 擁塞한 변명
    만 늘어놓았다.　　　　　　　　（　　　→　　　）
주49. 오늘은 慈善基金 모금을 위해 企劃된 晩讚에
    참석할 예정이다.　　　　　　　（　　　→　　　）
주50. 조선 후기에는 義捐金을 모아 설립한 義叔이 민
    간 교육의 한 축을 擔當하였다.（　　　→　　　）

※ [　　] 안의 단어를 문맥에 맞게 한자로 쓰시오.

주51. 아버지는 가족들에게 무척 다정하고 [자상]한 분
    이셨다.　　　　　　　　　　　　　　（　　　　）
주52. 그의 허벅지에는 [자상]의 흔적이 있다.
    　　　　　　　　　　　　　　　　　　（　　　　）
주53. 그들은 오랫동안 난치병의 원인 규명과 치료법 연
    구에 [매진]해왔다.　　　　　　　　（　　　　）
주54. 결승전 관람표가 판매 당일 모두 [매진]되었다.
    　　　　　　　　　　　　　　　　　　（　　　　）

※ [　　] 안의 단어를 한자로 쓰시오.

주55. [잉여] : 쓰고 난 후 남은 것.　　（　　　　）
주56. [비준] : 조약을 헌법상의 조약 체결권자가 최종
    적으로 확인·동의하는 절차.　　　　（　　　　）
주57. [흔모] : 기쁜 마음으로 공경하며 사모함.
    　　　　　　　　　　　　　　　　　　（　　　　）

주58. [**환고**] : 곱고 흰 비단 바지.　　　（　　　　）
주59. [**약탕관**] : 탕약을 달이는 데 쓰는 질그릇.
　　　　　　　　　　　　　　　　（　　　　）
주60. [**모색**] : 일이나 사건 따위를 해결할 수 있는 방법이나 실마리를 더듬어 찾음.　（　　　　）
주61. [**매연**] : 연료가 탈 때 나오는, 그을음이 섞인 연기.　　　　　　　　　　　　（　　　　）
주62. [**급거**] : 몹시 서둘러 급작스러운 모양.
　　　　　　　　　　　　　　　　（　　　　）
주63. [**강의**] : 의지가 굳세고 강직하여 굽힘이 없음.
　　　　　　　　　　　　　　　　（　　　　）
주64. [**광간**] : 올바르게 간함.　　（　　　　）
주65. [**흠선**] : 우러러 공경하고 부러워함.
　　　　　　　　　　　　　　　　（　　　　）

※ [　　]안의 한자어의 독음을 쓰시오.
주66. 이번 [構造調整]으로 인해 실직자가 대량 발생할 것으로 보인다.　　　　　（　　　　）
주67. 이번 집중 호우로 침수 피해가 난 주택, 상가, 토지의 재산세에 대해 6개월간 [徵收猶豫]조치를 발표했다.　　　　　　　　　（　　　　）
주68. 비효율적인 행정 업무 처리는 [官僚制]의 폐단을 보여주는 한 예이다.　　　（　　　　）
주69. 침공 명분이었던 [大量破壞武器]가 오랜 수색 끝에 발견되었다.　　　　（　　　　）
주70. 이 쇼핑몰에서는 [電子貨幣]를 이용하여 구매할 수 있다.　　　　　　　　（　　　　）
주71. 아군이 적군을 급습하여 [殲滅]에 가까운 전과를 올렸다.　　　　　　　　（　　　　）
주72. 갑자기 두려움이 [掩襲]하였다.（　　　　）
주73. 영수는 등산을 하기 위해 [背囊]을 어깨에 걸머졌다.　　　　　　　　　　（　　　　）
주74. 그는 동네 [媒婆]의 중매로 지금의 아내를 만났다.　　　　　　　　　　　（　　　　）
주75. 그 사건은 [舊臘] 30일에 일어났다.
　　　　　　　　　　　　　　　　（　　　　）
주76. 인류는 초기에는 [狩獵]과 채집에 의존하여 먹고 살았다.　　　　　　　　（　　　　）
주77. 부당한 인격 [冒瀆]을 가하는 심한 욕설도 폭력이다.　　　　　　　　　　（　　　　）
주78. 병세가 악화되면서 그의 얼굴은 더욱 [瘦瘠]해져 갔다.　　　　　　　　　（　　　　）
주79. 허구적 논리를 앞세워 진실을 [糊塗]하지 말라.
　　　　　　　　　　　　　　　　（　　　　）
주80. 그 작가의 필치는 생동하고 표현은 [逼眞]하다.
　　　　　　　　　　　　　　　　（　　　　）

※ [　　]안의 단어를 한자로 쓰시오.
주81. 그들에게 지난 실수를 [**만회**]할 수 있는 기회를 주었다.　　　　　　　　（　　　　）
주82. 그의 [**야비**]한 웃음소리에 나는 소름이 끼쳤다.
　　　　　　　　　　　　　　　　（　　　　）
주83. 아동 [**유괴**]는 흉악한 범죄이다.（　　　　）

주84. 장난감 오리가 [**욕조**] 속에서 동실댔다.
　　　　　　　　　　　　　　　　（　　　　）
주85. 총재는 비서진과 측근들에게 [**함구령**]을 내렸다.
　　　　　　　　　　　　　　　　（　　　　）
주86. 접시 위에 [**비위**]를 돋우는 봄나물이 담겨 있다.
　　　　　　　　　　　　　　　　（　　　　）
주87. 그의 삶은 고독과 방랑으로 [**점철**]돼 있다.
　　　　　　　　　　　　　　　　（　　　　）
주88. 성질이 고약한 그는 이 근방에서 [**악랄**]하기로 이름이 높다.　　　　　　（　　　　）
주89. 초미세 먼지는 코의 [**점막**]이 거르지 못하고 그대로 폐에 침착되므로 위험하다.（　　　　）
주90. 견우와 직녀는 일 년에 한 번씩 [**오작교**]에서 만난다고 한다.　　　　　（　　　　）

※ [　　]안의 한자성어의 뜻을 읽고 ○ 안에 들어갈 알맞은 한자를 쓰시오.
주91. [荒唐無 ○] : 말이나 행동 따위가 참되지 않고 터무니없음.　　　　　（　　　　）
주92. [螳螂拒 ○] : 제 역량을 생각하지 않고, 강한 상대나 되지 않을 일에 덤벼드는 무모한 행동거지.　　　　　　　　　　　（　　　　）
주93. [疾風怒 ○] : 몹시 빠르게 부는 바람과 무섭게 소용돌이치는 물결.　　　（　　　　）
주94. [股 ○ 之臣] : 다리와 팔같이 중요한 신하로, 임금이 가장 신임하는 신하.　（　　　　）

※ ○ 안에 들어갈 한자를 〈보기〉에서 찾아 차례로 쓰시오

〈보기〉	月 失 免 借 得 江 淵 珠 鼓

주95. ○爲無柄扇 星作絶纓○　　　　《推句》
　　　　　　　　　　　　　（　　　，　　　）
주96. 臨財毋苟○ 臨難毋苟○　　　　《明心寶鑑》
　　　　　　　　　　　　　（　　　，　　　）

※ 주어진 국역을 참고하여 [　　]안의 한자들을 알맞게 배열하여 문장을 완성하시오.
주97. [爲 不 謀 不 道 相 同]　　　　《論語》
　　국역 : 도가 같지 않으면 서로 도모하지 않아야 한다.
　　　　　　　　　　　　　　　　（　　　　）
주98. [則 財 散 民 聚]　　　　《大學》
　　국역 : 재물이 모이면 백성들이 흩어진다.
　　　　　　　　　　　　　　　　（　　　　）

※ [　　] 부분을 국역하시오.
주99. 不入虎穴 [焉得虎子]　　　　《十八史略》
　　　　　　　　　　　　　　　　（　　　　）
주100. 學而不思則罔 [思而不學則殆]　　　　《論語》
　　　　　　　　　　　　　　　　（　　　　）

– 수고하셨습니다 –

한자실력급수 자격시험 **1**급 연습문제 〈5〉

객관식 (1~50번)

※ 다음 [　] 안의 한자와 음이 같은 한자는?
1. [彌]　① 靡　② 邇　③ 磯　④ 蜘
2. [茸]　① 瘍　② 鏞　③ 憮　④ 祉
3. [莽]　① 萌　② 歿　③ 雱　④ 邙
4. [隆]　① 酬　② 錘　③ 唾　④ 豎
5. [懦]　① 那　② 捼　③ 愈　④ 輸

※ 다음 [　] 안의 한자와 음이 <u>다른</u> 한자는?
6. [圄]　① 關　② 馭　③ 御　④ 漁
7. [扈]　① 弧　② 羔　③ 護　④ 濠
8. [虞]　① 郵　② 隅　③ 祐　④ 嶴
9. [芥]　① 漑　② 塏　③ 偕　④ 疥
10. [糟]　① 眺　② 喉　③ 祚　④ 彫

※ 다음 [　] 안의 한자와 뜻이 비슷하거나 같은 한자는?
11. [隙]　① 闊　② 閔　③ 閃　④ 間
12. [淪]　① 薄　② 范　③ 落　④ 蕩
13. [遼]　① 邇　② 遵　③ 逝　④ 迪
14. [逼]　① 遑　② 遙　③ 遞　④ 迫
15. [衡]　① 鑽　② 鎌　③ 銓　④ 錨

※ 다음 [　] 안의 한자와 뜻이 반대되거나 상대되는 한자는?
16. [稼]　① 稙　② 穡　③ 穩　④ 稷
17. [婢]　① 僕　② 俚　③ 俛　④ 傢

※ 다음 〈보기〉의 낱말들과 가장 관련이 깊은 한자는?

18.
〈보기〉	때	세탁	목욕

　① 湧　② 潟　③ 沁　④ 浣

19.
〈보기〉	눈	각막	홍채

　① 瞳　② 睡　③ 瞰　④ 瞬

20.
〈보기〉	파	고추	마늘

　① 孕　② 辣　③ 瀉　④ 軫

※ [　] 의 뜻을 가진 한자는?
21. [요행]　① 愕　② 耽　③ 倖　④ 殃
22. [시끄럽다]　① 喧　② 嗜　③ 咀　④ 咽

※ 다음 중 한자어의 독음이 바르지 <u>않은</u> 것은?
23.　① 柴窯 : 시요　② 楔形 : 계형
　　③ 滿腔 : 만강　④ 陪席 : 배석
24.　① 攘奪 : 양탈　② 彗掃 : 혜소
　　③ 仍舊 : 인구　④ 庾積 : 유적
25.　① 錐指 : 추지　② 袞衣 : 곤의
　　③ 壻郞 : 서랑　④ 棍棒 : 혼봉

※ [　]안의 단어를 한자로 알맞게 쓴 것은?
26. 셈이 느린 그에게 수학은 [취약]한 과목이었다.
　　① 脆弱　② 聚弱　③ 就弱　④ 趣弱
27. 그는 물구나무를 선 채 두 팔로 몸을 [지탱]하였다.
　　① 至撑　② 旨撑　③ 支撑　④ 持撑

28. 우리의 전통 가면극에는 지배 계층에 대한 [조롱]과 풍자 등의 내용이 담겨 있다.
　　① 措弄　② 嘲弄　③ 措籠　④ 嘲籠
29. 작은 게임기는 아이들의 호기심을 [자극]하기에 충분했다.
　　① 刺尅　② 刺極　③ 刺劇　④ 刺戟
30. 그들은 온갖 어려움에도 불구하고 [의연]함을 잃지 않았다.
　　① 懿然　② 疑然　③ 依然　④ 毅然

※ 주어진 뜻에 알맞은 한자어는?
31. 공사계약에서, 계약상대자가 계약상의 의무를 이행하지 못하는 경우 계약상대자를 대신하여 계약상의 의무를 이행할 것을 보증하되, 이를 보증한 기관이 의무를 이행하지 아니하는 경우 일정금액을 납부할 것을 보증하는 증서.
　　① 公事履行保證書　② 工事移行保證書
　　③ 工事履行保證書　④ 公事移行保證書
32. 컴퓨터나 정보 통신 기술을 활용하여 현실이 아닌 허상으로 만들어진 공간에서 행하는 수업.
　　① 架像授業　　　　② 假想授業
　　③ 架想授業　　　　④ 假像授業
33. 인간에게는 우월적인 중요성을 갖는 여러 가지 지능이 내재하고 있다는 교육 이론.
　　① 多重知能理論　② 多衆智能理論
　　③ 多重智能理論　④ 多衆知能理論
34. 해상보험의 피보험자가 보험의 목적물에 관하여 가지는 일체의 권리를 보험자에게 위임하고 보험금액의 전부를 청구하는 권리를 취득하는 것.
　　① 保險委附　　　② 保險圍付
　　③ 保險委付　　　④ 保險圍附
35. 두렵거나 불쾌한 상황 또는 욕구 불만에 직면하였을 때 타인을 공격적으로 대하는 행위.
　　① 攻激機制　　　② 攻擊機際
　　③ 攻激機際　　　④ 攻擊機制
36. 노동법상 노동자가 노동협약이나 취업규칙의 해석·적용에 관한 분쟁이나, 일상의 노동조건에 관한 노동자의 불평 불만을 단체교섭이나, 경영협의회의 협의에 따르지 않고, 일상적으로 해결하기 위한 제도.
　　① 考情處理制度　　② 苦情處理制度
　　③ 固情處理制度　　④ 故情處理制度
37. 증거물로 압수한 물건을 소유자, 소지자, 보관자의 청구에 의하여 잠정적으로 돌려주는 일.
　　① 假還付　② 暇換付　③ 暇還付　④ 假換付
38. 동물이 나이를 먹음에 따라서 나타나는 변화.
　　① 加齡現象　　　② 加靈現象
　　③ 暇齡現象　　　④ 暇靈現象
39. 건설 공사에서 일정한 시점을 기준으로 하여 계약자의 요청에 의거 그때까지 시공된 상태를 검사하는 것.
　　① 基成檢査　　　② 旣盛檢査
　　③ 旣成檢査　　　④ 基盛檢査

40. 이미 발행한 채권의 원금을 상환하기 위하여 새로 채권을 발행하는 것.
 ① 遮還發行 　　　　② 借還發行
 ③ 遮換發行 　　　　④ 借換發行

※ [　]안에 들어갈 한자어로 알맞은 것은?
41. 그는 운영하던 사업의 규모가 커짐에 따라 올해부터는 [　]가 아니라 복식부기 의무자가 되었다.
 ① 間便裝簿 　　　　② 簡便帳簿
 ③ 簡便裝簿 　　　　④ 間便帳簿
42. 그녀는 버려진 옷을 가방으로 저가공하여 [　]를 창출해냈다.
 ① 附可價値 　　　　② 附加價値
 ③ 付可價値 　　　　④ 付加價値
43. 이번 회차에는 응시자들의 실력이 전반적으로 우수하여 평균 성적이 높고 [　]가 작았다.
 ① 標準偏差 　　　　② 標準遍差
 ③ 標准偏差 　　　　④ 標准遍差
44. [　]의 핵심은 인간 이성의 힘과 인류의 무한한 진보에 대한 신뢰이다.
 ① 契蒙主義 　　　　② 契夢主義
 ③ 啓蒙主義 　　　　④ 啓夢主義
45. 시에서는 친환경 인증 농가에게 [　]을 지급하였다.
 ① 非常時支給 　　　　② 確定日出給
 ③ 單純時間給 　　　　④ 生産獎勵給

※ 주어진 설명에 알맞은 한자성어는?
46. 의도하는 바와 행하는 바가 서로 어긋남.
 ① 糞土之牆 　　　　② 北轅適楚
 ③ 附和雷同 　　　　④ 非帛不暖
47. 일에 부닥쳐 결단을 내리지 못하고 앞뒤를 재며 어물거림.
 ① 賊反荷杖 　　　　② 四顧無親
 ③ 自家撞着 　　　　④ 前瞻後顧

※ 다음 글을 읽고 물음에 답하시오.

(가) 家貧㉠則思良妻 國亂則思良(㉡)	《史記》
(나) 道不同 不(㉡)爲謀	《論語》
(다) 上和下睦 夫唱婦㉢隨	《千字文》

48. 밑줄 친 ㉠과 독음이 같은 것은?
 ① 卽　　② 勅　　③ 仄　　④ 織
49. ㉡에 공통으로 들어갈 한자로 알맞은 것은?
 ① 將　　② 君　　③ 相　　④ 妃
50. 밑줄 친 ㉢과 같은 의미의 한자로 알맞은 것은?
 ① 完　　② 卒　　③ 從　　④ 嘉

주관식 (주1~주100번)

※ 한자의 훈(뜻)과 음(소리)을 한글로 쓰시오.
주1. 麵 (　　　)　　주2. 紋 (　　　)
주3. 彝 (　　　)　　주4. 盈 (　　　)
주5. 萃 (　　　)　　주6. 頒 (　　　)
주7. 讒 (　　　)　　주8. 恰 (　　　)
주9. 肋 (　　　)　　주10. 倭 (　　　)
주11. 孚 (　　　)　　주12. 腫 (　　　)
주13. 涇 (　　　)　　주14. 魁 (　　　)
주15. 憧 (　　　)　　주16. 俠 (　　　)
주17. 殼 (　　　)　　주18. 讐 (　　　)
주19. 宥 (　　　)　　주20. 惇 (　　　)

※ 훈과 음에 맞는 한자를 쓰시오.
주21. 죽일 　도 (　)　　주22. 산기슭 록 (　)
주23. 글방 　숙 (　)　　주24. 설사 　리 (　)
주25. 숫돌 　려 (　)　　주26. 클 　굉 (　)
주27. 뽑을 　탁 (　)　　주28. 무리 　휘 (　)
주29. 가게 　전 (　)　　주30. 귀고리 충 (　)

※ 한자어의 독음을 쓰시오.
주31. 堆肥 (　)　　주32. 稔熟 (　)
주33. 擁膝 (　)　　주34. 斟酌 (　)
주35. 鉢釪 (　)　　주36. 柹葉 (　)
주37. 暹羅 (　)　　주38. 齋潔 (　)
주39. 鷹師 (　)　　주40. 輕勘 (　)
주41. 剝皮 (　)　　주42. 吟嘯 (　)
주43. 痳蟲 (　)　　주44. 釣綸 (　)
주45. 遊廊 (　)

※ 문장에서 잘못 쓴 한자를 바르게 고쳐 쓰시오.
 (단, 음이 같은 한자로 고칠 것)
주46. 강풍을 同伴한 폭설이 내려 행인들은 指尺을 分揀할 수 없었다. (　 → 　)
주47. 말다듬기위원회는 무분별한 新造語나 외래어 등을 巡化하여 대중에게 공개하고 있다. (　 → 　)
주48. 갑작스런 폭우로 下水口에서 汚物들이 逆流하여 도로가 엉망이 되었다. (　 → 　)
주49. 화가는 秋收가 끝난 들판에서 落綏를 줍는 농부의 모습을 畫幅에 담았다. (　 → 　)
주50. 그녀는 내부의 비리를 摘發하고 不正腐敗 滌抉에 앞장섰다. (　 → 　)

※ [　] 안의 단어를 문맥에 맞게 한자로 쓰시오.
주51. 이번 시험에서 동생의 성적은 지난번 [모의]고사보다 많이 올랐다. (　)
주52. 그는 사전에 범행을 [모의]하였다는 혐의로 체포되었다. (　)
주53. 먹이를 찾아서 독수리가 하늘을 [비상]하고 있다. (　)
주54. 그는 [비상]한 지모와 역량으로 젊은 나이에 지도자가 되었다. (　)

※ [　] 안의 단어를 한자로 쓰시오.
주55. [해태] : 행동이 느리고 움직이거나 일하기를 싫어하는 태도나 버릇. (　)
주56. [둔갑] : 술법을 써서 자기 몸을 감추거나 다른 것으로 바꿈. (　)
주57. [비단] : 명주실로 짠 광택이 나는 피륙을 통틀어 이르는 말. (　)

주58. [**고질**] : 오랫동안 앓고 있어 고치기 어려운 병.
( )
주59. [**해학**] : 익살스럽고도 품위가 있는 말이나 행동.
( )
주60. [**조우**] : 우연히 서로 만남. ( )
주61. [**능가**] : 능력이나 수준 따위가 비교 대상을 훨씬 넘어섬.
( )
주62. [**지점토**] : 종이, 점토, 접착제 따위를 섞어서 만든 공예 재료.
( )
주63. [**섬광**] : 두꺼비의 빛이라는 뜻으로, '달빛'을 달리 이르는 말.
( )
주64. [**운명**] : 사람의 목숨이 끊어짐. ( )
주65. [**소양**] : 높은 하늘과 넓은 땅. ( )

※ [ ]안의 한자어의 독음을 쓰시오.
주66. [客動線]은 매장에 고객이 머무는 시간을 결정할 뿐아니라 고객의 구매의욕을 높이는 데에도 중요한 역할을 한다.
( )
주67. 업계에서는 두 기업이 [合併] 후 기업공개 절차를 진행할 것으로 예상하고 있다. ( )
주68. 오늘날 [潛在成長率]은 물가 상승을 유발하지 않는 범위 내에서 산정된다.
( )
주69. 소속 국회 의원 19명 이하로는 [院內交涉團體]를 구성할 수 없다.
( )
주70. 국무총리는 시급히 해결해야 할 국정 [懸案]으로 물가 안정을 들었다.
( )
주71. 여러 파벌의 [領袖]가 한자리에 모였다.
( )
주72. 저는 천지가 [開闢]을 한다고 해도 이 일을 할 수 없습니다.
( )
주73. 전신 마취는 몸의 일부에 마취약을 주사하여 대뇌나 [脊髓]를 일시적으로 마비시키는 것이다.
( )
주74. 위인들은 스스로 [荊棘]의 길을 택하고 이를 극복한 경우가 많았다.
( )
주75. 연구개발부는 이번에 가스 자동 [充塡] 장치를 새로 개발하였다.
( )
주76. 다보탑이 세련미를 풍긴다면 [釋迦塔]은 투박하고 질박한 멋이 있다.
( )
주77. 탱크 부대가 지축을 뒤흔들 듯한 [轟音]을 내면서 진격한다.
( )
주78. 그 죄수는 [改悛]의 정이 뚜렷하다고 하여 특별히 감형되었다.
( )
주79. 우체국에 가서 서류를 봉투에 넣고 [封緘]하여 부쳤다.
( )
주80. 돌이켜 보면 참으로 굴곡도 많고 [波瀾]도 많았던 한평생이었다.
( )

※ [ ]안의 단어를 한자로 쓰시오.
주81. [**경칩**]이 지나면 완연한 봄의 모습이 차츰 드러나기 시작한다.
( )
주82. 시문을 잘못 인용하면 [**도습**]의 시비에 휘말리게 된다.
( )

주83. 지구 온난화로 인해 생태계의 [**교란**]이 우려된다.
( )
주84. 그는 사무실 동료들에게 [**청첩장**]을 돌렸다.
( )
주85. 제주도는 [**감귤**] 재배지로 유명한 지역이다.
( )
주86. 이 공장에서는 철판에 주석을 [**도금**]하는 일을 한다.
( )
주87. 노스승은 그에게 [**각별**]한 애정을 쏟았다.
( )
주88. 이번 국제 학술 대회에 모인 사람들은 모두 [**쟁쟁**]한 세계적 석학들이었다.
( )
주89. 물질적인 [**풍요**]와 정신적인 만족감이 반드시 비례하는 것은 아니다.
( )
주90. 지역갈등을 [**불식**]하지 않고서는 진정한 민주주의를 이룰 수 없다.
( )

※ [ ]안의 한자성어의 뜻을 읽고 ○ 안에 들어갈 알맞은 한자를 쓰시오.
주91. [助○爲虐] : 못된 사람을 부추기어 악한 짓을 더 하게 함을 이르는 말. ( )
주92. [○寡孤獨] : 외롭고 의지할 데 없는 처지.
( )
주93. [隔靴○癢] : 성에 차지 않거나 철저하지 못한 안타까움을 이르는 말. ( )
주94. [○魯之鄕] : 예절을 알고 학문이 왕성한 곳.
( )

※ ○ 안에 들어갈 한자를 〈보기〉에서 찾아 차례로 쓰시오

〈보기〉	夜 登 卑 惑 學 寢 儉 進 運

주95. 福生於淸○ 德生於○退　　　《韓非子》
(,)
주96. 人生不○ 冥冥如○行　　　《明心寶鑑》
(,)

※ 주어진 국역을 참고하여 [ ]안의 한자들을 알맞게 배열하여 문장을 완성하시오.
주97. 子之廢學 [吾也織若斯斷]　　　《烈女傳》
국역 : 네가 배움을 그만두는 것은 내가 이 베를 끊는 것과 같다.
( )
주98. [貴婦夫賢令]　　　《明心寶鑑》
국역 : 현명한 부인은 지아비를 귀하게 만든다.
( )

※ [ ] 부분을 국역하시오.
주99. [十年以長則兄事之]　　　《禮記》
( )
주100. 不信乎朋友 [不獲乎上矣]　　　《中庸》
( )

– 수고하셨습니다 –

한자실력급수 자격시험 **1**급 연습문제 〈6〉

객관식 (1~50번)

※ 다음 [   ] 안의 한자와 음이 같은 한자는?
1. [高] ① 薛 ② 佾 ③ 悉 ④ 撒
2. [樞] ① 庾 ② 溝 ③ 鄒 ④ 炷
3. [棠] ① 凜 ② 撞 ③ 羔 ④ 潼
4. [馨] ① 珩 ② 猩 ③ 塹 ④ 磬
5. [畯] ① 箋 ② 盞 ③ 泗 ④ 蠢

※ 다음 [   ] 안의 한자와 음이 다른 한자는?
6. [纓] ① 瑛 ② 穎 ③ 鶯 ④ 嬰
7. [娑] ① 瀉 ② 肆 ③ 奢 ④ 疵
8. [邵] ① 索 ② 蘇 ③ 巢 ④ 搔
9. [菖] ① 昶 ② 璋 ③ 瘡 ④ 敞
10. [澮] ① 檜 ② 淮 ③ 拐 ④ 賄

※ 다음 [   ] 안의 한자와 뜻이 비슷하거나 같은 한자는?
11. [垢] ① 壓 ② 塵 ③ 壁 ④ 墾
12. [鷓] ① 鴦 ② 鴛 ③ 鵲 ④ 鸚
13. [珊] ① 瑚 ② 琥 ③ 瑤 ④ 璿
14. [披] ① 露 ② 霆 ③ 雰 ④ 霖
15. [毆] ① 挺 ② 拭 ③ 援 ④ 打

※ 다음 [   ] 안의 한자와 뜻이 반대되거나 상대되는 한자는?
16. [股] ① 腫 ② 脾 ③ 肱 ④ 膿
17. [俯] ① 僕 ② 仰 ③ 佩 ④ 佞

※ 다음 〈보기〉의 낱말들과 가장 관련이 깊은 한자는?

18.

〈보기〉	풀	찰흙	끈적끈적

① 粘 ② 糠 ③ 粧 ④ 粹

19.

〈보기〉	칼	도마	요리

① 廈 ② 廠 ③ 廚 ④ 庸

20.

〈보기〉	흡혈	뎅기열	말라리아

① 蜘 ② 蟾 ③ 蝕 ④ 蚊

※ [   ] 의 뜻을 가진 한자는?
21. [휘파람] ① 噴 ② 嘯 ③ 哺 ④ 喩
22. [이삭] ① 楹 ② 穭 ③ 穗 ④ 蕃

※ 다음 중 한자어의 독음이 바르지 않은 것은?
23. ① 螺旋:누선   ② 遝至:답지
    ③ 陜川:합천   ④ 膀胱:방광
24. ① 撫摩:무마   ② 托鉢:탁본
    ③ 塡書:전서   ④ 艱難:간난
25. ① 赦宥:사유   ② 笠帽:입모
    ③ 渤海:발해   ④ 殲撲:섬복

※ [   ]안의 단어를 한자로 알맞게 쓴 것은?
26. 자신의 책임을 남에게 [전가]해서는 안 된다.
    ① 轉駕 ② 轉軻 ③ 轉迦 ④ 轉嫁
27. 일기나 편지는 수필의 [범주]에 속한다.
    ① 泛疇 ② 泛週 ③ 範疇 ④ 範週

28. 이번 사고는 우리 사회의 [해이]해진 안전 의식이 가진 문제점을 보여주었다.
    ① 解弛 ② 諧耳 ③ 邂夷 ④ 該爾
29. 재기 [발랄]한 젊은이들이 모여 있었다.
    ① 勃剌 ② 潑剌 ③ 跋剌 ④ 拔剌
30. 투수는 [만루]의 위기에서 한 점도 내주지 않았다.
    ① 滿壘 ② 滿陋 ③ 滿樓 ④ 滿累

※ 주어진 뜻에 알맞은 한자어는?
31. 전면핵전쟁을 하지 않고서도 전쟁목적을 최대한 달성하고자 하는 데 목적이 있는 전략.
    ① 柔連反應戰略   ② 柔軟反應戰略
    ③ 維連反應戰略   ④ 維軟反應戰略
32. 생물학적 성질의 차이를 이용하여 세균을 감별, 선택하는 배양기.
    ① 鑑別倍養基   ② 鑑別培養機
    ③ 鑑別倍養機   ④ 鑑別培養基
33. 주식회사나 유한 회사가 결손을 보전하거나 과대 자본을 시정하기 위하여 법원에 등록되어 있는 자본의 총액을 줄이는 일.
    ① 融資 ② 投資 ③ 減資 ④ 增資
34. 종업원이 자기 회사에서 발행하는 주식을 보유하는 제도.
    ① 從業員持株制度   ② 從業員枝株制度
    ③ 從業員持柱制度   ④ 從業員枝柱制度
35. 사고 파는 사람에게서 돈을 받고 흥정을 붙이는 일을 업으로 하는 사람.
    ① 擧間 ② 去間 ③ 居間 ④ 據間
36. 증자 후 예상되는 배당을 고려해 산출한 수익률.
    ① 羅收益率   ② 羅修益率
    ③ 裸修益率   ④ 裸收益率
37. 인간의 교육은 가정, 학교, 사회에서 전 생애에 걸쳐 이루어져야 한다는 교육관.
    ① 巡環教育   ② 循環教育
    ③ 循還教育   ④ 巡還教育
38. 자기 회사 내에서 사용하기 위한 제품을 만들거나, 사전에 작성한 제품명세에 맞는 주문만을 받아 생산하는 방식.
    ① 廢碎注文生産   ② 閉鎖注文生産
    ③ 閉碎注文生産   ④ 廢鎖注文生産
39. 개인의 출자관계를 포함한 실질적 지배관계에 있는 기업집단 전체에 대한 회계실체를 통합하여 작성한 재무제표.
    ① 統合財務諸表   ② 統合財務諸標
    ③ 通合財務諸標   ④ 通合財務諸表

40. 광역자치단체가 기초자치단체에게 지방세 징수과정에서 발생한 비용을 추후 보전해 주는 교부금.
  ① 懲受交付金 ② 懲收交付金
  ③ 徵收交付金 ④ 徵受交付金

※ [　]안에 들어갈 한자어로 알맞은 것은?

41. 그는 주식으로 전환될 [　]를 일부 매입해두었다.
  ① 專換私債 ② 專換社債
  ③ 轉換私債 ④ 轉換社債

42. [　]의 작자는 김시습이고 홍길동전의 작자는 허균이다.
  ① 金鰲神華 ② 金鰲新話
  ③ 金鰲新華 ④ 金鰲神話

43. 그는 기업의 [　]를 방조한 혐의로 수사를 받았다.
  ① 紛飾會計 ② 粉識會計
  ③ 紛識會計 ④ 粉飾會計

44. 재조사를 받은 일부 사업장은 배출한 오염물질이 기준치를 초과하였으므로 [　]을 납부해야했다.
  ① 排出賦過金 ② 排出負課金
  ③ 排出賦課金 ④ 排出負過金

45. 그는 재택 근무 기간 동안 [　]을 통해 회사 업무를 처리하였다.
  ① 假想私設網 ② 架想私設網
  ③ 假想社設網 ④ 架想社設網

※ 주어진 설명에 알맞은 한자성어는?

46. 일의 진행에 변화가 심함.
  ① 波瀾萬丈 ② 荒唐無稽
  ③ 袖手傍觀 ④ 類類相從

47. 자녀나 배우자가 돌아오기를 초조하게 기다리는 마음.
  ① 屠龍之技 ② 倚閭之望
  ③ 焦眉之急 ④ 和氏之璧

※ 다음 글을 읽고 물음에 답하시오.

> (가) 寧爲鷄口 ㉠無爲牛後　　　　　《史記》
> (나) 自非生知者 必㉡資學問而知之　《童蒙先習》
> (다) 屈己者能處重 好勝者必遇敵　　《明心寶鑑》

48. 밑줄 친 ㉠을 대신할 수 있는 한자가 아닌 것은?
  ① 毋　② 莫　③ 勿　④ 使

49. 밑줄 친 ㉡과 의미가 같은 것은?
  ① 格　② 料　③ 賴　④ 投

50. (다)의 주제와 가장 연관이 없는 것은?
  ① 謙　② 遜　③ 讓　④ 邁

주관식 (주1~주100번)

※ 한자의 훈(뜻)과 음(소리)을 한글로 쓰시오.

주1. 慫 (　　　)　　주2. 腋 (　　　)
주3. 駔 (　　　)　　주4. 菩 (　　　)
주5. 蝨 (　　　)　　주6. 撑 (　　　)
주7. 檍 (　　　)　　주8. 剋 (　　　)
주9. 諦 (　　　)　　주10. 鰒 (　　　)
주11. 陛 (　　　)　　주12. 帷 (　　　)
주13. 柩 (　　　)　　주14. 攪 (　　　)
주15. 蹉 (　　　)　　주16. 悚 (　　　)
주17. 脊 (　　　)　　주18. 欣 (　　　)
주19. 訌 (　　　)　　주20. 岱 (　　　)

※ 훈과 음에 맞는 한자를 쓰시오.

주21. 맬/끈　뉴(　　)　　주22. 더럽힐　독(　　)
주23. 바로잡을　광(　　)　주24. 파초　파(　　)
주25. 향기　복(　　)　　주26. 밟을　태(　　)
주27. 목화　면(　　)　　주28. 투기할　투(　　)
주29. 속일　휼(　　)　　주30. 가래　담(　　)

※ 한자어의 독음을 쓰시오.

주31. 葵藿 (　　　)　　주32. 佶屈 (　　　)
주33. 論駁 (　　　)　　주34. 契勘 (　　　)
주35. 曳引 (　　　)　　주36. 焚香 (　　　)
주37. 政丞 (　　　)　　주38. 幢竿 (　　　)
주39. 魅惑 (　　　)　　주40. 楞嚴經 (　　　)
주41. 一稔 (　　　)　　주42. 烹刑 (　　　)
주43. 褻衣 (　　　)　　주44. 撰定 (　　　)
주45. 醇醴 (　　　)

※ 문장에서 잘못 쓴 한자를 바르게 고쳐 쓰시오.
　(단, 음이 같은 한자로 고칠 것)

주46. 姮阿는 달에 居住한다는 여신의 이름으로, 궁중의 나인들이 서로를 부르던 號稱이기도 하다.
　　　　　　　　　　　　　　(　　　→　　　)

주47. 成功한 그녀의 일대기는 나에게 많은 靈感과 刺棘을 주었다.
　　　　　　　　　　　　　　(　　　→　　　)

주48. 우리는 서류를 封透에 담아 상대에게 登記 郵便으로 발송하였다.
　　　　　　　　　　　　　　(　　　→　　　)

주49. 회사는 物流 倉庫를 건립하기 위한 附地를 확보하였다.
　　　　　　　　　　　　　　(　　　→　　　)

주50. 奸臣輩의 연이은 讒訴가 결국 왕의 逆吝을 건드리고 말았다.
　　　　　　　　　　　　　　(　　　→　　　)

※ [　] 안의 단어를 문맥에 맞게 한자로 쓰시오.

주51. 이곳 경주는 신라 천년 [사직]의 중심지였다.
　　　　　　　　　　　　　　(　　　　　　　)

주52. 그녀는 건강상의 이유로 [사직]했다.
　　　　　　　　　　　　　　(　　　　　　　)

주53. 그 회사는 노동에 대한 [보수]를 당일에 지불한다.
　　　　　　　　　　　　　　(　　　　　　　)

주54. 도로가 심하게 파손된 상태라 [보수] 공사가 필요하다.
　　　　　　　　　　　　　　(　　　　　　　)

※ [　] 안의 단어를 한자로 쓰시오.

주55. [요염]: 사람을 호릴 만큼 매우 아리따움.
　　　　　　　　　　　　　　(　　　　　　　)

주56. [임파선]: 포유동물의 림프관에 군데군데 분포하는 매듭 모양의 작은 조직
　　　　　　　　　　　　　　(　　　　　　　)

주57. [계제]: 일이 되어 가는 순서나 절차를 비유적으로 이르는 말.
　　　　　　　　　　　　　　(　　　　　　　)

주58. [패총] : 조가비가 무덤처럼 쌓여 있는 것. 조개무
지.   (   )
주59. [작렬] : 포탄 따위가 터져서 쫙 퍼짐.
                                              (   )
주60. [빈궁] : 왕세자의 아내.   (   )
주61. [구로] : 갈매기와 해오라기를 아울러 이르는 말.
                                              (   )
주62. [유착] : 사물들이 서로 깊은 관계를 가지고 결합
하여 있음.   (   )
주63. [시비] : 사립짝을 달아서 만든 문. 사립문.
                                              (   )
주64. [취락] : 인간의 생활 근거지인 가옥의 집합체.
                                              (   )
주65. [준장] : 소장의 아래, 대령의 위로 장성 계급에서
가장 낮은 계급.   (   )

※ [   ] 안의 한자어의 독음을 쓰시오.
주66. 그녀는 조사관의 [誘導訊問]에 걸려들지 않았다.
                                              (   )
주67. 햇빛이 약한 지역의 어린이들은 [佝僂病]에 걸릴
위험이 있으므로 햇빛을 쪼이게 해야 한다.
                                              (   )
주68. [標準點數]를 통해 자신의 상대적 수준과 위치
를 파악할 수 있다.   (   )
주69. 경찰은 수사를 통해 그가 그녀를 [間接敎唆]한
정황을 밝혀냈다.   (   )
주70. 해당 철도 차량은 [架空電線]을 통해 전력을 공
급받는다.   (   )
주71. 그들은 정부로부터 환경 문제 연구를 [委囑]받았
다.   (   )
주72. 고고학자들이 통일 신라 시대의 철제 [湯罐]을
발굴하였다.   (   )
주73. 이 다리는 다음 달에 [竣工]될 예정이다.
                                              (   )
주74. [沃沮]는 함흥 일대에 있던 나라로, 후에 고구려
에 복속되었다.   (   )
주75. 그 회사는 재정 기반이 [脆弱]하여 어려움을 겪
고 있다.   (   )
주76. 그는 후덕하고 조용한 성품으로 [猜忌]나 질투를
모른다.   (   )
주77. 경찰은 사고 차량을 수습할 때까지 터널을 통제하
고 통행 차량을 다른 쪽으로 [迂廻]시켰다.
                                              (   )
주78. 그는 [沐浴齋戒]하고 정성을 다하여 신에게 기
도하였다.   (   )
주79. 당밀은 사탕수수나 사탕무에서 사탕을 뽑아내고 남
은 누런 갈색의 [汁液]이다.   (   )
주80. 옛날 사람들은 어려운 일이 생기면 [呪術]에 의
존했다.   (   )

※ [   ] 안의 단어를 한자로 쓰시오.
주81. 그녀는 우리의 요구를 [완곡]히 거절하였다.
                                              (   )
주82. 신데렐라는 [무도회]에서 왕자님을 만났다.
                                              (   )

주83. 그의 주장과 [배치]되는 여러 증거와 증언들이 쏟
아져나왔다.   (   )
주84. 정원을 거닐며 아름다운 꽃들을 [완상]했다.
                                              (   )
주85. 우리는 어떠한 [핍박]에도 굴하거나 용기를 잃지
않고 끝까지 싸워나갔다.   (   )
주86. [개괄]적인 설명만으로 인간의 복잡한 심리 구조
를 이해하기는 어려운 일이다.   (   )
주87. 장례식이 끝난 뒤 변호사는 유언자가 직접 서명하고
[날인]한 유언장을 공개하였다.   (   )
주88. 약자를 [능욕]하는 것은 강자의 도리가 아니다.
                                              (   )
주89. 약질이었던 누나는 독감 후유증으로 [늑막염]에
걸리고 말았다.   (   )
주90. 선원들은 [노도]가 포효하는 거친 바다를 헤쳐 나
갔다.   (   )

※ [   ] 안의 한자성어의 뜻을 읽고 ○ 안에 들어
갈 알맞은 한자를 쓰시오.
주91. [○頸之交] : 생사를 같이할 수 있는 아주 가
까운 사이.   (   )
주92. [曖昧模○] : 말이나 태도 따위가 희미하고
흐려 분명하지 아니함.   (   )
주93. [風○露宿] : 객지에서 많은 고생을 겪음.
                                              (   )
주94. [窈○淑女] : 말과 행동이 품위가 있으며 얌
전하고 정숙한 여자.   (   )

※ ○ 안에 들어갈 한자를 〈보기〉에서 찾아 차례로
쓰시오

〈보기〉	死 雁 變 梅 柳 側 陰 殿 鷄

주95. 狗走○花落 ○行竹葉成   《推句》
                                      (,   )
주96. ○地轉 陽地○   《冽上方言》
                                      (,   )

※ 주어진 국역을 참고하여 [   ] 안의 한자들을 알
맞게 배열하여 문장을 완성하시오.
주97. [人 斷 心 其 二 金 利 同]   《繫辭傳》
국역 : 두 사람이 마음을 함께하니, 그 날카로움은 쇠를 자른다.
                                              (   )
주98. 萬事分已定 [空 忙 自 浮 生]   《明心寶鑑》
국역 : 모든 일에 분수가 이미 정해져 있는데, 뜬구름같은
인생에 부질없이 혼자서 바쁘다.
                                              (   )

※ [   ] 부분을 국역하시오.
주99. [衆惡之 必察焉] 衆好之 必察焉   《論語》
                                              (   )
주100. [不患人之不己知] 患不知人也   《論語》
                                              (   )

– 수고하셨습니다 –

한자실력급수 자격시험 **1**급 연습문제 〈7〉

객관식 (1~50번)

※ 다음 [　] 안의 한자와 음이 같은 한자는?
1. [蕃] ① 頒　② 潘　③ 煩　④ 阪
2. [訛] ① 按　② 渦　③ 靴　④ 鵑
3. [濤] ① 棹　② 搜　③ 曹　④ 祀
4. [股] ① 妬　② 驛　③ 羔　④ 磐
5. [梓] ① 瀉　② 璧　③ 軋　④ 齋

※ 다음 [　] 안의 한자와 음이 <u>다른</u> 한자는?
6. [毳] ① 脆　② 炊　③ 翠　④ 墜
7. [瓆] ① 疾　② 跌　③ 詰　④ 窒
8. [澗] ① 侃　② 旱　③ 揀　④ 艱
9. [譚] ① 惇　② 瞬　③ 荀　④ 脣
10. [攣] ① 漣　② 誕　③ 聯　④ 鍊

※ 다음 [　] 안의 한자와 뜻이 비슷하거나 같은 한자는?
11. [叱] ① 咤　② 喉　③ 唾　④ 叩
12. [懺] ① 恃　② 愉　③ 懦　④ 悔
13. [棘] ① 藿　② 芥　③ 荊　④ 莘
14. [汚] ① 瀆　② 瀑　③ 潰　④ 淅
15. [蹂] ① 距　② 踪　③ 蹶　④ 躪

※ 다음 [　] 안의 한자와 뜻이 반대되거나 상대되는 한자는?
16. [虧] ① 盆　② 盞　③ 盈　④ 盟
17. [呑] ① 喧　② 吐　③ 嘲　④ 嚖

※ 다음 〈보기〉의 낱말들과 가장 관련이 깊은 한자는?

18.

〈보기〉	당근	레몬	포도

　① 淋　② 汁　③ 渠　④ 湍

19.

〈보기〉	땔감	지게	장작

　① 樵　② 枇　③ 枉　④ 桶

20.

〈보기〉	먹	연기	불완전연소

　① 熹　② 煌　③ 煤　④ 燁

※ [　　] 의 뜻을 가진 한자는?
21. [사자] ① 猫　② 猿　③ 猥　④ 獅
22. [무지개] ① 胥　② 虹　③ 暈　④ 洹

※ 다음 중 한자어의 독음이 바르지 <u>않은</u> 것은?
23. ① 貽笑 : 태소　　② 脊梁 : 척량
　　③ 廚房 : 주방　　④ 帆船 : 범선
24. ① 俛仰 : 면앙　　② 臭蒜 : 취슬
　　③ 內訌 : 내공　　④ 棠軒 : 당헌
25. ① 推敲 : 퇴고　　② 箴諫 : 잠간
　　③ 驕肆 : 교사　　④ 辣腕 : 날원

※ [　　]안의 단어를 한자로 알맞게 쓴 것은?
26. 공장의 기계는 연중무휴 종일 [가동]되었다.
　　① 街動　② 稼動　③ 駕動　④ 嫁動
27. 근면과 성실은 성공에 이르는 [첩경]이다.
　　① 捷涇　② 帖徑　③ 帖涇　④ 捷徑

28. 그는 주변 사람들의 [만류]에도 불구하고 종군기자로 지원하였다.
　　① 挽謬　② 漫謬　③ 挽留　④ 漫留
29. 이렇듯 옳지 않은 관행은 빨리 [불식]시켜야 한다.
　　① 拂拭　② 弗拭　③ 拂殖　④ 弗殖
30. 두 분의 [해로]를 진심으로 바랍니다.
　　① 偕老　② 楷老　③ 該老　④ 骸老

※ 주어진 뜻에 알맞은 한자어는?
31. 달팽이의 집이 위로 갈수록 점점 커지고 넓어지듯이 교육내용을 교과의 기본 구조로 다루면서 시간의 흐름에 따라 점점 폭넓고 깊이 있게 조직해가야 한다는 것.
　　① 穗狀形教育　　　② 楕圓形教育
　　③ 板矩形教育　　　④ 螺旋形教育
32. 개인의 의사에 따라 마음대로 쓸 수 있는 소득. 한 해의 개인 소득에서 세금을 빼고 그 전해의 이전 소득을 합한 것.
　　① 本源的所得　　　② 不規則所得
　　③ 可處分所得　　　④ 非課稅所得
33. 본등기의 요건이 갖추어지지 못하였을 경우, 본등기의 순위를 보전하기 위해 임시로 하는 등기.
　　① 價登記　② 假登記　③ 可登記　④ 架登記
34. 증권 회사가 매도 증권과 매수 증권을 차감한 잔량이나 매도 금액과 매수 금액을 차감한 잔액만을 결제하는 방법.
　　① 多角決濟　　　② 代替決濟
　　③ 差減決濟　　　④ 國際決濟
35. 신라 때의 문신 최치원의 시문집.
　　① 桂苑筆耕　　　② 磻溪隨錄
　　③ 明心寶鑑　　　④ 經國大典
36. 가격의 변화가 소비자의 수요에 영향을 미치는 정도.
　　① 價格憫感度　　　② 價激憫感度
　　③ 價激敏感度　　　④ 價格敏感度
37. 개발이 환경에 미치는 영향을 예측·평가하고 대처 방안을 마련해 환경오염을 예방하는 제도.
　　① 環境影響平價　　　② 環境影響評價
　　③ 還境影響平價　　　④ 還境影響評價
38. 고려·조선 시대에, 승려가 되려는 자에게 일정한 대가를 받고 허가장을 내주던 제도.
　　① 連坐制　② 從量制　③ 度牒制　④ 輪番制
39. 토지를 제외한 고정 자산에 생기는 가치의 소모를 셈하는 회계상의 절차.
　　① 減價商却　　　② 監價商却
　　③ 監價償却　　　④ 減價償却
40. 일정한 사유로 부과한 조세를 거두어들일 수 없다고 인정될 때, 그 납세 의무를 없애는 행정 처분.
　　① 缺損處分　　　② 缺遜處分
　　③ 抉遜處分　　　④ 抉損處分

※ [   ]안에 들어갈 한자어로 알맞은 것은?

41. 그들은 향후 투자할 기업의 목록을 작성하고 각 기업의 [   ]를 꼼꼼하게 검토하였다.
　① 通合財務濟表　　② 統合財務諸表
　③ 統合財務濟表　　④ 通合財務諸表

42. 원유 등 원자재 가격이 지속적으로 상승하자 [   ]이/가 큰 폭으로 감소하였다.
　① 介入通貨　　② 經常收支
　③ 回轉貸出　　④ 繼續注文

43. 정부는 환경개선부담금 징수 실적이 우수한 지방자치단체에게 [   ] 외에 별도의 성과급을 지급하였다.
　① 徵受交付金　　② 懲收交付金
　③ 徵收交付金　　④ 懲受交付金

44. 일부 지역이 지적도와 실제 이용 현황이 불일치하여 재조사와 측량을 통해 [   ]를 새로 작성하였다.
　① 地籍公簿　　② 商標原簿
　③ 乘客名簿　　④ 簡便帳簿

45. 주문한 물품의 [   ]을 전자우편으로 요청하였다.
　① 見摘送狀　　② 見適送狀
　③ 見績送狀　　④ 見積送狀

※ 주어진 설명에 알맞은 한자성어는?

46. 몹시 꼬이는 일을 당하여 임시변통으로 이리저리 맞추어 나감.
　① 孤軍奮鬪　　② 鷄卵有骨
　③ 上下撑石　　④ 隔世之感

47. 조리가 없이 말을 이러쿵저러쿵 지껄임.
　① 興亡盛衰　　② 橫說竪說
　③ 忽顯忽沒　　④ 魂飛魄散

※ 다음 글을 읽고 물음에 답하시오.

(가) 及時當勉勵　歲月不待人　　《明心寶鑑》
(나) 少年㉠易老學難成　一寸㉡光陰不可輕
　　　　　　　　　　　《明心寶鑑》
(다) 吾嘗終日不食終夜不寢以思　無益　不如學也
　　　　　　　　　　　《論語》

48. 다음 밑줄 친 부분의 독음이 밑줄 친 ㉠과 같은 것은?
　① 容易　② 貿易　③ 交易　④ 變易

49. 밑줄 친 ㉡과 유사한 의미의 한자어로 알맞은 것은?
　① 苦樂　② 天地　③ 明暗　④ 日月

50. (가)~(다)의 공통 주제로 알맞은 것은?
　① 愼獨　② 勸學　③ 愛民　④ 齊家

주관식 (주1~주100번)

※ 한자의 훈(뜻)과 음(소리)을 한글로 쓰시오.
주1. 達 (　　)　　주2. 熄 (　　)
주3. 芬 (　　)　　주4. 琥 (　　)
주5. 磧 (　　)　　주6. 孵 (　　)
주7. 靡 (　　)　　주8. 鵲 (　　)
주9. 舡 (　　)　　주10. 塹 (　　)

주11. 撲 (　　)　　주12. 斂 (　　)
주13. 逡 (　　)　　주14. 雋 (　　)
주15. 耿 (　　)　　주16. 詭 (　　)
주17. 塾 (　　)　　주18. 宗 (　　)
주19. 傅 (　　)　　주20. 壎 (　　)

※ 훈과 음에 맞는 한자를 쓰시오.
주21. 녹나무　남(　　)　　주22. 두공　두(　　)
주23. 시끄러울 뇨(　　)　　주24. 일할　길(　　)
주25. 거둘　색(　　)　　주26. 바칠　전(　　)
주27. 두려울 률(　　)　　주28. 작은성　보(　　)
주29. 도울　승(　　)　　주30. 대이을　사(　　)

※ 한자어의 독음을 쓰시오.
주31. 稽考 (　　)　　주32. 干潟 (　　)
주33. 癡漢 (　　)　　주34. 旌閭 (　　)
주35. 疑訝 (　　)　　주36. 墳塋 (　　)
주37. 痘痕 (　　)　　주38. 攘竊 (　　)
주39. 剝奪 (　　)　　주40. 秋蟬 (　　)
주41. 毆打 (　　)　　주42. 烝黎 (　　)
주43. 萱堂 (　　)　　주44. 澍濡 (　　)
주45. 濕疢 (　　)

※ 문장에서 잘못 쓴 한자를 바르게 고쳐 쓰시오.
　(단, 음이 같은 한자로 고칠 것)
주46. 옛 성현들이 남긴 格言은 평범해 보이지만 悟妙한 인생의 진리가 含蓄되어 있다.
　　　　　　　　　　　(　　 → 　　)
주47. 초기 인류는 守獵과 採集을 통해 식량을 確保하였다.
　　　　　　　　　　　(　　 → 　　)
주48. 얼렁뚱땅 넘어갈 修酌하지 말고 어서 事實대로 불어라.
　　　　　　　　　　　(　　 → 　　)
주49. 늪의 周圍에는 多樣한 동식물들이 庶息한다.
　　　　　　　　　　　(　　 → 　　)
주50. 시민들이 자발적으로 구호 物資와 誠金을 모아 離災民에게 전달하였다.
　　　　　　　　　　　(　　 → 　　)

※ [   ] 안의 단어를 문맥에 맞게 한자로 쓰시오.
주51. 대기 오염으로 인한 철탑의 [부식]이 해가 갈수록 심해진다.
　　　　　　　　　　　(　　　　)
주52. 학교 식당에서 [부식]으로 닭고기튀김이 나왔다.
　　　　　　　　　　　(　　　　)
주53. 당시 그의 월급으로는 다섯 식구가 [호구]하기조차 어려웠다.
　　　　　　　　　　　(　　　　)
주54. 경기를 시작하기 전에 가볍게 몸을 풀고 [호구]를 착용했다.
　　　　　　　　　　　(　　　　)

※ [   ] 안의 단어를 한자로 쓰시오.
주55. [회홍] : 마음이 너그럽고 도량이 큼.
　　　　　　　　　　　(　　　　)
주56. [경단] : 찹쌀·수수 따위의 가루를 반죽하여 밤톨만한 크기로 동글게 빚어, 끓는 물에 삶아 건져 고물을 묻힌 떡.
　　　　　　　　　　　(　　　　)

주57. [**납염**] : 피륙에 부분적으로 착색하여 무늬가 나타나게 염색하는 방법.　　　　　　(　　　　　)

주58. [**근참**] : 높은 사람이나 존경하는 사람을 찾아뵙고 인사함.　　　　　　　　(　　　　　)

주59. [**전철**] : 앞에 지나간 수레바퀴의 자국이라는 뜻으로, 이전 사람의 그릇된 일이나 행동의 자취를 이르는 말.　　　　　(　　　　　)

주60. [**준치**] : 높이 솟아 우뚝함.　(　　　　　)

주61. [**애매**] : 희미하여 분명하지 아니함.
　　　　　　　　　　　　　　　(　　　　　)

주62. [**양조**] : 술이나 간장, 식초 따위를 담가 만드는 일.　　　　　　　　　(　　　　　)

주63. [**경연**] : 고려·조선 시대에, 임금이 학문이나 기술을 강론·연마하고 더불어 신하들과 국정을 협의하던 일.　　　　(　　　　　)

주64. [**감당**] : 일 따위를 맡아서 능히 해냄.
　　　　　　　　　　　　　　　(　　　　　)

주65. [**조업**] : 어떤 사업을 처음으로 시작함.
　　　　　　　　　　　　　　　(　　　　　)

※ [　　　]안의 한자어의 독음을 쓰시오.

주66. [決選投票]에서는 득표수가 가장 많은 사람이 당선된다.　　　　　　(　　　　　)

주67. 여신 전문업은 자금 조달을 [都賣金融]에 의존하고 있다.　　　　　(　　　　　)

주68. 광물이나 석유 등의 고갈성 자원은 [減耗償却]을 고려하여 회계 처리를 한다.　(　　　　　)

주69. 그 사안은 [監督官廳]에 직접 찾아가야만 해결될 것 같다.　　　　(　　　　　)

주70. 우리 사업단에서는 해킹에 대비하여 모든 컴퓨터에 [防火壁]을 설치했다.　　(　　　　　)

주71. 조선 시대 중종의 왕비인 장경왕후는 승하한 후 '숙신명혜'라는 [徽號]를 받았다.(　　　　　)

주72. [琉璃]는 깨지기 쉬우니 조심해서 취급해야 한다.
　　　　　　　　　　　　　　　(　　　　　)

주73. 먹이를 찾지 못한 [瘦鶴] 한 마리가 들판을 걷고 있었다.　　　　　(　　　　　)

주74. 풍자와 [諧謔]은 웃음을 동반한다.
　　　　　　　　　　　　　　　(　　　　　)

주75. 국가는 큰 공을 세운 그에게 크게 [褒賞]하였다.
　　　　　　　　　　　　　　　(　　　　　)

주76. 정미소에서 쌀을 [搗精]하였다. (　　　　　)

주77. 가난하다고 해서 모두가 [吝嗇]한 것은 아니다.
　　　　　　　　　　　　　　　(　　　　　)

주78. 책임자는 현장을 방문한 뒤 [惰性]에 젖어 방만하게 근무하는 현장 직원들의 태도를 질책하였다.
　　　　　　　　　　　　　　　(　　　　　)

주79. 독서는 올바른 지식과 정서 [涵養]에 크게 이바지한다.　　　　　　(　　　　　)

주80. 투자를 [憑藉]하여 사기를 일삼던 일당이 경찰에게 체포되었다.　　(　　　　　)

※ [　　　]안의 단어를 한자로 쓰시오.

주81. 그 문제에 대한 고민은 [기우]이다.
　　　　　　　　　　　　　　　(　　　　　)

주82. 그녀는 숱한 [염문]을 뿌렸다.　(　　　　　)

주83. 이 문제는 별도로 [품의]하시오. (　　　　　)

주84. 결혼식 [피로연]은 아래층의 연회실에서 있을 예정이다.　　　　　(　　　　　)

주85. [괄호] 안에 답을 쓰시오.　(　　　　　)

주86. 경찰은 여러 근거를 바탕으로 그를 유력한 용의자로 [간주]하고 수사를 이어갔다. (　　　　　)

주87. 팀원들은 모두 자신감이 [팽배]해 있었다.
　　　　　　　　　　　　　　　(　　　　　)

주88. 인삼과 [녹용]으로 보약을 지었다.
　　　　　　　　　　　　　　　(　　　　　)

주89. 역졸이 암행어사의 [마패]를 꺼내 들었다.
　　　　　　　　　　　　　　　(　　　　　)

주90. [석가탑]은 소박하면서도 예스러운 아름다움을 가지고 있다.　　　　(　　　　　)

※ [　　　] 안의 한자성어의 뜻을 읽고 ○ 안에 들어갈 알맞은 한자를 쓰시오.

주91. [白 駒 過 ○] : 인생이나 세월이 덧없이 짧음.
　　　　　　　　　　　　　　　(　　　　　)

주92. [天 機 漏 ○] : 중대한 기밀이 새어 나감.
　　　　　　　　　　　　　　　(　　　　　)

주93. [百 尺 ○ 頭] : 아주 위태롭고 어려운 지경에 이름.　　　　　　　(　　　　　)

주94. [○ 龍 之 技] : 아무리 교묘해도 실용적 가치가 없는 기술을 비유적으로 이르는 말. (　　　　　)

※ ○ 안에 들어갈 한자를 〈보기〉에서 찾아 차례로 쓰시오

〈보기〉	交　身　命　恕　虐　興　枝　池　躍

주95. 潛魚○淸波　好鳥鳴高○　　　　《推句》
　　　　　　　　　　　　(　　　,　　　)

주96. 責人者不全○　自○者不改過　《明心寶鑑》
　　　　　　　　　　　　(　　　,　　　)

※ 주어진 국역을 참고하여 [　　　]안의 한자들을 알맞게 배열하여 문장을 완성하시오.

주97. 夫爲人子者 [必 必 告 反 面 出]　《禮記》
국역 : 무릇 자식된 자는 나갈 때는 반드시 아뢰고 돌아와서는 반드시 얼굴을 뵙는다.
　(　　　　　　　　　　　　　　)

주98. 家若富 [富 而 可 學 不 怠 恃]　《明心寶鑑》
국역 : 집안이 만약 부유하더라도 부유함을 믿고서 학문을 게을리해서는 안 된다.
　(　　　　　　　　　　　　　　)

※ [　　　] 부분을 국역하시오.

주99. 君子矜而不爭 [群而不黨]　　　《論語》
　(　　　　　　　　　　　　　　)

주100. 儉於奉己 [豐於待人]　　　《資治通鑑》
　(　　　　　　　　　　　　　　)

　　　　　　　－ 수고하셨습니다 －

한자실력급수 자격시험 **1**급 연습문제 〈8〉

객관식 (1~50번)

※ 다음 [　] 안의 한자와 음이 같은 한자는?
1. [耉]　① 瑗　② 寇　③ 匡　④ 罐
2. [譬]　① 雙　② 蓆　③ 穗　④ 蕉
3. [薑]　① 網　② 輛　③ 漳　④ 羌
4. [洽]　① 吸　② 塔　③ 窺　④ 弧
5. [恃]　① 摯　② 媤　③ 嗣　④ 持

※ 다음 [　] 안의 한자와 음이 다른 한자는?
6. [馥]　① 鰒　② 僕　③ 伏　④ 訃
7. [塚]　① 叢　② 籠　③ 銃　④ 總
8. [糠]　① 絳　② 腔　③ 訌　④ 褲
9. [筵]　① 絹　② 堧　③ 讌　④ 衍
10. [軻]　① 嫁　② 佳　③ 蝦　④ 駕

※ 다음 [　] 안의 한자와 뜻이 비슷하거나 같은 한자는?
11. [饗]　① 寞　② 宴　③ 寔　④ 富
12. [笙]　① 築　② 篇　③ 筏　④ 簧
13. [醒]　① 覺　② 覽　③ 觀　④ 覓
14. [溝]　① 淮　② 渠　③ 潼　④ 濊
15. [蘭]　① 蕙　② 蓬　③ 艾　④ 蘊

※ 다음 [　] 안의 한자와 뜻이 반대되거나 상대되는 한자는?
16. [晦]　① 朋　② 期　③ 朔　④ 有
17. [跋]　① 府　② 庵　③ 廢　④ 序

※ 다음 〈보기〉의 낱말들과 가장 관련이 깊은 한자는?

18. 〈보기〉	입	소화	가래
① 唾	② 啞	③ 呪	④ 哨

19. 〈보기〉	여름	습기	매우
① 霞	② 雰	③ 霆	④ 霖

20. 〈보기〉	바퀴	진로	궤적
① 軒	② 轍	③ 轢	④ 軾

※ [　] 의 뜻을 가진 한자는?
21. [노닐다]　① 惚　② 逅　③ 徨　④ 驍
22. [지게미]　① 頙　② 槽　③ 糟　④ 莘

※ 다음 중 한자어의 독음이 바르지 않은 것은?
23. ① 解弛 : 해이　　② 婆娑 : 파사
　　③ 跆拳 : 태권　　④ 陶窯 : 도갱
24. ① 鷄肋 : 계력　　② 工廠 : 공창
　　③ 慙愧 : 참괴　　④ 鬱勃 : 울발
25. ① 澹泊 : 담박　　② 掃灑 : 쇄소
　　③ 召喚 : 소환　　④ 悚懼 : 송구

※ [　]안의 단어를 한자로 알맞게 쓴 것은?
26. [곤장]을 메고 매 맞으러 간다.
　　① 袞杖　② 袞障　③ 棍障　④ 棍杖

27. 네덜란드 사람들은 제방과 풍차를 이용하여 넓은 바다를 [개간]했다.
　　① 開墾　② 開澗　③ 開侃　④ 開杆
28. [홍채] 인식은 비밀번호나 지문 인식을 대체할 보안 기술로 주목받고 있다
　　① 紅彩　② 虹彩　③ 紅綵　④ 虹綵
29. 그는 공공연하게 남을 [비방]했다.
　　① 扉妨　② 誹妨　③ 誹謗　④ 扉謗
30. 이것은 허위로 [날조]된 모략이다.
　　① 捏組　② 捏造　③ 捘造　④ 捘組

※ 주어진 뜻에 알맞은 한자어는?
31. 관공서·회사·군대 등에서, 직원·사원·군인의 지위나 근무 부서를 바꾸는 일.
　　① 人事考課　　　② 人事在天
　　③ 人事監査　　　④ 人事異動
32. 고종 23년에 나라에서 세운 최초의 현대식 학교.
　　① 育英公院　　　② 大成學校
　　③ 京城大學　　　④ 培材學堂
33. 최근의 경제 동향과 실적을 토대로 산출된 주요경제지표의 추세를 분석하여 현재의 경기상태가 과열이나 안정, 혹은 침체인가를 나타내는 종합적 경기판단지표.
　　① 景氣豫告指表　② 經氣豫告指標
　　③ 景氣豫告指標　④ 經氣豫告指表
34. 일정 기간의 판매 금액을 그 기간의 고객 수로 나눈 값. 고객 1인당 평균 매입액.
　　① 客段價　② 客團價　③ 客短價　④ 客單價
35. 사슬모양 고분자의 사슬 사이를 화학결합에 의하여 서로 연결시킨 것.
　　① 架僑高分子　　② 架橋高分子
　　③ 柯僑高分子　　④ 柯橋高分子
36. 어떤 사람을 사회 제도나 규범에 따라 범죄자로 낙인 찍으면, 그 사람은 올바른 행동을 하기보다는 범죄자로서 범죄를 반복할 가능성이 높다는 이론.
　　① 諾印理論　　　② 烙認理論
　　③ 烙印理論　　　④ 諾認理論
37. 조선 시대에 김순의, 노중례, 김유지 등이 공동으로 편찬한 의학 백과사전.
　　① 醫方類聚　　　② 芝峯類說
　　③ 大學類義　　　④ 禮記類編
38. 생활비를 기준으로 하여 임금을 결정하는 임금체계.
　　① 生活給體系　　② 生活級體系
　　③ 生活給體係　　④ 生活級體係
39. 학습 곡선에서, 일시적으로 진보가 없이 평평한 모양을 보이는 현상.
　　① 殘留現象　　　② 空洞現象
　　③ 恒常現象　　　④ 高原現象

40. 자국화 1단위당 외화의 교환비율로 표시하는 환율.
　① 間接票示換率　　　② 間接表示換率
　③ 間接杓示換率　　　④ 間接標示換率

※ [　]안에 들어갈 한자어로 알맞은 것은?

41. 이 아파트는 [　] 가입자가 우선적으로 분양받을
　수 있다.
　① 社內預金　　　　② 請約預金
　③ 兩立預金　　　　④ 所得預金

42. 과다한 재정 지출로 인해 유럽에서는 [　]를 축소
　하는 추세이다.
　① 三權分立制度　　② 間接選擧制度
　③ 社會保障制度　　④ 協定關稅制度

43. 납세의무가 있는 법인은 장부를 [　] 방식으로 기
　장해야 한다.
　① 複式簿記　　　　② 複式附記
　③ 復式附記　　　　④ 復式簿記

44. 정조의 신해통공 조처로 인해 [　]이 혁파되고 상
　업 체제의 변화가 진행되었다.
　① 先取特權　　　　② 天賦人權
　③ 連帶債權　　　　④ 禁亂廛權

45. 유로 지역 경제 위기의 원인은 [　] 조건을 충족하
　지 못했기 때문이라는 의견이 발표되었다.
　① 潛在通貨地域　　② 最適通貨地域
　③ 八方通貨地域　　④ 緊急通貨地域

※ 주어진 설명에 알맞은 한자성어는?

46. 뜻밖에 일어난 큰 변고나 사건을 비유적으로 이르는 말.
　① 奇想天外　　　　② 靑天霹靂
　③ 不俱戴天　　　　④ 昊天罔極

47. 덧없는 꿈이나 한때의 헛된 부귀영화.
　① 南柯一夢　　　　② 敝袍破笠
　③ 膠柱鼓瑟　　　　④ 杯盤狼藉

※ 다음 글을 읽고 물음에 답하시오.

```
(가) 子之廢學 若吾斷斯織也              《烈女傳》
(나) 不信㉠乎朋友 不(㉡)乎上矣         《中庸》
(다) (㉡)罪於天이면 無所禱也니라        《論語》
```

48. (가)의 내용과 관련 있는 성어로 알맞은 것은?
　① 斷章取義　　　　② 言語道斷
　③ 孟母斷機　　　　④ 武斷鄕曲

49. 밑줄 친 ㉠을 대신할 수 있는 한자로 알맞은 것은?
　① 豈　　② 與　　③ 令　　④ 於

50. ㉡에 공통으로 들어갈 한자로 알맞은 것은?
　① 謝　　② 獲　　③ 免　　④ 犯

주관식 (주1~주100번)

※ 한자의 훈(뜻)과 음(소리)을 한글로 쓰시오.
　주1. 塡 (　　　)　　　주2. 攘 (　　　)
　주3. 昕 (　　　)　　　주4. 胱 (　　　)
　주5. 妬 (　　　)　　　주6. 纓 (　　　)
　주7. 懦 (　　　)　　　주8. 槊 (　　　)
　주9. 芮 (　　　)　　　주10. 輞 (　　　)
　주11. 倧 (　　　)　　　주12. 璿 (　　　)
　주13. 鑽 (　　　)　　　주14. 渦 (　　　)
　주15. 炘 (　　　)　　　주16. 叡 (　　　)
　주17. 萌 (　　　)　　　주18. 錨 (　　　)
　주19. 蹈 (　　　)　　　주20. 瓷 (　　　)

※ 훈과 음에 맞는 한자를 쓰시오.
　주21. 티끌　　애 (　)　　주22. 도끼　　부 (　)
　주23. 틈　　극 (　)　　주24. 물결부딪칠 팽 (　)
　주25. 꾸짖을　힐 (　)　　주26. 울릴　　효 (　)
　주27. 목　　경 (　)　　주28. 즙　　즙 (　)
　주29. 그을음　매 (　)　　주30. 암컷　　빈 (　)

※ 한자어의 독음을 쓰시오.
　주31. 治癒 (　　　)　　주32. 終熄 (　　)
　주33. 膿疥 (　　　)　　주34. 疇輩 (　　)
　주35. 譎詭 (　　　)　　주36. 嗚咽 (　　)
　주37. 遡及 (　　　)　　주38. 貽訓 (　　)
　주39. 顚沛 (　　　)　　주40. 塹濠 (　　)
　주41. 澄潭 (　　　)　　주42. 甄萱 (　　)
　주43. 懋戒 (　　　)　　주44. 嬌態 (　　)
　주45. 橘柚 (　　　)

※ 문장에서 잘못 쓴 한자를 바르게 고쳐 쓰시오.
　(단, 음이 같은 한자로 고칠 것)

주46. 축산물 이력제는 축산물의 위생과 안전을 위해 飼
　育, 盜畜, 가공, 유통 등의 履歷을 기록 관리하는
　제도이다.　　　　　　　　　　(　　→　　)

주47. 대한민국의 領土는 한반도와 그 附屬 島緖이다.
　　　　　　　　　　　　　　　(　　→　　)

주48. 그는 田園에서의 삶을 憧警하여 歸農을 결심하
　였다.　　　　　　　　　　　　(　　→　　)

주49. 세 사람은 山積한 정치 懸案에 대하여 胸衾을
　터놓고 의논하였다.　　　　　　(　　→　　)

주50. 그녀는 明碩한 두뇌와 冷徹한 판단으로 여러 難
　題를 해결해내었다.　　　　　　(　　→　　)

※ [　　] 안의 단어를 문맥에 맞게 한자로 쓰시오.

주51. 나는 바랑 속에서 [가사]를 꺼내 어깨에 드리웠다.
　　　　　　　　　　　　　　　　　(　　　)

주52. 거미는 몸을 움츠리고 [가사] 상태를 위장하면서
　다리 두 개를 뻗쳐 벌레를 잡고 놓지 않는다.
　　　　　　　　　　　　　　　　　(　　　)

주53. [소요]가 일어난 지 일주일이 지났으나 수습의
　기미가 보이지 않는다.　　　　　(　　　)

주54. 나는 시간이 날 때마다 작은 오솔길을 [소요]하
　곤 했다.　　　　　　　　　　　(　　　)

※ [　] 안의 단어를 한자로 쓰시오.

주55. [인색] : 재물을 아끼는 태도가 몹시 지나침.
　　　　　　　　　　　　　　　　　(　　　)

주56. [해타] : 행동이 느리고 움직이거나 일하기를 싫
　어하는 태도나 버릇.　　　　　　(　　　)

주57. [참녕] : 교묘한 변설로 아첨하며 남을 모함함.
（　　　　）
주58. [저상] : 기운을 잃음.　　（　　　　）
주59. [궐기] : 어떤 목적을 이루기 위하여 마음을 돋우고 기운을 내서 힘차게 일어남. （　　　　）
주60. [핍탈] : 협박하여 빼앗음. 임금을 협박하여 그 지위를 빼앗음.　（　　　　）
주61. [수완] : 일을 꾸미거나 치러 나가는 재간.
（　　　　）
주62. [나선형] : 소라의 껍데기처럼 빙빙 비틀려 돌아간 모양.　（　　　　）
주63. [영탈] : 뛰어나고 훌륭한 재능이 밖으로 드러나는 데가 있음을 이르는 말.　（　　　　）
주64. [서광] : 새벽에 동이 틀 무렵의 빛. 기대하는 일에 대하여 나타난 희망의 징조를 비유적으로 이르는 말.　（　　　　）
주65. [윤음] : 임금이 신하나 백성에게 내리는 말.
（　　　　）

※ [　　　]안의 한자어의 독음을 쓰시오.
주66. 고구려 시대 흉년이나 춘궁기에 국가가 농민에게 양곡을 대여해 주고 수확기에 갚게 한 [賑貸法]이 실시되었다.　（　　　　）
주67. [鑑別培養基]를 통해 검사 재료에서 젖당 비분해성의 병원균을 분리해냈다.　（　　　　）
주68. 조계종의 창시자인 지눌은 [頓悟漸修]를 제창하였다.　（　　　　）
주69. 그 기업은 [經濟的發注量]을 적용하여 원자재의 공급에 차질이 없으면서도 재고수준을 낮출 수 있었다.　（　　　　）
주70. 사람을 [拷問]하는 것은 야만적인 행위이다.
（　　　　）
주71. 그는 한 달 동안 [蟄居]하였다. （　　　　）
주72. 이 국립공원은 관광객의 [輻輳]로 쓰레기 공해와 자연 훼손이 심각하다.　（　　　　）
주73. 소년은 노인의 모욕적인 언사에 [激忿]하였다.
（　　　　）
주74. '[膝甲] 도적'이란 남의 시문을 표절하여 쓰는 사람을 말한다.　（　　　　）
주75. 사람들은 초라한 행색의 그를 [鄙陋]하게 여기지 않고 그의 말을 끝까지 경청하였다. （　　　　）
주76. 만주 동북지방에서 활동하던 퉁구스계의 일족을 일러 [靺鞨]족이라고 한다.　（　　　　）
주77. 풀을 베고 농작물을 수확하는 것을 [耘穫]이라고 한다.　（　　　　）
주78. 어려움에도 늘 [毅然]하게 대처하는 그의 모습이 자랑스럽다.　（　　　　）
주79. 아직 [諦念]하기에는 이르다. （　　　　）
주80. 한 해 동안 지은 농사 형편과 그 밖의 일들을 여러 신에게 고하는 [臘享祭]를 지냈다.
（　　　　）

※ [　　　]안의 단어를 한자로 쓰시오.
주81. 조선 후기에는 [적서] 차별 해소를 요구하는 정치적·사회적 움직임이 거세졌다. （　　　　）

주82. 오늘도 그는 공원 근방을 [배회]하면서 하루를 보냈다.　（　　　　）
주83. 새로운 [조칙]이 반포되었다. （　　　　）
주84. [즐문토기]는 신석기 시대의 토기이다.
（　　　　）
주85. [원혼]들을 위한 위령제가 열렸다. （　　　　）
주86. [정승]도 저 싫으면 안 한다. （　　　　）
주87. [작보]는 '까치가 알리는 소식'라는 뜻으로, 길조를 이른다.　（　　　　）
주88. 수송 차량이 부족해서 공급에 [차질]을 빚고 있다.　（　　　　）
주89. 할아버지는 [지갑]에서 돈을 꺼내 손주에게 용돈을 주셨다.　（　　　　）
주90. 거대한 [폭포]가 우르르 쾅쾅 떨어지는 광경을 보니 더위가 싹 가시는 기분이다. （　　　　）

※ [　　　] 안의 한자성어의 뜻을 읽고 ○ 안에 들어갈 알맞은 한자를 쓰시오.
주91. [囊中之○] : 재능이 뛰어난 사람은 숨어 있어도 저절로 사람들에게 알려짐을 이르는 말.
（　　　　）
주92. [○書坑儒] : 중국의 진시황이 학자들의 정치적 비판을 막기 위하여 의약, 점복, 농업에 관한 것을 제외한 민간의 모든 서적을 불태우고, 이듬해 유생들을 생매장한 일.　（　　　　）
주93. [乞○] : 늙은 재상이 벼슬을 내놓고 은퇴하기를 임금에게 주청하던 일.　（　　　　）
주94. [○興夜寐] : 아침 일찍부터 밤늦게까지 부지런히 일함.　（　　　　）

※ ○ 안에 들어갈 한자를 〈보기〉에서 찾아 차례로 쓰시오

〈보기〉	大 小 風 星 義 鳥 賢 物 燭

주95. 月爲宇宙○　○作山河鼓　　《推句》
（　　　,　　　）
주96. 君子喩於○　○人喩於利　　《論語》
（　　　,　　　）

※ 주어진 국역을 참고하여 [　　　]안의 한자들을 알맞게 배열하여 문장을 완성하시오.
주97. [行而於放利] 多怨　　《論語》
국역 : 이익에 따라 행동하면 원망이 많다.
（　　　　）
주98. 春水滿四澤 [多奇夏雲峯]　　《推句》
국역 : 봄물은 사방 못에 가득하고, 여름 구름은 기이한 봉우리에 많이 걸려있네.
（　　　　）

※ [　　　] 부분을 국역하시오.
주99. 琴潤絃猶響 [爐寒火尙存]　　《推句》
（　　　　）
주100. 人生不學 [冥冥如夜行]　　《明心寶鑑》
（　　　　）

– 수고하셨습니다 –

객관식 (1~50번)

※ 다음 [　] 안의 한자와 음이 같은 한자는?
1. [扇]　① 羨　② 暄　③ 喧　④ 萱
2. [羹]　① 拷　② 坑　③ 彌　④ 釀
3. [誾]　① 庵　② 吟　③ 殷　④ 諺
4. [靡]　① 薇　② 緋　③ 徽　④ 譬
5. [婉]　① 苑　② 洹　③ 沅　④ 頑

※ 다음 [　] 안의 한자와 음이 <u>다른</u> 한자는?
6. [灼]　① 錯　② 雀　③ 爵　④ 鵲
7. [楸]　① 錐　② 鄒　③ 錘　④ 躊
8. [瘦]　① 嫂　② 楠　③ 竪　④ 蒐
9. [鰥]　① 晥　② 煥　③ 垣　④ 紈
10. [羲]　① 噫　② 嬉　③ 晞　④ 懿

※ 다음 [　] 안의 한자와 뜻이 비슷하거나 같은 한자는?
11. [塋]　① 坊　② 埔　③ 墳　④ 堪
12. [彙]　① 頃　② 類　③ 頓　④ 頂
13. [娟]　① 嬋　② 嫄　③ 嫡　④ 嫌
14. [甕]　① 塾　② 塞　③ 堅　④ 基
15. [塹]　① 堵　② 坦　③ 壕　④ 壞

※ 다음 [　] 안의 한자와 뜻이 반대되거나 상대되는 한자는?
16. [邇]　① 遭　② 遑　③ 遝　④ 遐
17. [娶]　① 嫁　② 嬰　③ 媼　④ 娑

※ 다음 〈보기〉의 낱말들과 가장 관련이 깊은 한자는?

18.
〈보기〉	소설	서사시	판소리

　① 譴　② 諂　③ 譚　④ 訝

19.
〈보기〉	우물	두레박	물동이

　① 漳　② 沛　③ 泫　④ 汲

20.
〈보기〉	수담	포석	초읽기

　① 碁　② 磐　③ 亘　④ 碧

※ [　] 의 뜻을 가진 한자는?
21. [주머니]　① 衾　② 囊　③ 匣　④ 枕
22. [노을]　① 霞　② 霧　③ 霖　④ 震

※ 다음 중 한자어의 독음이 바르지 <u>않은</u> 것은?
23.　① 脆弱 : 취약　② 馥郁 : 부욱
　　③ 藿湯 : 곽탕　④ 頒曆 : 반력
24.　① 屠戮 : 도륙　② 帖帳 : 체장
　　③ 惹鬧 : 야시　④ 妃嬪 : 비빈
25.　① 釣竿 : 조간　② 撰次 : 찬차
　　③ 熾憤 : 치분　④ 刈穫 : 찰확

※ [　]안의 단어를 한자로 알맞게 쓴 것은?
26. [발해]가 쇠퇴기에 접어들 무렵 거란족이 발흥하기 시작했다.
　① 潑海　② 鉢海　③ 跋海　④ 渤海

27. [구제역]의 유행으로 돼지 사육 농가에 비상이 걸렸다.
　① 毆除疫　② 狗除疫　③ 口蹄疫　④ 拘蹄疫
28. 어느 날 [남루]한 차림의 젊은 사내가 찾아왔다.
　① 襤褸　② 濫陋　③ 襤陋　④ 濫褸
29. 전문가들은 두 나라의 무역 분쟁이 우리나라 경제 발전에 [차질]을 초래할 것이라고 우려하였다.
　① 磋跌　② 蹉跌　③ 磋窒　④ 蹉窒
30. 인격 [모독]을 가하는 욕설도 폭력이다.
　① 冒瀆　② 侮毒　③ 侮瀆　④ 冒毒

※ 주어진 뜻에 알맞은 한자어는?
31. 국제 수지의 결제에서, 금이나 다른 나라 화폐와 바꿀 수 없는 화폐.
　① 姸貨　② 輦貨　③ 璉貨　④ 軟貨
32. 상품의 판매가격에 단수를 붙임으로써 소비자에게 절대가격보다 저렴하다는 인상을 통한 판매 증진을 목적으로 사용되는 가격으로, 짝수보다 홀수를 쓰는 경우가 많음.
　① 短數價格　　　② 端數價格
　③ 段數價格　　　④ 單數價格
33. 대주주와 그의 이익을 대표하는 이사의 지나친 행동을 억제하고, 주주 전체의 이익을 지키기 위하여 소액 주주에게 부여하는 권리.
　① 小額株主權　　　② 少額株主券
　③ 少額株主權　　　④ 小額株主券
34. 내화 점토를 태운 가루에 가소성점토를 배합하여 만든 특수 내화물.
　① 可塑性耐火物　　　② 可消性耐火物
　③ 可消性耐化物　　　④ 可塑性耐化物
35. 국고금을 지출할 때에, 일반적인 지출 절차로는 시기를 놓칠 우려가 있어 출납 공무원이 그때에 보관 중인 세입금·세출금·현금 따위를 지급의 필요에 따라 임시적으로 사용하는 일.
　① 繰諦給　② 眺替給　③ 眺諦給　④ 繰替給
36. 다른 사람의 행동을 관찰하고 그 행동의 결과를 알게 됨으로써 그와 같은 행동을 하게 될 확률이 증가되는 것.
　① 相互同化　　　② 系統進化
　③ 代理強化　　　④ 平行進化
37. 조선 시대 정약용이 편찬한 홍역에 관한 의학서.
　① 痲科會通　　　② 麻科會通
　③ 痲科會痛　　　④ 麻科會痛
38. 회생 가능성이 있는 부실 기업에 대해 법원이 제3자를 파견하여 자금을 비롯한 기업활동 전반을 관리하며 재건을 돕는 것.
　① 經濟統合　　　② 家系硏究
　③ 借換發行　　　④ 法定管理
39. 어떤 행동을 행하기 위해 여러 형편을 판단함.
　① 像況判斷　　　② 像況判段
　③ 狀況判斷　　　④ 狀況判段

40. 은행이 차입자와 대출의 규모 및 기간을 약정하고, 그 범위 안에서 차입자가 필요할 때마다 단기 어음을 발행하는 방식으로 이루어지는 대출.
　　① 回轉貸出　　　　　② 回展貸出
　　③ 回轉對出　　　　　④ 回展對出

※ [　　]안에 들어갈 한자어로 알맞은 것은?
41. [　　]는 변방에 일이 있을 때마다 설치·운영되다가 후에 상설기관이 되었다.
　　① 備變寺　② 備邊司　③ 備邊寺　④ 備變司
42. [　　]라고 하는 것이 누구에게나 일률적으로 동일한 임금을 주어야 하는 것을 의미하지는 않는다.
　　① 均等對偶　　　　　② 均等對遇
　　③ 均等待偶　　　　　④ 均等待遇
43. 우리나라는 [　　]를 적용하고 있다.
　　① 單選型學制　　　　② 單選形學制
　　③ 單線型學制　　　　④ 單線形學制
44. [　　]은 각 도에서 해마다 약재를 실어서 바치는 일을 맡아보던 조선시대의 관아다.
　　① 濟生院　② 承政院　③ 翰杕院　④ 司譯院
45. 그들은 침공의 명분으로 내세웠던 [　　]를 침공한 나라에서 발견하지 못하였다.
　　① 大量破魁武器　　　② 大量破壞武器
　　③ 大量破魁武技　　　④ 大量破壞武技

※ 주어진 설명에 알맞은 한자성어는?
46. 사랑하고 미워함을 기분에 따라 함으로써 인물의 진퇴를 마음대로 하는 것을 뜻함.
　　① 靑天霹靂　　　　　② 臨深履薄
　　③ 加膝墜淵　　　　　④ 猫項懸鈴
47. 고지식하고 융통성이 없음
　　① 擊鼓鳴金　　　　　② 鼓瑟吹笙
　　③ 鼓舌搖脣　　　　　④ 膠柱鼓瑟

※ 다음 글을 읽고 물음에 답하시오.

(가) ㉠臨財毋苟得 臨難毋苟免　　　《明心寶鑑》
(나) 君子以文會(㉡) 以(㉡)輔仁　　《論語》
(다) 人間私語 天聽若雷 暗室欺心 神目如電
　　　　　　　　　　　　　　　　　《明心寶鑑》

48. 밑줄 친 ㉠과 의미가 통하는 성어로 알맞은 것은?
　　① 見利思義　　　　　② 見物生心
　　③ 見蚊拔劍　　　　　④ 見危授命
49. ㉡에 공통으로 들어갈 한자로 알맞은 것은?
　　① 合　　　② 友　　　③ 禮　　　④ 法
50. (다)의 주제로 알맞은 한자어는?
　　① 博學　　② 切問　　③ 愼獨　　④ 謙遜

주관식 (주1~주100번)

※ 한자의 훈(뜻)과 음(소리)을 한글로 쓰시오.
주1. 吝 (　　　　)　　　주2. 蘊 (　　　　)
주3. 醇 (　　　　)　　　주4. 佾 (　　　　)
주5. 鯤 (　　　　)　　　주6. 逈 (　　　　)
주7. 寔 (　　　　)　　　주8. 梏 (　　　　)
주9. 樽 (　　　　)　　　주10. 曼 (　　　　)
주11. 儁 (　　　　)　　　주12. 螳 (　　　　)
주13. 苤 (　　　　)　　　주14. 枸 (　　　　)
주15. 檄 (　　　　)　　　주16. 扱 (　　　　)
주17. 菖 (　　　　)　　　주18. 倬 (　　　　)
주19. 薔 (　　　　)　　　주20. 昆 (　　　　)

※ 훈과 음에 맞는 한자를 쓰시오.
주21. 옥　　령 (　　)　　주22. 도둑　　구 (　　)
주23. 성씨　팽 (　　)　　주24. 팔　　비 (　　)
주25. 눈동자 동 (　　)　　주26. 가르칠 효 (　　)
주27. 여우　호 (　　)　　주28. 그릇될 와 (　　)
주29. 속될　리 (　　)　　주30. 등성마루 척 (　　)

※ 한자어의 독음을 한글로 쓰시오.
주31. 猥藝 (　　　)　　　주32. 陪審 (　　　)
주33. 芭蕉 (　　　)　　　주34. 拇指 (　　　)
주35. 勅撰 (　　　)　　　주36. 懲滯 (　　　)
주37. 蹊徑 (　　　)　　　주38. 拐帶 (　　　)
주39. 翊戴 (　　　)　　　주40. 堆積 (　　　)
주41. 杉籬 (　　　)　　　주42. 挺傑 (　　　)
주43. 剪裁 (　　　)　　　주44. 磻溪 (　　　)
주45. 腫瘍 (　　　)

※ 문장에서 잘못 쓴 한자를 바르게 고쳐 쓰시오.
　　(단, 음이 같은 한자로 고칠 것)
주46. 그는 여러 차례 潤文과 推稿를 거친 최종 원고를 출판사로 送達하였다.　　(　　→　　)
주47. 舞臺 아래의 탈락자들은 우승자에게 猜忌와 嫉鬪어린 시선을 보냈다.　　(　　→　　)
주48. 사령관은 야음을 틈타 부대를 둘로 나누고, 적진을 좌우로 奇襲 脅攻하여 包圍하였다.
　　　　　　　　　　　　　　　　　(　　→　　)
주49. 한자와 한문을 배움으로써 문해력 增進과 올바른 인성 絨養을 圖謀할 수 있다. (　　→　　)
주50. 酸性비로 인한 문화재의 腐飾은 深刻한 문제이다.　　(　　→　　)

※ [　　] 안의 단어를 문맥에 맞게 한자로 쓰시오.
주51. 정부가 순국열사의 [유해]를 모셔 와 국립묘지에 안장하였다.　　(　　　　　)
주52. 가스 청정 설비로 [유해] 물질을 제거한 후, 배기가스를 방출한다.　　(　　　　　)
주53. 그들은 악인의 횡포에 [복수]할 기회를 잡았다.　　(　　　　　)
주54. 그녀는 서양화를 공부하면서 [복수] 전공으로 경영학을 선택하였다.　　(　　　　　)

※ [　　] 안의 단어를 한자로 쓰시오.
주55. [금도] : 다른 사람을 포용할 만한 도량.　　(　　　　　)
주56. [선정성] : 어떤 감정이나 욕정을 북돋워 일으키는 성질.　　(　　　　　)
주57. [배설] : 안에서 밖으로 새어 나가게 함.　　(　　　　　)

주58. [**양이론**] : 서양과의 통상과 수교를 거부하자는
　　　주장.　　　　　　　　　　　　（　　　　　　　）
주59. [**핍진**] : 실물과 아주 비슷함.　（　　　　　　　）
주60. [**낙인**] : 쇠붙이로 만들어 불에 달구어 찍는 도장.
　　　　　　　　　　　　　　　　　（　　　　　　　）
주61. [**준동**] : 불순한 세력이나 보잘것없는 무리가 법
　　　석을 부림을 이르는 말.
주62. [**탐독**] : 어떤 글이나 책 따위를 열중하여 읽음.
　　　　　　　　　　　　　　　　　（　　　　　　　）
주63. [**궁행**] : 몸소 실행함.　　　　（　　　　　　　）
주64. [**끽겁**] : 잔뜩 겁을 먹음.　　（　　　　　　　）
주65. [**위자료**] : 불법 행위로 인하여 생기는 손해 가운
　　　데 정신적 고통이나 피해에 대한 배상금.
　　　　　　　　　　　　　　　　　（　　　　　　　）

※ [　　　] 안의 한자어의 독음을 쓰시오.
주66. 그 나라는 바로 [緊急輸入制限措置]를 발동했
　　　다.　　　　　　　　　　　　　（　　　　　　　）
주67. 기타 [資本剩餘金]에는 자기주식처분이익, 합병
　　　차익 등이 있다.　　　　　　　（　　　　　　　）
주68. 수질 [汚染防止]를 위한 환경 운동이 벌어지고
　　　있다.　　　　　　　　　　　　（　　　　　　　）
주69. 조선 후기에는 상공업이 발달하고 동전이 교환 화
　　　폐가 되면서 만성적인 [錢荒] 현상이 발생하였다.
　　　　　　　　　　　　　　　　　（　　　　　　　）
주70. 근로능률을 자극하는 임금형태인 능률급제도에 의
　　　한 임금은 성과급이나 [生産奬勵給] 등의 명목
　　　으로 지급된다.　　　　　　　（　　　　　　　）
주71. 적군의 [銳鋒]을 피하기 위해, 허를 찌르는 전술
　　　이 필요하다.　　　　　　　　（　　　　　　　）
주72. 여러 [奴僕]과 종들이 당하에 도열해 있었다.
　　　　　　　　　　　　　　　　　（　　　　　　　）
주73. 모호한 설명 대신 좀 더 [敷衍]해서 명확하게 기
　　　술하라.　　　　　　　　　　（　　　　　　　）
주74. 정부는 부패[剔抉]에 앞장섰다.（　　　　　　　）
주75. 그는 은사님께서 일러주신 [箴言]을 항상 가슴에
　　　새기고 있다.　　　　　　　　（　　　　　　　）
주76. 그 동네에는 호화로운 [邸宅]이 많다.
　　　　　　　　　　　　　　　　　（　　　　　　　）
주77. 하늘에서 비가 [擾亂]하게 쏟아졌다.
　　　　　　　　　　　　　　　　　（　　　　　　　）
주78. 두 남녀는 감격적인 [邂逅]를 하였다.
　　　　　　　　　　　　　　　　　（　　　　　　　）
주79. [渾身]의 노력을 다하였다.　（　　　　　　　）
주80. 그 사건은 [謎題]로 남게 되었다.
　　　　　　　　　　　　　　　　　（　　　　　　　）

※ [　　　] 안의 단어를 한자로 쓰시오.
주81. [하수구]에서 악취가 났다.　（　　　　　　　）
주82. [해괴]한 소문을 들었다.　　（　　　　　　　）
주83. 가벼운 스트레칭은 근육의 [이완]을 돕는다.
　　　　　　　　　　　　　　　　　（　　　　　　　）
주84. [호반]의 도시 춘천에 다녀왔다.（　　　　　　）

주85. ‘밀밭만 지나가도 [**주정**]한다.’는 말은 마시지도
　　　않은 술에 취한다는 뜻으로, 조급함을 나타내는 속
　　　담이다.　　　　　　　　　　（　　　　　　　）
주86. 만주, 요동 등지와 한반도 북부 지방에서 발견되는
　　　동검은 대체로 중국의 고대 악기인 [**비파**]를 닮았
　　　다.　　　　　　　　　　　　（　　　　　　　）
주87. 성을 공격할 때 썼던 [**운제**]는 높은 지위에 오름
　　　을 비유하는 말로도 쓰인다.　（　　　　　　　）
주88. 황룡사는 진흥왕 14년에 기공되어 17년 만에 [**준공**]
　　　되었다.　　　　　　　　　　（　　　　　　　）
주89. 그는 경기 도중 넘어져서 [**늑골**]에 금이 갔다.
　　　　　　　　　　　　　　　　　（　　　　　　　）
주90. 교활한 피고의 진술에 [**격앙**]된 원고는 손을 부르
　　　르 떨었다.　　　　　　　　　（　　　　　　　）

※ [　　　] 안의 한자성어의 뜻을 읽고 ○ 안에 들어
갈 알맞은 한자를 쓰시오.
주91. [阿鼻 매○] : 여러 사람이 비참한 지경에 빠져
　　　울부짖는 참상을 비유적으로 이르는 말.
　　　　　　　　　　　　　　　　　（　　　　　　　）
주92. [○戰蝦死] : 강한 자들끼리 서로 싸우는 통
　　　에 아무 상관도 없는 약한 자가 해를 입음.
　　　　　　　　　　　　　　　　　（　　　　　　　）
주93. [○手傍觀] : 간섭하거나 거들지 않고 그대로
　　　내버려 둠.　　　　　　　　　（　　　　　　　）
주94. [麻中之○] : 선한 사람과 사귀면 그 감화를
　　　받아 자연히 선해짐.　　　　（　　　　　　　）

※ ○ 안에 들어갈 한자를 〈보기〉에서 찾아 차례로
쓰시오

〈보기〉	勿　推　擇　還　忽　恕　慾　懋　懲

주95. 山影○不出 月光掃○生　　　　　　《推句》
　　　　　　　　　　　　　　　（　　　　，　　　　）
주96. ○忿如救火 窒○如防水　　　　　《明心寶鑑》
　　　　　　　　　　　　　　　（　　　　，　　　　）

※ 주어진 국역을 참고하여 [　　　] 안의 한자들을 알
맞게 배열하여 문장을 완성하시오.
주97. [**心 難 賊 中 破**]　　　　　　《陽明全書》
　　　국역 : 마음 속의 도적은 쳐부수기 어렵다.
　　　　　　　　　　　　　　　　　（　　　　　　　）
주98. [**吾 吾 道 師 是 者 惡**]　　　《明心寶鑑》
　　　국역 : 나의 나쁜 점을 말해주는 자는 나의 스승이다.
　　　　　　　　　　　　　　　　　（　　　　　　　）

※ [　　　] 부분을 국역하시오.
　주99. 愚者 [**千慮必有一得**]　　　　　《史記》
　　　　　　　　　　　　　　　　　（　　　　　　　）

주100. 讐怨莫結 [**路逢狹處 難回避**] 《明心寶鑑》
　　　　　　　　　　　　　　　　　（　　　　　　　）

－ 수고하셨습니다 －

한자실력급수 자격시험 **1**급 연습문제 〈10〉

※ 다음 [   ] 안의 한자와 음이 같은 한자는?
1. [蕙]　① 鷄　② 駭　③ 彗　④ 奚
2. [黎]　① 嶼　② 驪　③ 馥　④ 翠
3. [樽]　① 晙　② 茁　③ 瘡　④ 楸
4. [暉]　① 壎　② 殯　③ 徽　④ 渠
5. [縛]　① 芙　② 孚　③ 賻　④ 撲

※ 다음 [   ] 안의 한자와 음이 다른 한자는?
6. [沔]　① 棉　② 岷　③ 冕　④ 麵
7. [鞨]　① 喝　② 竭　③ 碣　④ 謁
8. [瓷]　① 楮　② 仔　③ 紫　④ 姊
9. [堊]　① 握　② 嶽　③ 珏　④ 愕
10. [鷺]　① 盧　② 慮　③ 爐　④ 虜

※ 다음 [   ] 안의 한자와 뜻이 비슷하거나 같은 한자는?
11. [耉]　① 晳　② 者　③ 耆　④ 晉
12. [枇]　① 杷　② 杓　③ 檜　④ 椿
13. [溝]　① 泯　② 淅　③ 濱　④ 瀆
14. [懈]　① 惇　② 懷　③ 惰　④ 慄
15. [充]　① 塡　② 垣　③ 壙　④ 墩

※ 다음 [   ] 안의 한자와 뜻이 반대되거나 상대되는 한자는?
16. [夙]　① 亦　② 亨　③ 亥　④ 夜
17. [俯]　① 俛　② 仰　③ 侑　④ 侚

※ 다음 〈보기〉의 낱말들과 가장 관련이 깊은 한자는?

18.

〈보기〉	게	탄산	맥주
① 漳	② 泡	③ 瀚	④ 沛

19.

〈보기〉	닭	오리	타조
① 腑	② 斧	③ 孵	④ 敷

20.

〈보기〉	폐	기침	기관지
① 疸	② 疥	③ 痘	④ 痰

※ [   ] 의 뜻을 가진 한자는?
21. [아름답다]　① 懿　② 毖　③ 玩　④ 猷
22. [모기]　① 蝦　② 虹　③ 蝶　④ 蚊

※ 다음 중 한자어의 독음이 바르지 않은 것은?
23. ① 掩蔽 : 엄폐　　② 脆軟 : 궤연
　　③ 濬哲 : 준철　　④ 釀出 : 걕출
24. ① 相馳 : 상치　　② 寒暄 : 한훤
　　③ 琅玕 : 양간　　④ 諷諫 : 풍간
25. ① 浚渫 : 준섭　　② 誨諭 : 회유
　　③ 股掌 : 고장　　④ 驍名 : 효명

※ [   ]안의 단어를 한자로 알맞게 쓴 것은?
26. 이곳은 [서식] 환경이 좋아 새들이 많이 모여든다.
　　① 棲息　② 棲飾　③ 瑞飾　④ 瑞息
27. 이 문제에 대해 [흉금]을 열고 토론할 필요가 있다.
　　① 匈衾　② 胸衾　③ 匈襟　④ 胸襟

28. 거대한 소리를 내며 쏟아지는 [폭포]위로 무지개가 나타났다.
　　① 幅布　② 瀑布　③ 幅泡　④ 瀑泡
29. [찰과상]에는 빨리 소독을 하고 약을 발라야 흉터가 생기지 않는다.
　　① 擦寡傷　② 札寡傷　③ 擦過傷　④ 札過傷
30. 요즘 우리 사회에 소비문화가 너무 [만연]해진 것 같다.
　　① 娩延　② 灣然　③ 蔓延　④ 瞞然

※ 주어진 뜻에 알맞은 한자어는?
31. 인력파견업체나 다른 기업으로부터 근로자를 파견받아 일을 시키는 제도.
　　① 派遣勤勞制　　② 年功序列制
　　③ 學點銀行制　　④ 社內公募制
32. 퇴직금의 성격을 설명할 때에 사용되는 하나의 설로, 퇴직금은 노동자의 근속이나, 기업에 대한 공헌도, 재직 중의 직책 등에 대한 보상으로 지급한다는 견해.
　　① 功勞報償說　　② 功勞報想說
　　③ 功勞補想說　　④ 功勞補償說
33. 복리후생을 위해 기업이 지출하는 경비로, 법률에 따라 실시를 의무로 규정함.
　　① 標準工事費　　② 法定福利費
　　③ 敎育機會經費　　④ 間接勞務費
34. 제2차세계대전 후 전후복구자금과 개발도상국에 대한 경제개발자금을 지원할 목적으로 설립된 국제금융기구로, 세계은행(World Bank)이라고도 함.
　　① 國際附興開發銀行　② 國際復興開發銀行
　　③ 國際復興啓發銀行　④ 國際附興啓發銀行
35. 공유자의 1인이 공유물 전부를 취득하여 다른 공유자에게 각자의 지분에 따라서 그 가격을 배상하는 방법.
　　① 價格賠償　　② 價格陪償
　　③ 價格陪像　　④ 價格賠像
36. 자신이나 다른 사람들의 행동의 원인을 찾아내기 위해 추론하는 과정을 설명하는 이론.
　　① 組織理論　　② 效能理論
　　③ 歸因理論　　④ 收斂理論
37. 선 매출, 후 매입의 형태를 취하는 거래.
　　① 飜案　② 都庫　③ 納會　④ 空賣
38. 단일 기업 또는 기업 내 경영 단위가 자기의 수지에 의해 단독으로 사업을 성립시킬 수 있도록 하는 경영 관리 제도.
　　① 獨立債算制　　② 獨立債産制
　　③ 獨立採算制　　④ 獨立採産制
39. 당사자끼리의 합의만으로 이루어지는 계약.
　　① 落盛契約　　② 諾成契約
　　③ 落成契約　　④ 諾盛契約

40. 거래량은 늘지 않으나 상품 가격이 오름으로써 기업
    의 수익이 늘고 경기가 좋아지는 현상.
    ① 價格景氣   ② 數量景氣
    ③ 高原景氣   ④ 投資景氣

※ [   ]안에 들어갈 한자어로 알맞은 것은?

41. 경찰은 폭탄을 기내로 반입해 [   ]로 폭발시키려다
    불발된 결과라고 추정하고 있다.
    ① 遠隔操從機   ② 遠隔調從機
    ③ 遠隔調縱機   ④ 遠隔操縱機
42. [   ] 조성물과 관련된 특허를 취득했다.
    ① 減光性樹脂   ② 減光性樹枝
    ③ 感光性樹脂   ④ 感光性樹枝
43. 담배는 인체의 건강에 큰 [   ]이 되고 있다.
    ① 威脅   ② 僞脅   ③ 威狹   ④ 僞狹
44. [   ]은 국무총리의 제청으로 대통령이 임명한다.
    ① 國會議員   ② 國務委員
    ③ 地方議員   ④ 制憲議員
45. 그는 [   ] 혐의로 조사를 받고 있다.
    ① 間接敎使   ② 間接較使
    ③ 間接較唆   ④ 間接敎唆

※ 주어진 설명에 알맞은 한자성어는?

46. 학문이나 인격을 갈고 닦음.
    ① 懸頭刺股   ② 切磋琢磨
    ③ 采薪之憂   ④ 前瞻後顧
47. 당황하는 말투 또는 태도.
    ① 塗炭之苦   ② 斷章摘句
    ③ 多岐亡羊   ④ 疾言遽色

※ 다음 글을 읽고 물음에 답하시오.

> (가) 狗走梅花落 (㉠)行竹葉成   《推句》
> (나) 一日不念善 ㉡諸惡皆自起   《明心寶鑑》
> (다) 人莫知其子之惡 莫知其苗之碩   《大學》

48. ㉠에 들어갈 한자로 알맞은 것은?
    ① 蛇   ② 牛   ③ 鷄   ④ 猫
49. 밑줄 친 ㉡과 의미가 비슷한 한자로 알맞은 것은?
    ① 衆   ② 於   ③ 罪   ④ 其
50. (다)의 주제와 의미가 통하는 성어로 알맞은 것은?
    ① 燈下不明   ② 下學上達
    ③ 上漏下濕   ④ 半上落下

주관식 (주1~주100번)

※ 한자의 훈(뜻)과 음(소리)을 한글로 쓰시오.

주1. 錐 (   )   주2. 馨 (   )
주3. 糟 (   )   주4. 愿 (   )
주5. 躇 (   )   주6. 懶 (   )
주7. 拐 (   )   주8. 癡 (   )
주9. 泛 (   )   주10. 蹄 (   )
주11. 諄 (   )   주12. 鎭 (   )
주13. 咎 (   )   주14. 諂 (   )
주15. 驪 (   )   주16. 堵 (   )
주17. 闋 (   )   주18. 焚 (   )
주19. 佯 (   )   주20. 酬 (   )

※ 훈과 음에 맞는 한자를 쓰시오.

주21. 소라   라 (   )   주22. 물리칠   양 (   )
주23. 심을/농사가 (   )   주24. 뼈바를   척 (   )
주25. 고래   경 (   )   주26. 부를   환 (   )
주27. 꿈틀거릴 준 (   )   주28. 비늘   린 (   )
주29. 감귤나무 귤 (   )   주30. 거품   말 (   )

※ 한자어의 독음을 쓰시오.

주31. 垂簾 (   )   주32. 韶顔 (   )
주33. 靡寧 (   )   주34. 陟降 (   )
주35. 咽喉 (   )   주36. 笙簧 (   )
주37. 灑掃 (   )   주38. 璽寶 (   )
주39. 搢紳 (   )   주40. 晦朔 (   )
주41. 堪輿 (   )   주42. 剋勵 (   )
주43. 廛鋪 (   )   주44. 扈衛 (   )
주45. 倭寇 (   )

※ 문장에서 잘못 쓴 한자를 바르게 고쳐 쓰시오.
   (단, 음이 같은 한자로 고칠 것)

주46. 시험에 합격한 미래의 나를 想像해보면서 새로이
    覺悟를 다지고 解夷해진 마음을 다잡았다.
    (→   )
주47. 그는 低調한 영업 실적 탓에 상사로부터 연이어
    호된 嫉責을 받게 되자 眞摯하게 퇴사를 고려하
    였다.   (→   )
주48. 刑事가 도착한 범죄 현장은 慘酷하게 선혈이 狼
    滋한 상태였다.   (→   )
주49. 이주한 同胞들은 滌薄한 토지를 開墾하며 터전
    을 마련하였다.   (→   )
주50. 10월 25일 '독도의 날'은 고종이 般布한 '대한제
    국 勅令 제41호'에 근거하여 制定되었다.
    (→   )

※ [   ] 안의 단어를 문맥에 맞게 한자로 쓰시오.

주51. 근거 없이 남을 [매도]해서는 안 된다.
    (   )
주52. 외국인과 기관 투자자들의 주식 대량 [매도]에 국내
    증시의 지수가 크게 하락하였다.   (   )
주53. 말씀드리기가 [송구]하오나 지금 하시는 일은 옳
    지 않다고 생각합니다.   (   )
주54. 외야수가 빠르게 홈으로 [송구]하여 실점을 막았다.
    (   )

※ [   ] 안의 단어를 한자로 쓰시오.

주55. [기근] : 흉년으로 먹을 양식이 모자라 굶주림.
    (   )
주56. [기호] : 즐기고 좋아함.   (   )
주57. [애교] : 남에게 귀엽게 보이는 태도.
    (   )
주58. [영아] : 젖먹이, 유아.   (   )

주59. [완고] : 융통성이 없이 올곧고 고집이 셈.
（　　　　　）
주60. [은둔] : 세상을 피해 숨음.　（　　　　　）
주61. [괴수] : 못된 짓을 하는 무리의 우두머리.
（　　　　　）
주62. [결궤] : 방죽이나 둑 따위가 물에 밀려 터져 무너짐.
（　　　　　）
주63. [회화] : 여러 가지 선이나 색채로 평면상에 형상을 그려 내는 조형 미술.　（　　　　　）
주64. [계간] : 산골짜기에 흐르는 시냇물.
（　　　　　）
주65. [명징] : 밝고 맑음.　（　　　　　）

※ [　　　]안의 한자어의 독음을 쓰시오.
주66. 회사는 [職務評價]의 결과를 급여에 반영시켰다.
（　　　　　）
주67. 경기 호황과 임금 소득 증가로 [家計所得]이 급격히 상승하였다.　（　　　　　）
주68. 일부 국회의원이 [不逮捕特權]을 남용하자 국민들은 이에 대한 개선책 마련을 촉구하였다.
（　　　　　）
주69. 이 중 12척은 국적취득조건부 [裸傭船]이다.
（　　　　　）
주70. 오늘 [賣渡確約書]를 받았습니다.
（　　　　　）
주71. 주자가 [盜壘]에 성공했다.　（　　　　　）
주72. 전국[甕器]만들기대회에 참가했다.
（　　　　　）
주73. 그는 의사의 [處方箋]을 들고 약국에 가서 약을 샀다.　（　　　　　）
주74. 찰흙은 지각 변동 작용에 따라 충분히 풍화됐거나 [堆積]된 고운 흙가루이다.　（　　　　　）
주75. [托鉢僧]이 절간을 나섰다.　（　　　　　）
주76. 오랜 [推敲] 끝에 작품을 완성했다.
（　　　　　）
주77. 그녀의 가벼운 행동이 기업의 명예를 [失墜]시킬 뻔하였다.　（　　　　　）
주78. 씨름선수는 [腕力]이 일반인보다 훨씬 세다.
（　　　　　）
주79. 증인[訊問]에 이어 변호인의 최종 변론이 시작되었다.　（　　　　　）
주80. 서울은 고층 빌딩이 [櫛比]하다.
（　　　　　）

※ [　　　]안의 단어를 한자로 쓰시오.
주81. 경찰은 한 시간 넘도록 범인과 [대치]하였다.
（　　　　　）
주82. 외상으로 출혈이 심할 때에는 혈관을 압박하면서 출혈을 [저지]해야 한다.　（　　　　　）
주83. 고구려의 벽화에는 우리 조상들의 [늠름]하고도 위풍당당한 모습이 잘 나타나 있다. （　　　　　）

주84. 결혼한 지 십 년 만에 아기를 [잉태]한 그녀는 기뻐서 어쩔 줄을 몰랐다.　（　　　　　）
주85. 해안에서 진동을 느꼈을 경우나 지진 [해일] 경보를 들었을 경우 즉시 높은 곳으로 대피해야 한다.　（　　　　　）
주86. 선생님의 말씀은 [방황]하는 나에게 뼈 아픈 일침이 되었다.　（　　　　　）
주87. 재벌가의 외동딸인 그녀는 주변 총각들에게 [선망]의 대상이었다.　（　　　　　）
주88. 그 은행은 환전 업무를 [취급]하지 않는다.
（　　　　　）
주89. 그 일은 별 탈 없이 [무마]되었다.
（　　　　　）
주90. 그 친구와 나는 [우의]가 돈독하다.
（　　　　　）

※ [　　　]안의 한자성어의 뜻을 읽고 ○ 안에 들어갈 알맞은 한자를 쓰시오.
주91. [犬 ○ 之 間] : 사이가 매우 나쁜 두 관계를 비유적으로 이르는 말.　（　　　　　）
주92. [塵飯塗 ○] : 실제로 소용없음.　（　　　　　）
주93. [長 ○ 繫 日] : 불가능한 일.　（　　　　　）
주94. [○ 童汲婦] : 평범한 사람.　（　　　　　）

※ ○ 안에 들어갈 한자를 〈보기〉에서 찾아 차례로 쓰시오

〈보기〉	常 棗 棘 作 行 讀 近 遠 達

주95. 一日不○書 口中生荊○　　　　　《推句》
（　　　，　　　）
주96. 人而不知有五○ 則其違禽獸不○矣
《童蒙先習》
（　　　，　　　）

※ 주어진 국역을 참고하여 [　　　]안의 한자들을 알맞게 배열하여 문장을 완성하시오.
주97. 父母在 [有遠必不方遊遊]　　　《論語》
국역 : 부모가 살아계시거든 멀리 나가 놀지 말며, 놀 때는 반드시 일정한 장소에 있어야 한다.
（　　　　　）
주98. [從己舍能不人] 學者之大病　《退溪集》
국역 : 자기를 버리고 남을 따르지 못하는 것이 배우는 사람의 큰 병통이다.
（　　　　　）

※ [　　　] 부분을 국역하시오.
주99. 王侯將相 [寧有種乎]　　　　《史記》
（　　　　　）
주100. [知足不辱] 知止不殆　　　　《老子》
（　　　　　）

– 수고하셨습니다 –

한자실력급수 자격시험 **1**급 연습문제 〈11〉

객관식 (1~50번)

※ 다음 [　] 안의 한자와 음이 같은 한자는?
1. [紋]　① 昗　② 刎　③ 旼　④ 閔
2. [護]　① 壺　② 恢　③ 殞　④ 暚
3. [艾]　① 茸　② 碍　③ 芬　④ 與
4. [拐]　① 揭　② 別　③ 詭　④ 怪
5. [鉑]　① 拇　② 肇　③ 駁　④ 貃

※ 다음 [　] 안의 한자와 음이 <u>다른</u> 한자는?
6. [阜]　① 膚　② 腑　③ 斧　④ 陪
7. [澹]　① 譚　② 痰　③ 瞻　④ 曇
8. [搗]　① 鍍　② 踏　③ 萄　④ 禱
9. [晤]　① 牟　② 獒　③ 嗚　④ 娛
10. [彝]　① 伊　② 爾　③ 貽　④ 侈

※ 다음 [　] 안의 한자와 뜻이 비슷하거나 같은 한자는?
11. [傅]　① 帝　② 師　③ 幣　④ 帛
12. [塵]　① 埃　② 墟　③ 塘　④ 埈
13. [誨]　① 讒　② 謠　③ 訓　④ 詵
14. [喚]　① 哨　② 含　③ 呼　④ 哺
15. [剩]　① 餠　② 餘　③ 刹　④ 刺

※ 다음 [　] 안의 한자와 뜻이 반대되거나 상대되는 한자는?
16. [隱]　① 蔽　② 奄　③ 遁　④ 顯
17. [歿]　① 生　② 沓　③ 肖　④ 斥

※ 다음 〈보기〉의 낱말들과 가장 관련이 깊은 한자는?

18.

〈보기〉	밧줄	노끈	구속

　① 紈　② 緋　③ 縛　④ 絳

19.

〈보기〉	번개	천둥	우레

　① 需　② 靂　③ 霞　④ 霖

20.

〈보기〉	계승	상속	후임

　① 嗣　② 祠　③ 詞　④ 飼

※ [　] 의 뜻을 가진 한자는?
21. [송아지]　① 牡　② 牧　③ 牲　④ 犢
22. [저울추]　① 錞　② 鑽　③ 錚　④ 錘

※ 다음 중 한자어의 독음이 바르지 <u>않은</u> 것은?
23.　① 固陋 : 고루　② 壅拙 : 옹졸
　　③ 珖玉 : 행옥　④ 廢黜 : 폐출
24.　① 遐壽 : 하수　② 璽書 : 이서
　　③ 訊問 : 신문　④ 稟議 : 품의
25.　① 牝鷄 : 비계　② 脾臟 : 비장
　　③ 編纂 : 편찬　④ 樞軸 : 추축

※ [　] 안의 단어를 한자로 알맞게 쓴 것은?
26. 고객의 황당한 요구에 점원은 [난감]해 했다.
　　① 難減　② 難堪　③ 難敢　④ 難柑

27. 왕은 군대를 파견하여 해안에서 [준동]하는 왜구를 소탕하였다.
　　① 遵動　② 竣動　③ 蠢動　④ 駿動
28. 그는 나의 제안을 [흔쾌]하게 받아들였다.
　　① 欣快　② 昕快　③ 痕快　④ 炘快
29. 봉기한 농민군이 [관아]를 습격하였다.
　　① 官芽　② 官阿　③ 官雅　④ 官衙
30. 그녀는 여행을 마치고 무사히 집에 돌아와 [안도]의 한숨을 쉬었다.
　　① 安堵　② 安度　③ 安倒　④ 安導

※ 주어진 뜻에 알맞은 한자어는?
31. 보험 계약에서 신고일 또는 고지일 이전의 과거로 효력을 소급하도록 담보하는 약관.
　　① 遡扱約款　　② 遡及約關
　　③ 遡及約款　　④ 遡扱約關
32. 항공기를 이용하여 물품을 운송하는 무역.
　　① 空勞貿易　　② 空路貿易
　　③ 供路貿易　　④ 供勞貿易
33. 학습 주제에 대해 스스로 고민하고, 주제에 알맞은 실험을 설계해 실행하는 자기 주도적 학습.
　　① 耽求學習　　② 耽究學習
　　③ 探求學習　　④ 探究學習
34. 정책 결정에 합리적 요소와 초합리적 요소를 모두 포괄하여 정책 결정 체제의 성과를 최적화하려는 의사 결정 모형.
　　① 最適模型　　② 擴散模型
　　③ 開放模型　　④ 選擇模型
35. 어떤 대상에 자신의 감정을 불어넣거나, 다른 사람이 경험한 감정을 느낌.
　　① 感情失禁　　② 感情移入
　　③ 感情轉移　　④ 感情倒錯
36. 세계은행이 국제수지적자가 지속적으로 확대되어 경제침체상태에 처해 있는 개발도상국들을 지원하기 위한 방안 중의 하나.
　　① 構助調整借款　　② 救助調整借款
　　③ 救造調整借款　　④ 構造調整借款
37. 노동력을 효율적으로 이용하기 위한 종합적, 체계적 경영 관리의 한 부문.
　　① 計數管理　　② 共同管理
　　③ 勞務管理　　④ 間接管理
38. 고객의 만족을 궁극적 경영 목표로 삼음으로써 시장 변화에 흔들리지 않는 안정적 수익 기반을 장기적, 지속적으로 확보해 나가려는 경영 방식.
　　① 賈客滿足經營　　② 雇客滿足經營
　　③ 敲客滿足經營　　④ 顧客滿足經營
39. 일정 수준 이상의 학습 단계에 도달하였어도 해당 학습을 반복적으로 수행하는 일.
　　① 過剩學習　　② 發見學習
　　③ 潛在學習　　④ 辨別學習

40. 시중에 유통되고 있는 화폐 단위로 나타낸 임금.
　① 標準賃金　　　　② 名目賃金
　③ 相對賃金　　　　④ 實物賃金

※ [　]안에 들어갈 한자어로 알맞은 것은?
41. 칸트에 의해 대두된 [　]은 헤겔과 마르크스 등의
　독일 철학에 큰 영향을 끼쳤다.
　① 構成主義　　　　② 烙印理論
　③ 批判哲學　　　　④ 啓蒙主義
42. 그 물건은 수집가들의 [　]으로 낙찰가가 올라갔다.
　① 寡當競爭　　　　② 寡黨競爭
　③ 過黨競爭　　　　④ 過當競爭
43. 미국은 한국산 자동차에 대해 [　]를 부과하겠다고
　위협하였다.
　① 報複關稅　　　　② 報復關稅
　③ 保復關稅　　　　④ 保複關稅
44. [　]은 환율변동에 대한 수출단가의 변동 정도를
　나타내는 지표다.
　① 價格轉價率　　　② 價格錢嫁率
　③ 價格轉嫁率　　　④ 價格錢價率
45. [　]를 통해 제품의 수명을 지나치게 단축한 기업
　이 정부로부터 제재를 받았다.
　① 計劃的陳腐化　　② 計劃的鎭附化
　③ 計劃的鎭腐化　　④ 計劃的陳附化

※ 주어진 설명에 알맞은 한자성어는?
46. 아주 먼 길. 또는 앞으로 발전할 여지가 많은 장래.
　① 雪泥鴻爪　　　　② 烏鵲通巢
　③ 龍瞳鳳頸　　　　④ 鵬程萬里
47. 때에 맞지 않아 쓸데없는 사물.
　① 秋收多藏　　　　② 夏爐冬扇
　③ 春雉自鳴　　　　④ 用夏變夷

※ 다음 글을 읽고 물음에 답하시오.

(가) 一日不(ⓐ) 口中生荊棘　　　　　　《推句》
(나) 至㉠樂莫如(ⓐ) 至要莫如敎子　　《明心寶鑑》
(다) 良藥苦於(㉡)而利於病 忠言逆於耳而利於(㉢)
　　　　　　　　　　　　　　　　　　　《孔子家語》

48. ⓐ에 공통으로 들어갈 한자어로 알맞은 것은?
　① 讀書　② 射御　③ 書數　④ 修身
49. 다음 밑줄 친 부분의 독음이 밑줄 친 ㉠과 같은 것
　은?
　① 器樂　② 風樂　③ 娛樂　④ 聲樂
50. ㉡과 ㉢에 들어갈 것으로 알맞게 짝지은 것은?
　① ㉡: 口, ㉢: 行　　② ㉡: 口, ㉢: 修
　③ ㉡: 口, ㉢: 心　　④ ㉡: 口, ㉢: 身

※ 한자의 훈(뜻)과 음(소리)을 한글로 쓰시오.
　주1. 鞏 (　　　)　　주2. 澍 (　　　)
　주3. 筏 (　　　)　　주4. 磐 (　　　)
　주5. 戾 (　　　)　　주6. 睍 (　　　)
　주7. 恃 (　　　)　　주8. 愕 (　　　)
　주9. 倞 (　　　)　　주10. 辣 (　　　)
　주11. 穩 (　　　)　　주12. 梗 (　　　)
　주13. 墉 (　　　)　　주14. 偕 (　　　)
　주15. 孺 (　　　)　　주16. 或 (　　　)
　주17. 琶 (　　　)　　주18. 蹂 (　　　)
　주19. 遼 (　　　)　　주20. 楝 (　　　)

※ 훈과 음에 맞는 한자를 쓰시오.
　주21. 할미　파 (　　)　주22. 설명할　전 (　　)
　주23. 오를　앙 (　　)　주24. 마름　릉 (　　)
　주25. 기울　측 (　　)　주26. 월　풍 (　　)
　주27. 개간할　간 (　　)　주28. 때　구 (　　)
　주29. 매혹할　매 (　　)　주30. 흉년들　근 (　　)

※ 한자어의 독음을 쓰시오.
　주31. 伾舞 (　　　)　주32. 奠雁 (　　　)
　주33. 懿戚 (　　　)　주34. 廚房 (　　　)
　주35. 牌札 (　　　)　주36. 呪術 (　　　)
　주37. 坦懷 (　　　)　주38. 鶯蝶 (　　　)
　주39. 閭閻 (　　　)　주40. 溉灌 (　　　)
　주41. 渲染 (　　　)　주42. 蜀葵 (　　　)
　주43. 枇杷 (　　　)　주44. 邪諂 (　　　)
　주45. 霆擊 (　　　)

※ 문장에서 잘못 쓴 한자를 바르게 고쳐 쓰시오.
　(단, 음이 같은 한자로 고칠 것)
주46. 구성원의 의견을 就合하여 해결 方案을 摸索하
　였다.　　　　　　　　　　　　　(　　→　　)
주47. 飮食物과 톱밥을 한데 섞어 退肥를 만들어 使
　用하면 그 效果가 매우 좋다.　(　　→　　)
주48. 碇泊 중이던 油潮船에서 潤滑油가 유출되어 긴
　급 방제가 진행되었다.　　　　(　　→　　)
주49. 도로 停滯가 해소될 幾微가 보이지 않아 優廻
　도로를 이용하였다.　　　　　　(　　→　　)
주50. 초고령사회로 진입한 우리 나라에서는 노인의 性,
　치매, 인권, 福祉 등 여러 문제가 사회적으로 戴
　頭되고 있다.　　　　　　　　　(　　→　　)

※ [　　　] 안의 단어를 문맥에 맞게 한자로 쓰시오.
주51. 마시는 비타민이 판매되면서 [정제]나 과립형이
　주류를 이뤘던 비타민 시장에 변화가 찾아왔다.
　　　　　　　　　　　　　　　　　(　　　)
주52. 휘발유와 등유는 원유를 [정제]하여 얻는다.
　　　　　　　　　　　　　　　　　(　　　)
주53. 모든 사람의 [기호]를 만족시키기는 힘들다.
　　　　　　　　　　　　　　　　　(　　　)
주54. 성리학은 영남지방과 [기호]지방의 학자를 중심
　으로 발전 보급되었다.　　　　　(　　　)

※ [   ] 안의 단어를 한자로 쓰시오.

주55. [**조강**] : 지게미와 쌀겨라는 뜻으로, 가난한 사람
　　　이 먹는 변변치 못한 음식을 이르는 말.
　　　　　　　　　　　　　　　　　（　　　　　　）
주56. [**견벌**] : 꾸짖어 처벌함.　（　　　　　　）
주57. [**포승**] : 죄인을 잡아 묶는 노끈.（　　　　　　）
주58. [**척탕**] : 더러운 것이나 나쁜 것을 말끔히 없앰.
　　　　　　　　　　　　　　　　　（　　　　　　）
주59. [**쌍벽**] : 여럿 가운데 특별히 뛰어난, 우열을 가리
　　　기 어려운 둘을 비유적으로 이르는 말.
　　　　　　　　　　　　　　　　　（　　　　　　）
주60. [**함천**] : 짠물이 나오는 샘.　（　　　　　　）
주61. [**진념**] : 윗사람이 아랫사람의 사정을 걱정하여
　　　생각함.
주62. [**탕관**] : 국을 끓이거나 약을 달이는 자그마한 그
　　　릇.
주63. [**침륜**] : 침몰. 재산이나 권세가 없어지고 보잘것
　　　없이 됨.
　　　　　　　　　　　　　　　　　（　　　　　　）
주64. [**각건**] : 삼가고 조심함.　（　　　　　　）
주65. [**유호덕**] : 덕을 좋아하여 즐겨 행하는 일을 이름.
　　　　　　　　　　　　　　　　　（　　　　　　）

※ [   ] 안의 한자어의 독음을 쓰시오.

주66. 강감찬은 [龜州大捷]을 통해 빛나는 공훈을 세
　　　웠다.
　　　　　　　　　　　　　　　　　（　　　　　　）
주67. 그는 [詐欺罪]로 구속을 당했으나 다행히도 무혐
　　　의 처분을 받았다.
　　　　　　　　　　　　　　　　　（　　　　　　）
주68. 그는 에베레스트 산 [無酸素登頂]에 도전하였
　　　다.
　　　　　　　　　　　　　　　　　（　　　　　　）
주69. 그러한 [苛酷行爲]는 봉건 전제 국가에서나 있
　　　을 법한 일이다.
　　　　　　　　　　　　　　　　　（　　　　　　）
주70. 금융과 기술이 결합한 '핀테크'로 [金融革新]이
　　　일어나고 있다.
　　　　　　　　　　　　　　　　　（　　　　　　）
주71. 기술 개발은 경제 발전의 [要諦]이다.
　　　　　　　　　　　　　　　　　（　　　　　　）
주72. 관객들은 실화를 바탕으로 제작된 영화 속 전쟁의
　　　참상을 보면서 [戰慄]을 느꼈다.（　　　　　　）
주73. 왕은 재해로 인해 곤궁해진 사람들에게 [賑貸]하
　　　는 방책을 마련하였다.　　　　　（　　　　　　）
주74. [齋戒]란 제사를 올리기 전에 심신을 깨끗이 하
　　　고 금기를 범하지 않도록 하는 일을 말한다.
　　　　　　　　　　　　　　　　　（　　　　　　）
주75. [菩提樹]의 어원은 '깨달음의 나무'이다.
　　　　　　　　　　　　　　　　　（　　　　　　）
주76. 황하강은 중국 문명의 [搖籃]이다.
　　　　　　　　　　　　　　　　　（　　　　　　）
주77. 그는 집에서 [鸚鵡]새 한 쌍을 기르고 있다.
　　　　　　　　　　　　　　　　　（　　　　　　）
주78. [狡猾]한 토끼는 만일을 대비하여 굴을 세 개씩
　　　파둔다고 한다.　　　　　　　　（　　　　　　）
주79. 폭동이나 [騷擾]가 발생할 가능성이 있는 나라로
　　　는 여행을 자제하는 것이 좋다.　（　　　　　　）
주80. 그는 한 시대를 [風靡]했다.　（　　　　　　）

※ [   ] 안의 단어를 한자로 쓰시오.

주81. 그는 [**적출**]이 아니라는 이유로 많은 차별과 고
　　　난을 겪었다.　　　　　　　　　（　　　　　　）
주82. 조국을 위해 자기 목숨을 [**초개**]같이 버린 병사
　　　들을 위하여 묵념하였다.　　　　（　　　　　　）
주83. 조령은 한양을 방어하는 최후의 [**보루**]였다.
　　　　　　　　　　　　　　　　　（　　　　　　）
주84. 자신의 생각을 효과적으로 표현하기 위해서는 풍
　　　부한 [**어휘력**]을 갖추어야 한다.（　　　　　　）
주85. 작업의 [**진척**]이 예상보다 빠르다.（　　　　　　）
주86. 적군의 [**궤멸**]은 시간문제이다.（　　　　　　）
주87. 전투가 [**종식**]되자 평화가 찾아왔다.
　　　　　　　　　　　　　　　　　（　　　　　　）
주88. 추락한 비행기의 [**잔해**]가 나뒹굴었다.
　　　　　　　　　　　　　　　　　（　　　　　　）
주89. 추석 때 [**선영**]을 찾아 성묘했다.（　　　　　　）
주90. 연구원들은 내열성과 강도가 뛰어난 [**요업**] 재료
　　　를 개발하기 위해 전력을 다했다.（　　　　　　）

※ [   ] 안의 한자성어의 뜻을 읽고 ○ 안에 들어
갈 알맞은 한자를 쓰시오.

주91. [爭 魚 者 ○] : 이익을 얻으려고 다투는 사람은
　　　언제나 고생을 면치 못함　　　（　　　　　　）
주92. [奉 ○ 之 喜] : 부모가 살아 있는 동안에 그 고
　　　을의 수령으로 임명되는 기쁨
　　　　　　　　　　　　　　　　　（　　　　　　）
주93. [借 聽 於 ○] : 도움을 받을 상대방을 잘못 찾
　　　음.
　　　　　　　　　　　　　　　　　（　　　　　　）
주94. [○ 尾 塗 中] : 벼슬에 속박되기보다는 한가롭
　　　게 살기를 원함.　　　　　　　（　　　　　　）

※ ○ 안에 들어갈 한자를 〈보기〉에서 찾아 차례로
쓰시오

〈보기〉	裁　惡　量　寶　道　粉　朝　琢　瑞

주95. 學文千載○ 貪物一○塵　　　　　《推句》
　　　　　　　　　　　　　　　（　　　，　　　）
주96. 玉不○ 不成器 人不學 不知○　　《禮記》
　　　　　　　　　　　　　　　（　　　，　　　）

※ 주어진 국역을 참고하여 [   ] 안의 한자들을 알
맞게 배열하여 문장을 완성하시오.

주97. [而 欲 子 親 待 不 養]　　　　《漢詩外傳》
　　　국역 : 자식이 봉양하려 해도 어버이는 기다려주시지 않는다.
　　　（　　　　　　　　　　　　　　　　　　）
주98. [三 身 吾 省 吾 日]　　　　　　《論語》
　　　국역 : 나는 날마다 나 자신을 세 가지로써 돌아본다.
　　　（　　　　　　　　　　　　　　　　　　）

※ [   ] 부분을 국역하시오.

주99. 同心之言 [其臭如蘭]　　　　　《繫辭傳》
　　　（　　　　　　　　　　　　　　　　　　）
주100. 爲不善者 [天報之以禍]　　　　《明心寶鑑》
　　　（　　　　　　　　　　　　　　　　　　）

－ 수고하셨습니다 －

한자실력급수 자격시험 1급 연습문제 〈12〉

객관식 (1~50번)

※ 다음 [   ] 안의 한자와 음이 같은 한자는?
1. [渼]   ① 阡   ② 毆   ③ 曼   ④ 弧
2. [艮]   ① 旱   ② 麵   ③ 艱   ④ 甄
3. [徊]   ① 馨   ② 誨   ③ 彗   ④ 爀
4. [溝]   ① 岡   ② 垢   ③ 澮   ④ 晩
5. [珏]   ① 琥   ② 鏗   ③ 琠   ④ 殼

※ 다음 [   ] 안의 한자와 음이 <u>다른</u> 한자는?
6. [嘲]   ① 凋   ② 鑄   ③ 肇   ④ 棗
7. [呪]   ① 銖   ② 做   ③ 廚   ④ 疇
8. [泓]   ① 訌   ② 烘   ③ 舡   ④ 洪
9. [晙]   ① 晙   ② 浚   ③ 駿   ④ 悛
10. [仝]   ① 撞   ② 瞳   ③ 憧   ④ 潼

※ 다음 [   ] 안의 한자와 뜻이 비슷하거나 같은 한자는?
11. [罵]   ① 震   ② 唇   ③ 辱   ④ 晨
12. [棺]   ① 楮   ② 柩   ③ 樽   ④ 柯
13. [澎]   ① 澗   ② 滉   ③ 汲   ④ 湃
14. [詭]   ① 誅   ② 譎   ③ 譴   ④ 訛
15. [惶]   ① 恐   ② 惻   ③ 惺   ④ 愷

※ 다음 [   ] 안의 한자와 뜻이 반대되거나 상대되는 한자는?
16. [舅]   ① 嬌   ② 娟   ③ 姨   ④ 姑
17. [霄]   ① 坊   ② 垣   ③ 壤   ④ 墻

※ 다음 〈보기〉의 낱말들과 가장 관련이 깊은 한자는?

18. 〈보기〉	홍수	범람	과잉

① 渼   ② 滌   ③ 汁   ④ 溢

19. 〈보기〉	설날	칠석	희소식

① 鵲   ② 鸚   ③ 鴨   ④ 鵑

20. 〈보기〉	인형	망석중	허수아비

① 倖   ② 傀   ③ 倭   ④ 倥

※ [   ] 의 뜻을 가진 한자는?
21. [왕골]   ① 芸   ② 薪   ③ 莞   ④ 筏
22. [여울]   ① 漳   ② 沛   ③ 染   ④ 灘

※ 다음 중 한자어의 독음이 바르지 <u>않은</u> 것은?
23. ① 樵路 : 초로   ② 黎明 : 서명   ③ 勃發 : 발발   ④ 翠眉 : 취미
24. ① 巽卦 : 선괘   ② 紅枾 : 홍시   ③ 蒐錄 : 수록   ④ 戮屍 : 육시
25. ① 撑柱 : 탱주   ② 島嶼 : 도서   ③ 塵埃 : 진의   ④ 戰慄 : 전율

※ [   ]안의 단어를 한자로 알맞게 쓴 것은?
26. 내가 한 말이 [와전]되어 오해를 사게 되었다.
   ① 訛傳   ② 臥傳   ③ 訛顚   ④ 臥顚
27. 영업 기밀이 [누설]되지 않도록 주의를 기울였다.
   ① 褸泄   ② 漏泄   ③ 漏褻   ④ 褸褻
28. 다리에 [경련]이 일어났다.
   ① 倞煉   ② 倞攣   ③ 痙攣   ④ 痙煉
29. 산사의 고즈넉한 [분위기]에 마음이 차분해졌다.
   ① 噴圍氣   ② 雰暐氣   ③ 噴暐氣   ④ 雰圍氣
30. 우리 가족은 관계 당국의 무성의한 태도에 [격분]하여 소송을 제기하기로 결정했다.
   ① 擊焚   ② 擊忿   ③ 激忿   ④ 激焚

※ 주어진 뜻에 알맞은 한자어는?
31. 국회의원은 현행범이 아니면 회기 중에 국회의 동의 없이 체포 또는 구금되지 않는 권리.
   ① 不遞抛特權   ② 不逮捕特權   ③ 不逮抛特權   ④ 不遞捕特權
32. 학교 제도가 사회적 지위에 따라 나뉘어 있는 형태. 상류 계층을 위한 학교와 서민 계층을 위한 학교로 구분되고, 그 사이에는 원칙적으로 이동이 없음.
   ① 複線型學制   ② 覆線型學制   ③ 覆旋型學制   ④ 複旋型學制
33. 노동자의 업적 또는 성과를 기준으로 지급하는 보수.
   ① 定額給   ② 還出給   ③ 假支給   ④ 業績給
34. 땅에 관한 여러 가지 사항을 적어 관공서가 법령의 규정에 따라 작성, 비치하는 장부.
   ① 坧藉公簿   ② 坧籍公簿   ③ 地藉公簿   ④ 地籍公簿
35. 전염병의 발생·유행·종식에 미치는 자연적·사회적 모든 조건을 밝히고 그것에 의해 전염병의 예방이나 제압의 방법을 구하려고 하는 의학의 한 분과.
   ① 疫學調査   ② 轢虐調査   ③ 疫謔調査   ④ 轢學調査
36. 주어진 학습과제가 끝났을 때 설정된 교수목표의 달성도를 알아보기 위한 평가 활동.
   ① 寵刮評價   ② 總括評價   ③ 聰括評價   ④ 叢刮評價
37. 삼한시대에 천신에게 제사를 지내던 성지.
   ① 寺刹   ② 廣濟院   ③ 蘇塗   ④ 城隍堂
38. 회사 법인격의 동일성이 유지되는 상태에서 회사 기본 규정을 바꾸어 고치는 일.
   ① 定管變更   ② 定款變更   ③ 整款變更   ④ 整管變更
39. 당좌 예금의 거래자가 일정한 기간과 금액 한도 내에서 당좌 예금의 잔액 이상 수표를 발행했을 때에 은행이 그것을 지급하는 일.
   ① 高壓通貨   ② 關稅讓許   ③ 端數價格   ④ 當座貸越
40. 일정한 조건에 따라 채권을 발행한 회사의 주식으로 전환할 수 있는 권리가 부여된 채권.
   ① 轉換社債   ② 回轉貸出   ③ 金融節制   ④ 繼續注文

※ [   ]안에 들어갈 한자어로 알맞은 것은?

41. 한국이 1997년 말 '외환 위기'에서 견뎌낼 수 있었던
　　것은 높은 [   ] 덕이었다는 분석도 있다.
　　① 家係貯築率　　　　② 家計貯蓄率
　　③ 家計貯築率　　　　④ 家係貯蓄率

42. 사용자는 근로자대표와 서면합의로 [   ]를 도입할
　　수 있다.
　　① 變形僅勞時間制　　② 邊形勤勞時間制
　　③ 邊形僅勞時間制　　④ 變形勤勞時間制

43. 이 일대는 [   ]로 지정되어 건축물의 높이에 제한
　　이 있다.
　　① 高度地區　　　　　② 高導地區
　　③ 高導地構　　　　　④ 高度地構

44. 회사는 임원들에게 보너스의 20%를 [   ]로 지급하
　　였다.
　　① 厚配株　② 厚倍株　③ 後配株　④ 後倍株

45. [   ]은 편집물로서 그 소재의 선택·배열 또는 구성
　　에 창작성이 있는 것을 말한다.
　　① 遍輯著作物　　　　② 編集著作物
　　③ 遍集著作物　　　　④ 編輯著作物

※ 주어진 설명에 알맞은 한자성어는?

46. 오랜 세월을 객지에서 방랑하며 온갖 고생을 다 함.
　　① 櫛風沐雨　　　　　② 風俗壞亂
　　③ 雷勵風飛　　　　　④ 弊絶風淸

47. 뒤얽혀 복잡하여진 사정.
　　① 餘不備禮　　　　　② 迂餘曲折
　　③ 積善餘慶　　　　　④ 掃地無餘

※ 다음 글을 읽고 물음에 답하시오.

(가) 天網㉠**恢恢** 疏而不漏	《明心寶鑑》
(나) 琴潤絃(㉡)響 爐寒火尙存	《推句》
(다) 富貴不歸故鄕 如(　㉢　)	《漢書》

48. 밑줄 친 ㉠의 의미와 관련이 없는 한자는?
　　① 寬　　　② 闊　　　③ 薄　　　④ 廣

49. ㉡에 들어갈 한자로 알맞은 것은?
　　① 加　　　② 崇　　　③ 猶　　　④ 古

50. ㉢에 들어갈 성어로 알맞은 것은?
　　① 錦上添花　　　　　② 衣錦夜行
　　③ 織錦回文　　　　　④ 錦衣玉食

주관식 (주1~주100번)

※ 한자의 훈(뜻)과 음(소리)을 한글로 쓰시오.
　주1. 鮑 (   )　　주2. 曄 (   )
　주3. 鑂 (   )　　주4. 磵 (   )
　주5. 擡 (   )　　주6. 綺 (   )
　주7. 籤 (   )　　주8. 譚 (   )
　주9. 翊 (   )　　주10. 蝦 (   )
　주11. 牝 (   )　　주12. 凸 (   )
　주13. 戌 (   )　　주14. 沆 (   )
　주15. 仔 (   )　　주16. 竭 (   )
　주17. 倆 (   )　　주18. 搗 (   )
　주19. 鱗 (   )　　주20. 嬰 (   )

※ 훈과 음에 맞는 한자를 쓰시오.
　주21. 개　　　　오 (   )　　주22. 곱자/법　구 (   )
　주23. 창포　　　창 (   )　　주24. 엿볼　　　규 (   )
　주25. 벗길　　　박 (   )　　주26. 쑥　　　　애 (   )
　주27. 메울　　　전 (   )　　주28. 모퉁이　　우 (   )
　주29. 칼끝　　　봉 (   )　　주30. 덮개　　　투 (   )

※ 한자어의 독음을 쓰시오.
　주31. 壺觴 (   )　　주32. 頑剛 (   )
　주33. 楹棟 (   )　　주34. 滑稽 (   )
　주35. 羹湯 (   )　　주36. 須臾 (   )
　주37. 凄涼 (   )　　주38. 瑤池鏡 (   )
　주39. 陣歿 (   )　　주40. 綾羅 (   )
　주41. 捷徑 (   )　　주42. 揀擇 (   )
　주43. 寇賊 (   )　　주44. 鞏固 (   )
　주45. 恬雅 (   )

※ 문장에서 잘못 쓴 한자를 바르게 고쳐 쓰시오.
　(단, 음이 같은 한자로 고칠 것)
주46. 새 정부 出汎을 契機로 到處에서 크고 작은 변
　　화가 일어났다.　　　　　　　　(　　→　　)
주47. 해당 聯盟은 우수한 성적을 거둔 所屬 선수들에
　　게 큰 抛賞金을 약속하였다.　　(　　→　　)
주48. 신임 회장은 경영권 방어에 趣弱한 循環출자의
　　고리 끊기에 突入하였다.
주49. 瀑布의 偉容은 소문 이상으로 轟壯하였다.
　　　　　　　　　　　　　　　　　(　　→　　)
주50. 寓言 속 주인공은 당시 사회의 부조리를 辛辣하
　　게 豊刺하였다.　　　　　　　　(　　→　　)

※ [   ] 안의 단어를 문맥에 맞게 한자로 쓰시오.
주51. 새해를 맞아 신년맞이 목욕[재계]를 했다.
　　　　　　　　　　　　　　　　　(　　　　　)
주52. [재계] 주요 인사들이 정부에게 규제 완화와 법제
　　개선을 요청하였다.　　　　　　(　　　　　)
주53. 이번 사건은 모두 그의 [사주]에 의해 진행된 것
　　이다.　　　　　　　　　　　　(　　　　　)
주54. 동해안의 석호는 해안가의 [사주]와 사취가 발달
　　하여 자연 형성된 호수이다.　　(　　　　　)

※ [   ] 안의 단어를 한자로 쓰시오.
주55. [오묘] : 심오하고 묘함.　　(　　　　　)
주56. [민몰] : 자취나 흔적이 아주 없어짐.
　　　　　　　　　　　　　　　　　(　　　　　)
주57. [의협심] : 남의 어려움을 돕거나 억울함을 풀어
　　주기 위하여 자신을 희생하려는 의로운 마음.
　　　　　　　　　　　　　　　　　(　　　　　)
주58. [강장] : 붉은 빛깔의 휘장. 스승의 자리.
　　　　　　　　　　　　　　　　　(　　　　　)

주59. [입추] : 송곳을 세움.　　　　　(　　　　　)
주60. [준공] : 공사를 다 마침.　　　　(　　　　　)
주61. [환호] : 큰 소리로 부름.　　　　(　　　　　)
주62. [양서류] : 어류와 파충류의 중간으로, 땅 위 또는
　　　　물속에서 사는 동물.　　　　　(　　　　　)
주63. [매력] : 사람의 마음을 사로잡아 끄는 힘.
　　　　　　　　　　　　　　　　　(　　　　　)
주64. [가혹] : 매우 혹독함.　　　　　(　　　　　)
주65. [체념] : 아주 단념함.　　　　　(　　　　　)

※ [　　　]안의 한자어의 독음을 쓰시오.
주66. 매매, 임대차, 고용 등은 [雙務契約]이다.
　　　　　　　　　　　　　　　　　(　　　　　)
주67. [獨立採算制]란 한 기업 내에서 사업부별로 따
　　　로 손익계산을 내는 책임 경영제도를 말한다.
　　　　　　　　　　　　　　　　　(　　　　　)
주68. [學點銀行制]는 평생 학습 체제 실현을 위한
　　　제도이다.　　　　　　　　　　(　　　　　)
주69. 전문가들은 이번 달 [經常收支]의 흑자폭이 더
　　　확대될 것으로 전망하였다.　　(　　　　　)
주70. [浮石寺無量壽殿]의 건물은 남향이지만 소조
　　　여래좌상은 동향으로 놓여있다.　(　　　　　)
주71. 자기 기준이 확고하지 않으면 남의 말에 [煽動]
　　　되기 쉬워진다.　　　　　　　　(　　　　　)
주72. [驚蟄]이 지났는데도 눈발이 흩날린다.
　　　　　　　　　　　　　　　　　(　　　　　)
주73. 선생님을 뵌 그녀는 [拱手]하여 인사를 드렸다.
　　　　　　　　　　　　　　　　　(　　　　　)
주74. 시문을 잘못 인용하면 [蹈襲]의 시비에 휘말리
　　　게 된다.　　　　　　　　　　　(　　　　　)
주75. [臘雪水]는 갈증을 없애는 효과가 있다.
　　　　　　　　　　　　　　　　　(　　　　　)
주76. 경주의 [閼英井]은 박혁거서의 왕비가 태어난
　　　우물이라는 설화가 전해진다.　(　　　　　)
주77. 그는 이런 일이 있을 것으로 [斟酌]하고 미리
　　　대비해 두었다.　　　　　　　　(　　　　　)
주78. 불이 난 건물 내부에서 사람들의 [叫喚]이 들려온
　　　다.　　　　　　　　　　　　　　(　　　　　)
주79. 각자가 [忌憚]없이 자신의 의견을 말했다.
　　　　　　　　　　　　　　　　　(　　　　　)
주80. 본사에서 방문한 임원은 불량품을 양산한 담당 책
　　　임자를 [詰責]하였다.　　　　(　　　　　)

※ [　　　]안의 단어를 한자로 쓰시오.
주81. 그는 [인후염]이 심해지자 따뜻한 소금물로 입을
　　　헹구었다.　　　　　　　　　　　(　　　　　)
주82. 때 이른 폭설로 등산객이 [조난]을 당했다.
　　　　　　　　　　　　　　　　　(　　　　　)
주83. 그는 바쁜 [와중]에도 틈틈이 아이디어를 메모해
　　　두었다.　　　　　　　　　　　　(　　　　　)
주84. 멧돼지의 습격에 시민들은 [식겁]했다.
　　　　　　　　　　　　　　　　　(　　　　　)

주85. 그 수비대는 국경선 부근에 [참호]를 구축했다.
　　　　　　　　　　　　　　　　　(　　　　　)
주86. 해일로 인해 마을 전체가 [폐허]로 변했다.
　　　　　　　　　　　　　　　　　(　　　　　)
주87. 그는 [영리]하긴 하지만 학교 성격은 좋지 못하
　　　다.　　　　　　　　　　　　　　(　　　　　)
주88. 책 한 권을 [발췌]하는데 일주일이 걸렸다.
　　　　　　　　　　　　　　　　　(　　　　　)
주89. 아군은 적군을 급습하여 [섬멸]에 가까운 전과를
　　　올렸다.　　　　　　　　　　　　(　　　　　)
주90. 세상일이 마음먹은 대로 [평탄]한 것만은 아니다.
　　　　　　　　　　　　　　　　　(　　　　　)

※ [　　　] 안의 한자성어의 뜻을 읽고 ○ 안에 들어
갈 알맞은 한자를 쓰시오.
주91. [○環天下] : 교화를 위하여 세상을 돌아다님
　　　을 이르는 말.　　　　　　　　(　　　　　)
주92. [○頭懸鈴] : 실행할 수 없는 헛된 논의.
　　　　　　　　　　　　　　　　　(　　　　　)
주93. [和氏之○] : 천하의 이름난 보옥을 이르는
　　　말.　　　　　　　　　　　　　(　　　　　)
주94. [自繩自○] : 자기의 줄로 자기 몸을 옭아 묶
　　　는다는 뜻으로, 자기가 한 말과 행동에 자기 자
　　　신이 옭혀 곤란하게 됨을 비유적으로 이르는 말.
　　　　　　　　　　　　　　　　　(　　　　　)

※ ○ 안에 들어갈 한자를 〈보기〉에서 찾아 차례로
쓰시오

〈보기〉	氣 樂 應 免 禱 欲 從 獲 得

주95. 同聲相○ 同○相求　　　　　　《周易》
　　　　　　　　　　　　　　　　(　　　,　　　)
주96. ○罪於天 無所○也　　　　　　《論語》
　　　　　　　　　　　　　　　　(　　　,　　　)

※ 주어진 국역을 참고하여 [　　　]안의 한자들을 알
맞게 배열하여 문장을 완성하시오.
주97. [己人責以心之責]　　　　　《明心寶鑑》
　　　국역 : 남을 책망하는 마음으로 자기를 책망하라.
　　　　　　　　　　　　　　　　　(　　　　　)
주98. 歲寒然後 [後之知松柏凋也]　　　《論語》
　　　국역 : 추운 계절이 찾아온 뒤에야 소나무와 측백나무의 늦
　　　게 시듦을 알게 된다.
　　　　　　　　　　　　　　　　　(　　　　　)

※ [　　　] 부분을 국역하시오.
주99. [德不孤 必有鄰]　　　　　　《論語》
　　　　　　　　　　　　　　　　　(　　　　　)
주100. [木從繩則直] 人受諫則聖　　《明心寶鑑》
　　　　　　　　　　　　　　　　　(　　　　　)

　　　　　　　－ 수고하셨습니다 －

한자실력급수 자격시험 **1**급 연습문제 〈13〉

※ 다음 [　] 안의 한자와 음이 같은 한자는?
1. [窈]　　① 攪　　② 鍍　　③ 擾　　④ 嘲
2. [愁]　　① 瀚　　② 絅　　③ 虔　　④ 饗
3. [繪]　　① 晦　　② 洽　　③ 弧　　④ 窺
4. [鵑]　　① 甄　　② 睍　　③ 娟　　④ 筵
5. [釧]　　① 蟬　　② 仟　　③ 焄　　④ 鐓

※ 다음 [　] 안의 한자와 음이 다른 한자는?
6. [閣]　　① 巖　　② 菴　　③ 鹹　　④ 癌
7. [魁]　　① 塊　　② 懷　　③ 壞　　④ 愧
8. [羔]　　① 箇　　② 叩　　③ 膏　　④ 股
9. [稽]　　① 屆　　② 磎　　③ 契　　④ 穗
10. [裔]　　① 璿　　② 刈　　③ 乂　　④ 豫

※ 다음 [　] 안의 한자와 뜻이 비슷하거나 같은 한자는?
11. [嫉]　　① 婉　　② 姮　　③ 妬　　④ 嬌
12. [捷]　　① 微　　② 徑　　③ 徽　　④ 御
13. [冀]　　① 朔　　② 朗　　③ 朋　　④ 望
14. [泯]　　① 泄　　② 浹　　③ 溢　　④ 沒
15. [惚]　　① 愕　　② 慘　　③ 恍　　④ 憚

※ 다음 [　] 안의 한자와 뜻이 반대되거나 상대되는 한자는?
16. [奇]　　① 倂　　② 偶　　③ 傅　　④ 僥
17. [仰]　　① 俛　　② 俶　　③ 倆　　④ 倻

※ 다음 〈보기〉의 낱말들과 가장 관련이 깊은 한자는?

18.	〈보기〉	불	화상	단근질
	① 熄	② 煽	③ 烙	④ 煥

19.	〈보기〉	가을	쇠약	낙엽
	① 凋	② 凌	③ 凝	④ 冶

20.	〈보기〉	초고리	해동청	시치미
	① 鴛	② 鷹	③ 鶯	④ 鳳

※ [　　] 의 뜻을 가진 한자는?
21. [기둥]　　① 柚　　② 櫻　　③ 楝　　④ 楹
22. [글방]　　① 塋　　② 塹　　③ 堡　　④ 塾

※ 다음 중 한자어의 독음이 바르지 않은 것은?
23.　① 欽崇 : 흠숭　　② 喧藉 : 선자
　　③ 馴化 : 순화　　④ 總括 : 총괄
24.　① 熒燭 : 형촉　　② 嬋妍 : 선연
　　③ 膝甲 : 칠갑　　④ 臘享 : 납향
25.　① 鹿茸 : 녹이　　② 驩然 : 환연
　　③ 壅塞 : 옹색　　④ 寒畯 : 한준

※ [　]안의 단어를 한자로 알맞게 쓴 것은?
26. 이 약은 코의 [점막]을 통해 빠르게 흡수된다.
　　① 漸幕　　② 粘幕　　③ 粘膜　　④ 漸膜
27. 그를 [비호]하는 세력이 있다.
　　① 庇護　　② 備護　　③ 備庇　　④ 庇庇

---

28. 그의 생생한 연기에 [전율]을 느꼈다.
　　① 戰率　　② 轉慄　　③ 轉率　　④ 戰慄
29. 그는 매사에 [완벽]을 추구한다.
　　① 緩璧　　② 完璧　　③ 完壁　　④ 緩壁
30. 까닭 없이 당한 수모를 생각하면 [원통]할 따름이다.
　　① 願通　　② 寃痛　　③ 寃通　　④ 願痛

※ 주어진 뜻에 알맞은 한자어는?
31. 여러 명의 관련자 사이에 채권과 채무의 결제가 이루어지는 것.
　　① 代金決濟　　　② 信用決濟
　　③ 多角決濟　　　④ 先拂決濟
32. 대통령이나 특정 고급 공무원의 위법 행위에 대하여 탄핵 소추를 의결할 수 있는 국회의 권리.
　　① 領事裁判權　　　② 國政調査權
　　③ 公務擔任權　　　④ 彈劾訴追權
33. 인간은 교육에 의해서만 인간이 될 수 있고 교육을 통해 모든 걸 배울 수 있다로 보는 견해.
　　① 敎育萬能說　　　② 敎育社會學
　　③ 敎育生産性　　　④ 敎育電算網
34. 조선 후기의 화폐유통량 부족 현상.
　　① 奠荒　　② 錢煌　　③ 錢荒　　④ 箋況
35. 기업이 종업원과 그 가족의 생활 수준을 향상시켜 근무의 효율성을 높이고자 임금 이외에 마련하는 여러 복지 정책.
　　① 福利候生　　　② 福履厚生
　　③ 福履候生　　　④ 福利厚生
36. 세관을 통과하는 화물에 대하여 부과되는 조세.
　　① 課稅　　② 關稅　　③ 賦稅　　④ 結稅
37. 고용주가 피고용자를 그만두게 함.
　　① 解雇　　② 解顧　　③ 解庫　　④ 解拷
38. 계약자의 보험료를 보험사에서 운용하여 실적에 따라 보험금을 나누어 주는 것으로, 수익에 따라 액수가 달라짐.
　　① 遞信保險　　　② 變額保險
　　③ 控除保險　　　④ 年金保險
39. 생산 과정에서 새로 덧붙인 가치.
　　① 收益價値　　　② 交換價値
　　③ 附加價値　　　④ 媒介價値
40. 원작의 내용이나 줄거리는 그대로 두고 풍속, 인명, 지명 따위를 시대나 풍토에 맞게 바꾸어 고침.
　　① 飜案　　② 飜譯　　③ 飜曲　　④ 飜刻

※ [　]안에 들어갈 한자어로 알맞은 것은?
41. 허위 사실을 날조하여 경찰서나 검찰청 등에 고발하면 이는 [　]에 해당될 수 있다.
　　① 戀告罪　　② 誣考罪　　③ 戀考罪　　④ 誣告罪

42. 사람은 감당하기 어려운 현실을 마주하면 [　]가 작동한다.
　① 適應基制　　　② 適應旣制
　③ 適應機制　　　④ 適應杞制

43. 폭탄물 테러 발생에 대비한 [　]을 실시했다.
　① 事態修拾訓練　　② 事殆收拾訓練
　③ 事殆修拾訓練　　④ 事態收拾訓練

44. 매매, 임대차, 고용 등은 [　]이다.
　① 雙務契約　　　② 雙貿契約
　③ 雙貿繫約　　　④ 雙務繫約

45. 이번 [　]으로 인해 실직자가 대량 발생하였다.
　① 救造調整　　　② 構造調停
　③ 救造調停　　　④ 構造調整

※ 주어진 설명에 알맞은 한자성어는?
46. 온갖 고초를 참으며 노력함.
　① 焚書坑儒　　　② 臥薪嘗膽
　③ 八面六臂　　　④ 夙興夜寐

47. 필요할 때는 쓰고 필요 없을 때는 야박하게 버림.
　① 橫說竪說　　　② 曖昧模糊
　③ 免死狗烹　　　④ 滌瑕蕩垢

※ 다음 글을 읽고 물음에 답하시오.

(가) 盛年不(㉠)來　一日難再晨	《明心寶鑑》
(나) 恩義廣施　人生何處不相㉡逢	《明心寶鑑》
(다) 讐怨莫結　路逢狹處難回避	《明心寶鑑》

48. ㉠에 들어갈 한자로 알맞은 것은?
　① 重　　② 去　　③ 將　　④ 如

49. 밑줄 친 ㉡의 의미와 비슷한 한자가 <u>아닌</u> 것은?
　① 遭　　② 邂　　③ 逅　　④ 迪

50. (다)의 주제와 관련 있는 우리말 속담은?
　① 귀신을 피하려다 호랑이를 만난다.
　② 원수는 외나무 다리에서 만난다.
　③ 길을 무서워하면 범을 만난다.
　④ 살아날 사람은 약을 만난다.

주관식 (주1~주100번)

※ 한자의 훈(뜻)과 음(소리)을 한글로 쓰시오.
주1. 菐 (　　　)　　　　주2. 籃 (　　　)
주3. 鈞 (　　　)　　　　주4. 杆 (　　　)
주5. 嵾 (　　　)　　　　주6. 樺 (　　　)
주7. 亘 (　　　)　　　　주8. 瞳 (　　　)
주9. 扛 (　　　)　　　　주10. 麓 (　　　)
주11. 潰 (　　　)　　　　주12. 斌 (　　　)
주13. 鱀 (　　　)　　　　주14. 輂 (　　　)
주15. 祚 (　　　)　　　　주16. 暹 (　　　)
주17. 峙 (　　　)　　　　주18. 浧 (　　　)
주19. 薩 (　　　)　　　　주20. 搔 (　　　)

※ 훈과 음에 맞는 한자를 쓰시오.
주21. 아플　동(　　)　　주22. 사냥　수(　　)
주23. 넘어질　궐(　　)　주24. 좀먹을　식(　　)
주25. 목구멍　인(　　)　주26. 삶을　자(　　)
주27. 팔뚝　굉(　　)　　주28. 술따를　짐(　　)
주29. 어리석을　치(　　)　주30. 단술　례(　　)

※ 한자어의 독음을 한글로 쓰시오.
주31. 敬然 (　　　)　　주32. 屹立 (　　　)
주33. 翠扇 (　　　)　　주34. 穩當 (　　　)
주35. 紐帶 (　　　)　　주36. 譏刺 (　　　)
주37. 彝倫 (　　　)　　주38. 貽惱 (　　　)
주39. 綿邈 (　　　)　　주40. 錘線 (　　　)
주41. 璞玉 (　　　)　　주42. 嗣胤 (　　　)
주43. 叱咤 (　　　)　　주44. 剔抉 (　　　)
주45. 扁桃腺 (　　　)

※ 문장에서 잘못 쓴 한자를 바르게 고쳐 쓰시오.
　(단, 음이 같은 한자로 고칠 것)
주46. 이 건물이 准工된 이후로 周邊에 다양한 慰樂
　　시설이 들어섰다.　　　　(　　→　　)
주47. 該當 법률 조항은 작년 1월까지 逍及하여 適用
　　한다.　　　　　　　　　(　　→　　)
주48. 罹災民을 위한 성금과 위문품이 전국에서 水害
　　현장으로 沓至하였다.　　(　　→　　)
주49. 그는 惰性과 螺怠에 빠진 회사 분위기를 刷新하
　　였다.　　　　　　　　　(　　→　　)
주50. 전 세계인의 스포츠로 자리매김한 颱拳道의 宗
　　主國은 大韓民國이다.　 (　　→　　)

※ [　] 안의 단어를 문맥에 맞게 한자로 쓰시오.
주51. 우리말 보급에 애써 온 사람이 [포장]을 받았다.
　　　　　　　　　　　　　(　　　　　)
주52. 외갓집으로 들어서는 길은 아직도 [포장]이 안 되
　　었다.　　　　　　　　　(　　　　　)
주53. 아내는 [제수]씨와 마음이 잘 맞는다.
　　　　　　　　　　　　　(　　　　　)
주54. 그는 몸을 낮추고 자신에게 [제수]된 관직을 대부
　　분 사양하였다.　　　　　(　　　　　)

※ [　] 안의 단어를 한자로 쓰시오.
주55. [저택] : 규모가 아주 큰 집　　(　　　)
주56. [영정] : 사람의 얼굴을 그린 족자.
　　　　　　　　　　　　　(　　　　　)
주57. [부연] : 덧붙여 알기 쉽게 설명을 늘어놓음.
　　　　　　　　　　　　　(　　　　　)
주58. [빈모] : 암컷과 수컷.　　(　　　)
주59. [원수] : 원한이 맺힐 정도로 자기에게 해를 끼친
　　사람이나 집단.　　　　　(　　　　　)
주60. [십장] : 일꾼들의 감독.　(　　　)
주61. [고의] : 남자의 여름 홑바지.　(　　　)
주62. [양병] : 거짓으로 병을 앓는 체하는 짓.
　　　　　　　　　　　　　(　　　　　)

주63. [**마애불**] : 자연 암벽에 부조 또는 음각으로 조각
　　　한 불상.　　　　　　　　　　（　　　　）
주64. [**시기**] : 샘내어 미워함.　　　（　　　　）
주65. [**수첩**] : 몸에 지니고 다니며 아무 때나 간단한
　　　기록을 하는 조그마한 공책.　（　　　　）

※ [　　] 안의 한자어의 독음을 쓰시오.
주66. 국제연합에서는 [大量殺傷武器] 확산 방지 문
　　　제를 논의하였다.　　　　　（　　　　）
주67. 환경부는 미세먼지 배출량이 많은 일부 사업장에게
　　　[操業短縮]을 권고하였다.　（　　　　）
주68. [禁亂廛權]의 실시는 조선 후기 이래 확대된 상
　　　품화폐경제의 발전을 가로막는 장애물이 되었다.
　　　　　　　　　　　　　　　　（　　　　）
주69. 진상의 [隱蔽]는 파문을 확산시킬 뿐이다.
　　　　　　　　　　　　　　　　（　　　　）
주70. [彌勒寺址石塔]을 답사하기 위하여 아침 일찍
　　　익산으로 향했다.　　　　　（　　　　）
주71. [碧瀾渡]는 개경 가까이에 있던 국제 무역항으
　　　로, 외국 상인이 많이 왕래하였다.（　　　　）
주72. 그녀는 [湖畔]의 도시인 춘천에 다녀왔다.
　　　　　　　　　　　　　　　　（　　　　）
주73. 환경 문제에 대한 절실한 [覺醒]이 필요하다.
　　　　　　　　　　　　　　　　（　　　　）
주74. 달은 세월의 흐름에 따라 [盈虧]를 반복한다.
　　　　　　　　　　　　　　　　（　　　　）
주75. 멸종 동식물 연구를 위해 [奧地]로 떠났다.
　　　　　　　　　　　　　　　　（　　　　）
주76. 왕이 [仙馭]하였다.　　　　（　　　　）
주77. 이 그림은 정밀한 [描寫]가 돋보인다.
　　　　　　　　　　　　　　　　（　　　　）
주78. 고종은 [詔勅]을 반포하였다.　（　　　　）
주79. [肥饒]하고 광활한 평야가 펼쳐졌다.
　　　　　　　　　　　　　　　　（　　　　）
주80. 이번 사건으로 그의 명성과 권위가 [墜落]되었다.
　　　　　　　　　　　　　　　　（　　　　）

※ [　　] 안의 단어를 한자로 쓰시오.
주81. 문제가 된 의원을 [**출당**] 조치하였다.
　　　　　　　　　　　　　　　　（　　　　）
주82. 그의 설명은 간단 [**명료**]하였다.（　　　　）
주83. 그는 근무지를 이탈했다는 이유로 [**견책**] 처분을
　　　받았다.　　　　　　　　　（　　　　）
주84. 그는 늘 [**누추**]한 차림으로 다닌다.
　　　　　　　　　　　　　　　　（　　　　）
주85. 그는 자신과 관련된 모든 소문에 대해 [**함구**]하였
　　　다.　　　　　　　　　　　（　　　　）
주86. [**진지**]한 태도로 면접에 임해야 한다.
　　　　　　　　　　　　　　　　（　　　　）

주87. 범인들은 범죄 흔적 인멸을 위해 자신들의 [**지문**]
　　　을 철저히 지웠다.　　　　　（　　　　）
주88. 사업에 실패하자 그는 낙향하여 시골집에 [**칩거**]
　　　하였다.　　　　　　　　　（　　　　）
주89. 그는 단호한 [**어투**]로 말을 이었다.
　　　　　　　　　　　　　　　　（　　　　）
주90. 직위가 올라간다고 해서 [**교만**] 해져서는 안 된다.
　　　　　　　　　　　　　　　　（　　　　）

※ [　　] 안의 한자성어의 뜻을 읽고 ○ 안에 들어갈 알
　　맞은 한자를 쓰시오.
주91. [煙霞 ○ 疾] : 자연의 아름다운 경치를 몹시
　　　사랑하고 즐기는 성벽.　　　（　　　　）
주92. [○ 死 兔 悲] : 같은 무리의 불행을 슬퍼함.
　　　　　　　　　　　　　　　　（　　　　）
주93. [桑 ○ 之 鄕] : 여러 대의 조상의 무덤이 있는
　　　고향.　　　　　　　　　　（　　　　）
주94. [能 言 ○ 鵡] : 말은 잘하나 실제 학문은 없음.
　　　　　　　　　　　　　　　　（　　　　）

※ ○ 안에 들어갈 한자를 〈보기〉에서 찾아 차례로
　　쓰시오

〈보기〉	去 實 長 心 說 憂 讀 遠 輕

주95. 人無○慮 必有近○　　　　　《論語》
　　　　　　　　　　　　　　　（　　，　　）
주96. 若口○而○不體　身不行　則書自書我自我
　　　何益之有　　　　　　　　《擊蒙要訣》
　　　　　　　　　　　　　　　（　　，　　）

※ 주어진 국역을 참고하여 [　　]안의 한자들을 알
　　맞게 배열하여 문장을 완성하시오.
주97. [語 雷 私 天 間 若 人 聽]　　《明心寶鑑》
　　　국역 : 사람 사이의 사사로운 말이라도 하늘이 듣는 것은 천
　　　둥소리와 같다.
　　　（　　　　　　　　　　　　　　）
주98. [有 慮 必 者 失 千 智 一]　　《史記》
　　　국역 : 지혜로운 사람도 천 번을 생각하면 반드시 한 번은
　　　실수가 있다.
　　　（　　　　　　　　　　　　　　）

※ [　　] 부분을 국역하시오.
주99. 種瓜得瓜 [種豆得豆]　　　《明心寶鑑》
　　　（　　　　　　　　　　　　　　）
주100. [秋月揚明輝] 冬嶺秀孤松
　　　　　　　　　　　　　　　　《明心寶鑑》
　　　（　　　　　　　　　　　　　　）

－ 수고하셨습니다 －

한자실력급수 자격시험 **1**급 연습문제 〈14〉

객관식 (1~50번)

※ 다음 [　] 안의 한자와 음이 같은 한자는?
1. [鰒]　① 僕　② 帛　③ 璞　④ 孚
2. [埋]　① 旼　② 枚　③ 穆　④ 牝
3. [佾]　① 涓　② 毅　③ 訌　④ 溢
4. [拱]　① 烘　② 哭　③ 控　④ 鴻
5. [諄]　① 脣　② 廓　③ 遁　④ 饗

※ 다음 [　] 안의 한자와 음이 다른 한자는?
6. [曖]　① 埃　② 愷　③ 崖　④ 碍
7. [湘]　① 廠　② 爽　③ 翔　④ 庠
8. [撫]　① 拇　② 巫　③ 毯　④ 貿
9. [峙]　① 熾　② 馳　③ 稚　④ 恃
10. [獅]　① 泗　② 柴　③ 嗣　④ 瀉

※ 다음 [　] 안의 한자와 뜻이 비슷하거나 같은 한자는?
11. [殲]　① 濚　② 瀾　③ 滅　④ 濱
12. [擢]　① 拔　② 撲　③ 搢　④ 捏
13. [徘]　① 役　② 徵　③ 彼　④ 徊
14. [圇]　① 囿　② 園　③ 回　④ 圓
15. [嗇]　① 呂　② 后　③ 喬　④ 嗇

※ 다음 [　] 안의 한자와 뜻이 반대되거나 상대되는 한자는?
16. [褒]　① 憑　② 懲　③ 憙　④ 惹
17. [竄]　① 宥　② 寔　③ 寐　④ 寇

※ 다음 〈보기〉의 낱말들과 가장 관련이 깊은 한자는?

18.

〈보기〉	달	인력	썰물

　① 渫　② 瀚　③ 沁　④ 汐

19.

〈보기〉	금속	표면	박막

　① 鎧　② 鍍　③ 鉢　④ 鏜

20.

〈보기〉	솜	섬유	무명천

　① 枰　② 楫　③ 棉　④ 檜

※ [　] 의 뜻을 가진 한자는?
21. [겨자]　① 芥　② 莘　③ 薪　④ 葵
22. [소용돌이]　① 汰　② 泄　③ 澮　④ 渦

※ 다음 중 한자어의 독음이 바르지 <u>않은</u> 것은?
23.　① 叱咤 : 비택　② 緘札 : 함찰
　③ 唾罵 : 타매　④ 黃疸 : 황달
24.　① 蟄居 : 칩거　② 瓔珞 : 앵각
　③ 躊躇 : 주저　④ 灘聲 : 탄성
25.　① 論駁 : 논박　② 詮釋 : 전석
　③ 穩健 : 은건　④ 天秤 : 천칭

※ [　]안의 단어를 한자로 알맞게 쓴 것은?
26. 그의 서술이 [모호]하여 진상을 파악하기 어려웠다.
　① 某糊　② 模糊　③ 募糊　④ 貌糊

27. [소면]이 담긴 그릇 안에 육수를 붓고 고명을 얹었다.
　① 蔬麵　② 蘇麵　③ 燒麵　④ 素麵
28. [경건]한 마음으로 기도했다.
　① 敬虔　② 敬件　③ 敬乾　④ 敬愆
29. 높낮이가 조절되는 [의자]를 구입하였다.
　① 穀子　② 擬子　③ 椅子　④ 儀子
30. 회랑에는 [박제]된 새들이 전시되어 있었다.
　① 剝劑　② 縛製　③ 縛劑　④ 剝製

※ 주어진 뜻에 알맞은 한자어는?
31. 단시간에 많은 사람을 죽이거나 해칠 수 있는 무기.
　① 大量殺傷武器　② 大量殺爽武器
　③ 大量殺翔武器　④ 大量殺償武器
32. 피부 또는 점막에 상처가 생기고 헐어서 출혈하기 쉬운 상태.
　① 結核　② 潰瘍　③ 膿液　④ 肋膜炎
33. 회사의 실적을 좋게 보이기 위해 회사 자산이나 이익을 회계처리 기준에 어긋나는 방법으로 처리해 사실과 다른 재무제표를 만듦.
　① 缺損處分　② 私募私債
　③ 粉飾會計　④ 決選投票
34. 각국 통화의 환율을 일정한 범위로 제한하였다가, 외환 시장이 변동하여 이 범위를 넘어설 우려가 있다고 판단되면 통화 당국들이 시장에 개입하여 정해진 범위를 유지하는 제도.
　① 公營換率制　② 立憲換率制
　③ 參考換率制　④ 最低換率制
35. 조약이나 협정을 최고책임자가 확인·동의하는 절차.
　① 批准　② 轍環　③ 釣綸　④ 締結
36. 건물에서 발생한 화재가 더 이상 번지는 것을 막아주는 벽. 또는 컴퓨터 통신망의 보안 시스템.
　① 防火碧　② 防火壁　③ 防火闢　④ 防火僻
37. 눈에 충혈과 통증 및 눈곱 등의 증상이 나타나는 병.
　① 鼓膜炎　② 腹膜炎　③ 肋膜炎　④ 結膜炎
38. 해결을 요하는 현실적인 문제와 의안.
　① 懸案　② 飜案　③ 勘案　④ 代案
39. 증인을 신문하는 자가 요구하는 진술의 내용이 무엇인가를 암시하는 신문 방법.
　① 諭途訊問　② 誘導訊問
　③ 誘途訊問　④ 諭導訊問
40. 공장의 일하는 시간을 줄여 생산을 제한하는 일.
　① 造業短築　② 組業短縮
　③ 條業短築　④ 操業短縮

※ [   ]안에 들어갈 한자어로 알맞은 것은?
41. 집단 내 구타 및 [   ]는 근절되어야 마땅하다.
　① 伽惑行爲　　　② 苟惑行爲
　③ 苛酷行爲　　　④ 伽酷行爲
42. 동일한 단체 도시락을 먹은 유치원생과 초등학생들이 식중독 증세를 보이자, 보건 당국이 [   ]에 나섰다.
　① 域學調査　　　② 疫學調査
　③ 歷學調査　　　④ 驛學調査
43. 그녀는 투자 대상 기업들의 자기자본비율과 [   ]을 유심히 살펴보았다.
　① 次入金宜存度　② 次入金依存度
　③ 借入金依存度　④ 借入金宜存度
44. 본 시험의 객관식은 사지[   ]으로 출제되었다.
　① 宣多型　② 線多型　③ 先多型　④ 選多型
45. 천연 자원은 사용에 따라 [   ]되는 자산이다.
　① 減耗償却　　　② 減冒償却
　③ 減冒償刻　　　④ 減耗償刻

※ 주어진 설명에 알맞은 한자성어는?
46. 청빈한 가운데에서도 도를 즐김.
　① 囊中之錐　　　② 宋襄之仁
　③ 曲肱之樂　　　④ 奉檄之喜
47. 학문을 열심히 하다보면 자연히 조예가 깊어져 이름이 나게 됨.
　① 塵飯塗羹　　　② 曳尾塗中
　③ 滌瑕蕩垢　　　④ 水到渠成

※ 다음 글을 읽고 물음에 답하시오.

(가) 不㉠患人之不己知　患不知人也　　　《論語》
(나) 擇友　必取(　㉡　)之人　　　《小學》
(다) 爲善者　天報之以福　爲不善者　天報之以禍
　　　《明心寶鑑》

48. 밑줄 친 ㉠의 의미와 비슷한 한자가 **아닌** 것은?
　① 憂　　② 因　　③ 病　　④ 憫
49. ㉡에 들어갈 한자어로 알맞지 **않은** 것은?
　① 善惡　　② 好學　　③ 方嚴　　④ 直諒
50. (다)의 주제와 관련이 **없는** 성어는?
　① 因果應報　　　② 自業自得
　③ 種豆得豆　　　④ 愼終追遠

주관식 (주1~주100번)

※ 한자의 훈(뜻)과 음(소리)을 한글로 쓰시오.
주1. 怯 (　　　)　　주2. 紗 (　　　)
주3. 棹 (　　　)　　주4. 蚊 (　　　)
주5. 仝 (　　　)　　주6. 傢 (　　　)
주7. 趾 (　　　)　　주8. 樵 (　　　)
주9. 憚 (　　　)　　주10. 諧 (　　　)

주11. 舅 (　　　)　　주12. 楔 (　　　)
주13. 擦 (　　　)　　주14. 奠 (　　　)
주15. 茉 (　　　)　　주16. 韶 (　　　)
주17. 窺 (　　　)　　주18. 括 (　　　)
주19. 藜 (　　　)　　주20. 繡 (　　　)

※ 훈과 음에 맞는 한자를 쓰시오.
주21. 황홀할　황 (　)　주22. 바림　　선 (　)
주23. 꺼질　　식 (　)　주24. 삿갓　　립 (　)
주25. 굽　　　제 (　)　주26. 맏　　　곤 (　)
주27. 자세할　자 (　)　주28. 끌　　　구 (　)
주29. 볼　　　첨 (　)　주30. 아낄　　린 (　)

※ 한자어의 독음을 쓰시오.
주31. 通牒　(　　)　주32. 逼迫　(　　)
주33. 樞密　(　　)　주34. 鳥瞰　(　　)
주35. 靖匡　(　　)　주36. 塾堂　(　　)
주37. 山麓　(　　)　주38. 澎湃　(　　)
주39. 懶惰　(　　)　주40. 冶金　(　　)
주41. 堵列　(　　)　주42. 菩薩　(　　)
주43. 臘月　(　　)　주44. 報酬　(　　)
주45. 俶裝　(　　)

※ 문장에서 잘못 쓴 한자를 바르게 고쳐 쓰시오.
**　(단, 음이 같은 한자로 고칠 것)**
주46. 遺族들은 그의 시신를 고향까지 運軀하여 先塋에 안장하였다.　　　　　(　 → 　)
주47. 옛날 사람들은 惠星을 불길한 徵兆로 看做하기도 하였다.　　　　　　(　 → 　)
주48. 그는 항상 同僚들의 의견을 積極的으로 收廉하였다.　　　　　　　　　(　 → 　)
주49. 同門會長은 학교 발전과 동문 간의 維帶 및 結束 강화에 앞장섰다.　　(　 → 　)
주50. 경광등을 켠 경찰차들이 逃走하는 容疑 車倆을 뒤쫓았다.　　　　　　(　 → 　)

※ [　　] 안의 단어를 문맥에 맞게 한자로 쓰시오.
주51. [도서] 산간 지역에 보내는 택배는 추가 비용이 부과된다.　　　(　　)
주52. 선생님이 제자들을 위해 추천 [도서] 목록을 제시해주셨다.　　(　　)
주53. 놀이터에는 아이들이 웃고 떠드는 소리가 [낭자]하였다.　　　(　　)
주54. 그는 아리따운 [낭자]에게 비녀를 선물하였다.　　　(　　)

※ [　　] 안의 단어를 한자로 쓰시오.
주55. [독직] : 어떤 직책에 있는 사람이 그 직책을 더럽힘.　　(　　)
주56. [적손] : 대를 잇거나 지위를 물려받을 손자.　　(　　)
주57. [요행] : 행복을 바람. 뜻밖에 얻는 행운.　　(　　)
주58. [노파] : 늙은 여자.　　(　　)

주59. [**영휴**] : 가득 참과 이지러짐, 천체의 빛이 그 위
　　　치에 의하여 증감하는 현상. 　　（　　　　　）
주60. [**왕림**] : 남이 자기 있는 곳으로 찾아옴을 높여
　　　이르는 말. 　　　　　　　　　（　　　　　）
주61. [**금침**] : 이불과 베개. 　　　　（　　　　　）
주62. [**끽연**] : 담배를 피움. 　　　　（　　　　　）
주63. [**상극**] : 둘 사이에 마음이 서로 맞지 아니하여
　　　항상 충돌함. 　　　　　　　（　　　　　）
주64. [**범선**] : 돛단배. 　　　　　（　　　　　）
주65. [**지탱**] : 오래 버티거나 배겨 냄. （　　　　　）

※ [　　] 안의 한자어의 독음을 쓰시오.
주66. [**諾成契約**]은 별다른 기록이 없어 입증 책임이
　　　어렵다는 단점이 있다. 　　　（　　　　　）
주67. [**請約賦金**]에 가입했다. 　（　　　　　）
주68. 그는 [**對充資金**]의 경제적 효과와 문제점을 연
　　　구해 발표하였다. 　　　　　（　　　　　）
주69. 적군의 [**兵站線**]을 차단하기 위해 대규모의 상륙
　　　작전을 감행하였다. 　　　　（　　　　　）
주70. [**甘汞電極**]의 전위는 일정 온도에서는 염화칼륨
　　　의 농도에 따라 각기 일정한 전위를 나타낸다.
　　　　　　　　　　　　　　　　（　　　　　）
주71. 당내 파벌들 간의 [**軋轢**]이 결국 당 전체의 정쟁
　　　으로 확대되었다. 　　　　　（　　　　　）
주72. 관객들은 배우의 열연에 [**喝采**]를 보냈다.
　　　　　　　　　　　　　　　　（　　　　　）
주73. 만면에 웃음을 띤 그는 [**洽足**]한 표정으로 일어
　　　났다. 　　　　　　　　　　（　　　　　）
주74. 우리는 임원실에 결재받으러 갈 때 [**綴字法**]과
　　　관련 규정을 완전 숙지하고 들어가야 했다.
　　　　　　　　　　　　　　　　（　　　　　）
주75. [**墩臺**]위의 향로에서 연기가 피어올랐다.
　　　　　　　　　　　　　　　　（　　　　　）
주76. 정경 [**癒着**]은 많은 폐단을 양산하기 마련이다.
　　　　　　　　　　　　　　　　（　　　　　）
주77. 그는 외견상으로는 [**懦弱**]해 보이지만 의지가 강하
　　　다. 　　　　　　　　　　　（　　　　　）
주78. 지금의 손실을 [**堪耐**]하고 새로운 투자처를 확보
　　　한다면 희망이 있다. 　　　　（　　　　　）
주79. 두 나라 장관 회의에 각각 차관도 [**陪席**]하였다.
　　　　　　　　　　　　　　　　（　　　　　）
주80. [**玩具**]가 흔들리면서 당그랑당그랑 내는 소리가
　　　재미있어 애기는 울음을 멈추었다.
　　　　　　　　　　　　　　　　（　　　　　）

※ [　　] 안의 단어를 한자로 쓰시오.
주81. [**어물전**] 망신은 꼴뚜기가 시킨다.
　　　　　　　　　　　　　　　　（　　　　　）
주82. 긴 밤이 지나고 [**여명**]이 밝아 오고 있었다.
　　　　　　　　　　　　　　　　（　　　　　）
주83. [**옥저**]는 고구려에 복속되었다. （　　　　　）

주84. [**죄송**]한 마음을 담아 편지를 썼다.
　　　　　　　　　　　　　　　　（　　　　　）
주85. 차례상에 [**조율이시**]를 진설했다.（　　　　　）
주86. 그의 주장은 가해자의 [**궤변**]일 뿐이었다.
　　　　　　　　　　　　　　　　（　　　　　）
주87. 그녀를 새로운 지역의 책임자로 [**위촉**]하였다.
　　　　　　　　　　　　　　　　（　　　　　）
주88. 그는 [**슬하**]에 두 아들을 두었다.
　　　　　　　　　　　　　　　　（　　　　　）
주89. 그는 [**옹졸**]하고 소심한 태도를 보였다.
　　　　　　　　　　　　　　　　（　　　　　）
주90. 그 소설가는 인물을 [**묘사**]하는 데 탁월한 재능이
　　　있다. 　　　　　　　　　　（　　　　　）

※ [　　] 안의 한자성어의 뜻을 읽고 ○ 안에 들어
　갈 알맞은 한자를 쓰시오.
주91. [**完○歸趙**] : 빌린 물건을 정중히 돌려보냄.
　　　　　　　　　　　　　　　　（　　　　　）
주92. [**泡○夢幻**] : 삶의 덧없음을 비유해 이르는
　　　말. 　　　　　　　　　　　（　　　　　）
주93. [**曠遠綿○**] : 산, 벌판 등이 아득하고 멀리 줄
　　　지어 있음. 　　　　　　　　（　　　　　）
주94. [**○狐之筆**] : 사실을 숨기지 아니하고 그대로
　　　씀을 이름. 　　　　　　　　（　　　　　）

※ ○ 안에 들어갈 한자를 〈보기〉에서 찾아 차례로
쓰시오

〈보기〉	寸　光　軍　卒　志　想　璧　陽　婦

주95. 尺○非寶　○陰是競 　　　　　《千字文》
　　　　　　　　　　　　　　　（　　　　，　　　　）
주96. 三○ 可奪帥也 匹夫 不可奪○也 　《論語》
　　　　　　　　　　　　　　　（　　　　，　　　　）

※ 주어진 국역을 참고하여 [　　] 안의 한자들을 알
맞게 배열하여 문장을 완성하시오.
주97. [**人 有 五 不 常 而 知**] 則其違禽獸不遠矣
　　　　　　　　　　　　　　　　　《童蒙先習》
　　　국역 : 사람으로서 오상이 있음을 알지 못한다면 그는 금수
　　　와의 거리가 멀지 않다.
　　　　　　　　　　　　　　　　（　　　　　）

주98. [**無 耕 春 望 不 所 秋 若**] 　　《明心寶鑑》
　　　국역 : 봄에 만약 밭을 갈아두지 않으면 가을에 기대할 것이
　　　없다.
　　　　　　　　　　　　　　　　（　　　　　）

※ [　　] 부분을 국역하시오.
주99. 敏而好學 [**不恥下問**] 　　　　　《論語》
　　　　　　　　　　　　　　　　（　　　　　）
주100. [**責人者不全交**] 自恕者不改過 《明心寶鑑》
　　　　　　　　　　　　　　　　（　　　　　）

　　　　　　　　　　－ 수고하셨습니다 －

객관식 (1~50번)

※ 다음 [　] 안의 한자와 음이 같은 한자는?
1. [曇]　① 芸　② 擔　③ 踏　④ 撻
2. [湊]　① 輆　② 蹶　③ 廚　④ 汰
3. [銓]　① 團　② 踐　③ 釧　④ 塵
4. [襧]　① 舡　② 杆　③ 拱　④ 姮
5. [綬]　① 酎　② 嫂　③ 洲　④ 胄

※ 다음 [　] 안의 한자와 음이 <u>다른</u> 한자는?
6. [喬]　① 攪　② 嬌　③ 斅　④ 鉸
7. [踪]　① 憧　② 鍾　③ 倧　④ 縱
8. [胱]　① 曠　② 滉　③ 匡　④ 眖
9. [蹂]　① 猷　② 孺　③ 帷　④ 軸
10. [迪]　① 寂　② 嫡　③ 奕　④ 績

※ 다음 [　] 안의 한자와 뜻이 비슷하거나 같은 한자는?
11. [恢]　① 弛　② 弧　③ 彌　④ 弘
12. [凄]　① 准　② 涼　③ 冶　④ 凝
13. [敬]　① 虔　② 虐　③ 虜　④ 處
14. [愕]　① 痙　② 憬　③ 驚　④ 耿
15. [堆]　① 積　② 穗　③ 程　④ 稿

※ 다음 [　] 안의 한자와 뜻이 반대되거나 상대되는 한자는?
16. [沈]　① 洌　② 沫　③ 滂　④ 浮
17. [醉]　① 釀　② 醒　③ 酊　④ 酪

※ 다음 〈보기〉의 낱말들과 가장 관련이 깊은 한자는?

18.	〈보기〉	구속	수감	교도소
	① 齡	② 嶺	③ 零	④ 囹

19.	〈보기〉	배출	거름	변소
	① 糞	② 粲	③ 粵	④ 糟

20.	〈보기〉	허물	외피	껍데기
	① 牲	② 殼	③ 灑	④ 睪

※ [　] 의 뜻을 가진 한자는?
21. [물리치다]　① 恰　② 揀　③ 黜　④ 逼
22. [문설주]　① 樽　② 枇　③ 楗　④ 楔

※ 다음 중 한자어의 독음이 바르지 <u>않은</u> 것은?
23. ① 渦旋 : 와선　② 蒐集 : 귀집
　　③ 泯滅 : 민멸　④ 沛澤 : 패택
24. ① 毅然 : 의연　② 陷沒 : 함몰
　　③ 洗滌 : 선조　④ 棗栗 : 조율
25. ① 睾丸 : 행환　② 按撫 : 안무
　　③ 眺望 : 조망　④ 酪農 : 낙농

※ [　]안의 단어를 한자로 알맞게 쓴 것은?
26. 용의자를 [포승]으로 묶어 압송했다.
　　① 捕承　② 捕乘　③ 捕昇　④ 捕繩

27. 그녀는 갑작스런 사고로 먹고살 일이 [암담]해졌다.
　　① 暗淡　② 暗澹　③ 暗曇　④ 暗譚
28. 두 사람은 지인들을 모시고 [초례]를 올렸다.
　　① 哨禮　② 礎禮　③ 醮禮　④ 初禮
29. 태양이 뜨겁게 [작열]하고 있다.
　　① 灼熱　② 昨熱　③ 酌熱　④ 作熱
30. [광활]한 초원 곳곳에서 소나 양들이 풀을 뜯고 있었다.
　　① 廣闊　② 廣滑　③ 廣猾　④ 廣活

※ 주어진 뜻에 알맞은 한자어는?
31. 궁극적 결정이나 명령 전달이 잘못되었을 때, 인력으로 임무 수행을 중지하여 사고를 방지하기 위한 장치.
　　① 安全制御障置　② 安全制御裝置
　　③ 安全制馭障置　④ 安全制馭裝置
32. 조선 시대, 지주와 소작인 사이에 미리 협정된 소작료를 매년 수확량에 관계없이 주거나 받는 소작 방법.
　　① 賭釣法　② 賭調法　③ 賭槽法　④ 賭租法
33. 조선 시대에 있었던 독점판매행위 또는 그 조직.
　　① 陶雇　② 陶庫　③ 都庫　④ 都雇
34. 눈의 망막에 있는 막대 모양의 세포.
　　① 桿象體　② 桿賞體　③ 桿桑體　④ 桿狀體
35. 재판의 마지막 심리를 끝내고 결말을 지음.
　　① 缺審　② 結審　③ 缺尋　④ 結尋
36. 민사 소송법에서, 집행 기관에 의하여 채무자의 특정 재산에 대한 처분이 제한되는 강제 집행.
　　① 押留　② 壓留　③ 壓謬　④ 押謬
37. 채권의 상환자원을 확보하기 위하여 적립하는 자금.
　　① 減彩棄金　② 減債棄金
　　③ 減債基金　④ 減彩基金
38. 높은 기동력과 화력 등을 통해 선제를 획득하기 위하여, 재빠르게 진지를 옮겨가면서 벌이는 전투.
　　① 騎動戰　② 箕動戰　③ 企動戰　④ 機動戰
39. 범죄 행위로 얻은 물건을 취득, 양여, 운반, 보관하거나 이러한 행위를 알선하는 죄.
　　① 賂物罪　② 贓物罪　③ 膳物罪　④ 幣物罪
40. 작전중인 군 부대와 작전기지를 연결하여 작전에 필요한 인원이나 물자를 지원, 수송하는 길.
　　① 警戒線　② 抛物線　③ 兵站線　④ 步哨線

※ [　]안에 들어갈 한자어로 알맞은 것은?
41. 세계보건기구는 대기오염과 [　]를 가장 큰 위협으로 꼽았다.
　　① 氣候變化　② 氣侯變化
　　③ 幾候變化　④ 幾侯變化

42. 이 보험에는 특약조항으로 [   ]이 있다.
   ① 遡及約關   ② 遡及約款
   ③ 騷及約關   ④ 騷及約款
43. 기업의 [   ] 제도는 구직자들에게 주요 고려 사항
   이다.
   ① 福利厚生   ② 複利厚生
   ③ 複利后生   ④ 福利后生
44. 삼한시대에는 죄인이라도 [   ]로 달아나 숨으면 함
   부로 잡아갈 수 없었다.
   ① 蔬塗   ② 蘇禱   ③ 蔬禱   ④ 蘇塗
45. 그녀는 상대편의 [   ]에 걸려 들지 않았다.
   ① 諭導伸問   ② 誘導伸問
   ③ 誘導訊問   ④ 諭導訊問

※ 주어진 설명에 알맞은 한자성어는?
46. 옳은 사람이나 그른 사람 구별 없이 모두 재앙을 받음.
   ① 玉石俱焚   ② 水到渠成
   ③ 猫項懸鈴   ④ 兎死狗烹
47. 나쁜 버릇은 어릴 때 고쳐야 함을 이르는 말.
   ① 臥薪嘗膽   ② 毫毛斧柯
   ③ 煙霞痼疾   ④ 袖手傍觀

※ 다음 글을 읽고 물음에 답하시오.
(가) 衆㉠惡之 必察焉 衆好之 必察焉   《論語》
(나) 益者三友 損者三友 友直 友諒 友多聞 益矣
    友(㉡) 友(㉢) 友(㉣) 損矣   《論語》
(다) 二人同心 其利斷金 同心之言 其臭如蘭
                                    《繫辭傳》

48. 밑줄 친 ㉠과 독음이 같은 것은?
   ① 啞   ② 嶽   ③ 獒   ④ 圄
49. ㉡, ㉢, ㉣에 들어갈 한자어로 알맞지 않은 것은?
   ① 善柔   ② 便佞   ③ 便辟   ④ 善良
50. (다)의 주제로 알맞은 한자어는?
   ① 友誼   ② 忠義   ③ 孝悌   ④ 慈愛

주관식 (주1~주100번)

※ 한자의 훈(뜻)과 음(소리)을 한글로 쓰시오.
주1. 肆 (   )   주2. 摯 (   )
주3. 藿 (   )   주4. 晢 (   )
주5. 煮 (   )   주6. 扉 (   )
주7. 翕 (   )   주8. 烘 (   )
주9. 愴 (   )   주10. 銑 (   )
주11. 斂 (   )   주12. 馳 (   )
주13. 澄 (   )   주14. 蔓 (   )
주15. 嗇 (   )   주16. 楹 (   )
주17. 仍 (   )   주18. 瞻 (   )
주19. 堉 (   )   주20. 做 (   )

※ 훈과 음에 맞는 한자를 쓰시오.
주21. 쇠고랑   곡 (   )   주22. 농부   준 (   )
주23. 심지   주 (   )   주24. 겨자   개 (   )
주25. 비   혜 (   )   주26. 모을   췌 (   )
주27. 떡   병 (   )   주28. 끼칠   이 (   )
주29. 지름길   혜 (   )   주30. 물을   순 (   )

※ 한자어의 독음을 쓰시오.
주31. 憑依 (   )   주32. 俎豆 (   )
주33. 鄒魯 (   )   주34. 詭譎 (   )
주35. 瑚璉 (   )   주36. 婆娑 (   )
주37. 郁烈 (   )   주38. 濫觴 (   )
주39. 窈窕 (   )   주40. 蹈襲 (   )
주41. 懺悔 (   )   주42. 涓吉 (   )
주43. 蹉跌 (   )   주44. 咎徵 (   )
주45. 猿臂 (   )

※ 문장에서 잘못 쓴 한자를 바르게 고쳐 쓰시오.
   (단, 음이 같은 한자로 고칠 것)
주46. 그는 幣下께 謁見을 청하고 允許가 내려지길 기
   다렸다.   (→   )
주47. 倭敵의 침입에 鋼慨한 선비들은 의병을 조직하고
   蜂起하여 그들과 맞섰다. (→   )
주48. 그녀는 매주 福券을 사서 當尖을 꿈꾸며 所謂
   '일주일의 행복'을 즐기고 있다. (→   )
주49. 이곳 온천에서는 새벽마다 지하에서 湧出되는 천
   연 琉黃 온천수를 끌어올려 욕탕에 供給한다.
                           (→   )
주50. 寄宿舍 화재 안전 교육의 一環으로 옥내 消火
   殿 사용법 동영상을 시청하였다. (→   )

※ [   ] 안의 단어를 문맥에 맞게 한자로 쓰시오.
주51. 뛰어난 재능이 있는 사람에게는 [시기]와 질투가
   뒤따르기 마련이다.   (   )
주52. 지금은 전 세계적으로 어려운 [시기]이다.
                           (   )
주53. 각 지자체는 세수 감소분 [보전] 대책에 고심하였
   다.   (   )
주54. 그는 민족 문화를 [보전]하기 위해 다방면으로 노
   력을 기울였다.   (   )

※ [   ] 안의 단어를 한자로 쓰시오.
주55. [동공] : 눈동자.   (   )
주56. [미구] : 자신을 낮추어 이르는 말. (   )
주57. [광혈] : 시체가 놓이는 무덤의 구덩이 부분을 이
   르는 말.   (   )
주58. [생질] : 누이의 아들.   (   )
주59. [조업] : 임금이 나라를 다스리는 일.
                           (   )
주60. [도열] : 많은 사람이 죽 늘어섬.   (   )
주61. [무인] : 도장을 대신하여 손가락에 인주 따위를
   묻혀 그 지문을 찍은 것. (   )

주62. [**농액**] : 고름.   (   )

주63. [**애년**] : 머리털이 약쑥같이 희어지는 나이라는
　　　뜻으로, 쉰 살을 이르는 말.   (   )

주64. [**힐항**] : 서로 트집을 잡아 비난하며 맞서서 겨룸.
　　　　　　　　　　　　　　　　　　(   )

주65. [**국궁**] : 윗사람이나 위패 앞에서 존경하는 뜻으
　　　로 몸을 굽힘.   (   )

※ [   ] 안의 한자어의 독음을 쓰시오.

주66. 주미 캐나다 대사는 앞으로 미국과 캐나다 사이의
　　　[雙務協商]이 진행될 것으로 예상했다.
　　　　　　　　　　　　　　　　　　(   )

주67. 우리나라의 국회는 [彈劾訴追權]만 있고 심판
　　　권은 헌법재판소에게 있다.   (   )

주68. [競落許可決定]이 확정되었다.
　　　　　　　　　　　　　　　　　　(   )

주69. 목판 인쇄물인 [無垢淨光大陀羅尼經]은 한국
　　　의 발달한 인쇄문화를 잘 보여주는 유산이다.
　　　　　　　　　　　　　　　　　　(   )

주70. 그녀는 [強迫性人格障碍]로 인해 일상생활과
　　　대인관계에서 종종 곤란을 겪기도 했다.
　　　　　　　　　　　　　　　　　　(   )

주71. 한석봉은 특히 [楷書]로 유명하다.
　　　　　　　　　　　　　　　　　　(   )

주72. [捏造]된 역사는 반드시 규명하여 바로잡아야
　　　한다.   (   )

주73. 그 부부는 정말로 화목하여 마치 한 쌍의 [鴛鴦]
　　　같았다.   (   )

주74. 밤길에 [癡漢]을 조심해야 한다.
　　　　　　　　　　　　　　　　　　(   )

주75. 밤새 마을에서 [駭怪]한 일이 벌어졌다.
　　　　　　　　　　　　　　　　　　(   )

주76. 그의 시에는 미래에 대한 밝은 [叡智]와 삶의
　　　깊은 통찰이 녹아들어 있다.   (   )

주77. 그는 평생을 후학 양성에 [邁進]하였다.
　　　　　　　　　　　　　　　　　　(   )

주78. 강 박사는 예기치 않았던 그의 질문에 여유 있게
　　　[應酬]하였다.   (   )

주79. 그는 물질 만능주의가 [澎湃]한 세상에 회의를
　　　느끼고 무작정 여행을 떠났다.   (   )

주80. 우리는 유학을 다녀온 그에게 번역 작업을 다급히
　　　[囑託]했다.   (   )

※ [   ] 안의 단어를 한자로 쓰시오.

주81. [**권속**]을 이끌고 새로운 마을에 정착했다.
　　　　　　　　　　　　　　　　　　(   )

주82. 그들은 선량한 시민들을 [**공갈**]하고 협박한 혐의
　　　로 기소되었다.   (   )

주83. 그녀는 사람들의 [**조롱**]과 멸시를 견디어 결국
　　　자신의 분야에서 일인자가 되었다. (   )

주84. 그는 뒤도 보지 않고 [**황급**]히 도망쳤다.
　　　　　　　　　　　　　　　　　　(   )

주85. 벽에 기대어 겨우 몸을 [**지탱**]하였다.
　　　　　　　　　　　　　　　　　　(   )

주86. 상대방의 주장에 대하여 [**반박**]하였다.
　　　　　　　　　　　　　　　　　　(   )

주87. 우리 마을 뒷산에서 [**용출**]하는 약수는 위장병
　　　치료에 매우 효과가 있다고 한다. (   )

주88. 선인장은 [**척박**]한 토양에도 잘 적응한다.
　　　　　　　　　　　　　　　　　　(   )

주89. 술과 도박에 [**탐닉**]하면 패가망신하게 된다.
　　　　　　　　　　　　　　　　　　(   )

주90. 그들은 유럽진출을 위한 [**교두보**]를 마련했다.
　　　　　　　　　　　　　　　　　　(   )

**※ [   ] 안의 한자성어의 뜻을 읽고 ○ 안에 들어
갈 알맞은 한자를 쓰시오.**

주91. [秉 ○ 之 性] : 타고난 천성.   (   )

주92. [○ 風 弄 月] : 자연 풍경을 구경하며 즐김.
　　　　　　　　　　　　　　　　　　(   )

주93. [○ 帽 冠 帶] : 사모와 관대를 아울러 이르는
　　　말.   (   )

주94. [見 ○ 拔 劍] : 사소한 일에 크게 성내어 덤빔.
　　　　　　　　　　　　　　　　　　(   )

**※ ○ 안에 들어갈 한자를 〈보기〉에서 찾아 차례로
쓰시오**

〈보기〉	平 子 母 妻 浩 投 亂 敲 樹

주95. 鳥宿池邊○ 僧○月下門   《推句》
　　　　　　　　　　　　　　　(,   )

주96. 家貧則思良○ 國○則思良相   《史記》
　　　　　　　　　　　　　　　(,   )

**※ 주어진 국역을 참고하여 [   ] 안의 한자들을 알
맞게 배열하여 문장을 완성하시오.**

주97. [惡 善 不 皆 起 日 自 念 一 諸]   《明心寶鑑》
　　　국역 : 하루라도 선한 것을 생각하지 않으면, 온갖 악이 모
　　　두 저절로 일어난다.
　　　(   )

주98. [毋 苟 臨 免 難]   《明心寶鑑》
　　　국역 : 환난에 임하여서는 구차하게 면하려 하지 말라.
　　　(   )

※ [   ] 부분을 국역하시오.

주99. [君子喩於義] 小人喩於利   《論語》
　　　(   )

주100. 山影推不出 [月光掃還生]   《推句》
　　　(   )

- 수고하셨습니다 -

모범답안

〈 1 〉

객관식

번호	답	번호	답	번호	답	번호	답	번호	답
1	①	11	②	21	①	31	①	41	②
2	④	12	③	22	④	32	③	42	③
3	②	13	④	23	①	33	②	43	④
4	③	14	②	24	③	34	④	44	①
5	①	15	①	25	②	35	③	45	②
6	①	16	④	26	④	36	①	46	②
7	②	17	③	27	②	37	②	47	①
8	④	18	④	28	①	38	④	48	③
9	③	19	②	29	③	39	③	49	④
10	①	20	③	30	④	40	①	50	④

주관식

번호	답	번호	답	번호	답
주1	가르칠 회	주33	힐난	주65	宥和
주2	매미 선	주34	회복	주66	공직자윤리법
주3	병나을 유	주35	지탱	주67	투기과열지구
주4	도마 조	주36	도살	주68	비준
주5	수수께끼 미	주37	서재	주69	파견근로제
주6	옷깃 금	주38	유대	주70	궤양
주7	술 따를 짐	주39	고략	주71	비겁
주8	산호 산	주40	준설	주72	수록
주9	글지을 찬	주41	범람	주73	경색
주10	도랑 거	주42	암학	주74	사직
주11	유창할 답	주43	굉음	주75	영정
주12	토란 우	주44	환선	주76	당구
주13	편지 첩	주45	준동	주77	후사
주14	산우뚝솟을 흘	주46	儀 → 擬	주78	계영배
주15	망할 민	주47	荷 → 遐	주79	저택
주16	목화/솜 면	주48	翁 → 恰	주80	마찰
주17	넘칠 일	주49	噴 → 雰	주81	玲瓏
주18	지름길 혜	주50	鱗 → 躪	주82	曳引船
주19	가래 담	주51	眞摯	주83	運柩
주20	넓을 활	주52	陣地	주84	風靡
주21	捺	주53	巡狩	주85	搖籃
주22	侻	주54	純粹	주86	驚愕
주23	鄙	주55	老婆	주87	剔抉
주24	霞	주56	鍍金	주88	滿喫
주25	勃	주57	順坦	주89	捷徑
주26	霖	주58	聾啞	주90	彌縫策
주27	醒	주59	鹹水	주91	瞭
주28	瀧	주60	樵汲	주92	鬧
주29	墟	주61	喉囑	주93	繪
주30	籬	주62	惰性	주94	苟
주31	동독	주63	束縛	주95	善 , 諸
주32	긍고	주64	凹凸	주96	暗 , 電

주97	人莫知其子之惡
주98	學而時習之
주99	귀에는 거슬리나 행동에는 이롭다.
주100	이기기를 좋아하는 자는 반드시 적수를 만난다.

〈 2 〉

객관식

번호	답	번호	답	번호	답	번호	답	번호	답
1	③	11	③	21	③	31	④	41	④
2	③	12	②	22	④	32	①	42	①
3	④	13	④	23	②	33	②	43	④
4	②	14	④	24	①	34	②	44	②
5	①	15	②	25	③	35	③	45	③
6	④	16	①	26	④	36	①	46	②
7	①	17	③	27	③	37	④	47	④
8	②	18	②	28	①	38	③	48	①
9	③	19	①	29	②	39	②	49	③
10	①	20	④	30	③	40	①	50	②

주관식

번호	답	번호	답	번호	답
주1	더러울 비	주33	하령	주65	帷幕
주2	엿볼 역	주34	참언	주66	종업원지주제도
주3	찰흙 식	주35	설독	주67	청약저축
주4	팔 완	주36	누설	주68	총괄평가
주5	할미 온	주37	요지	주69	엽관제
주6	연꽃 용	주38	길경	주70	지급준비금
주7	꾸짖을 힐	주39	염일	주71	추첨
주8	향기 복	주40	발탁	주72	신랄
주9	봉화 봉	주41	재계	주73	건과
주10	굽을 왕	주42	고안	주74	우범
주11	곳집 유	주43	요원	주75	간극
주12	굳셀 강	주44	사저	주76	파도
주13	즐길 기	주45	아첨	주77	박멸
주14	못 정	주46	邕 → 甕	주78	보루
주15	유즙 락	주47	聯 → 攣	주79	격문
주16	멀 막	주48	劉 → 硫	주80	척탕
주17	홑옷 경	주49	曇 → 澹	주81	佩用
주18	좁을 루	주50	嶼 → 棲	주82	肺腑
주19	파리할 척	주51	徽章	주83	要諦
주20	술빚을 양	주52	揮帳	주84	玉璽
주21	孺	주53	改嫁	주85	油槽船
주22	葵	주54	凱歌	주86	冷麵
주23	酩	주55	灼熱	주87	薔薇
주24	瘦	주56	羹飯	주88	犧牲
주25	關	주57	仍舊貫	주89	昆蟲
주26	誅	주58	豪爽	주90	軋轢
주27	堵	주59	湧泉	주91	藉
주28	摸	주60	輪廓	주92	瑤
주29	賑	주61	放肆	주93	股
주30	拏	주62	襁褓	주94	蓬
주31	촉탁	주63	俯瞰圖	주95	文 , 仁
주32	휼간	주64	琥珀	주96	春 , 望

주97	必資學問而知之
주98	天報之以福
주99	소년은 늙기 쉽고 학업은 이루기 어렵다.
주100	비록 한 터럭이라도 취하지 말라.

모범답안

〈 3 〉

객관식

1	①	11	①	21	④	31	③	41	③
2	①	12	④	22	④	32	②	42	③
3	④	13	③	23	①	33	④	43	②
4	③	14	③	24	②	34	①	44	④
5	②	15	④	25	③	35	②	45	①
6	①	16	①	26	④	36	④	46	④
7	④	17	②	27	①	37	③	47	①
8	②	18	③	28	③	38	④	48	③
9	③	19	②	29	②	39	①	49	②
10	②	20	①	30	①	40	②	50	③

주관식

번호	답	번호	답	번호	답
주1	상고할 계	주33	승상	주65	拷訊
주2	나무랄 기	주34	조추	주66	나지
주3	부추길 주	주35	진념	주67	정세판단
주4	뺄 정	주36	극구	주68	반계수록
주5	생황 생	주37	웅담	주69	난수표검사방식
주6	벼랑 애	주38	기라성	주70	역학조사
주7	때릴 구	주39	윤사	주71	패용
주8	조수 석	주40	저주	주72	이완
주9	사자 사	주41	궤양	주73	참회
주10	두꺼비 섬	주42	준주	주74	점막
주11	발 렴	주43	이언	주75	초례
주12	날랠 효	주44	고비	주76	준설
주13	작은섬 서	주45	품신	주77	발문
주14	싹틀 줄	주46	擢 → 托	주78	포승
주15	덮개 투	주47	腫 → 踵	주79	참소
주16	이길 첩	주48	嚴 → 掩	주80	향연
주17	칼끝 봉	주49	隨 → 酬	주81	陋名
주18	당길 만	주50	紋 → 紊	주82	烙印
주19	그믐 회	주51	熾烈	주83	椿府丈
주20	굳셀 의	주52	齒列	주84	罹災民
주21	脣	주53	銓衡	주85	鴛鴦衾枕
주22	簒	주54	典型	주86	骨董品
주23	癩	주55	研鑽	주87	範疇
주24	歿	주56	彝倫	주88	唾液
주25	喧	주57	籤辭	주89	沮害
주26	躪	주58	諮詢	주90	跆拳道
주27	俯	주59	寂寥	주91	垢
주28	溢	주60	鯤鵬	주92	棒
주29	阜	주61	膺懲	주93	慷
주30	魁	주62	總括	주94	繡
주31	액취	주63	鷹視	주95	網 , 漏
주32	잔루	주64	素麵	주96	缺 , 衰
주97	及時當勉勵				
주98	至樂莫如讀書				
주99	비단옷을 입고 밤길을 가는 것과 같다.				
주100	사람이 살면서 어느 곳에서인들 서로 만나지 않겠는가.				

〈 4 〉

객관식

1	④	11	①	21	④	31	①	41	④
2	②	12	④	22	②	32	②	42	③
3	④	13	②	23	④	33	③	43	④
4	①	14	②	24	③	34	②	44	②
5	③	15	①	25	①	35	④	45	①
6	④	16	③	26	③	36	③	46	④
7	③	17	④	27	②	37	①	47	③
8	①	18	②	28	④	38	③	48	①
9	②	19	①	29	①	39	②	49	②
10	③	20	③	30	④	40	①	50	②

주관식

번호	답	번호	답	번호	답
주1	캐물을 신	주33	염담	주65	欽羨
주2	물놀이 미	주34	예맥	주66	구조조정
주3	뜨물 반	주35	원장	주67	징수유예
주4	우거질 망	주36	전율	주68	관료제
주5	노을 하	주37	취급	주69	대량파괴무기
주6	넓을 회	주38	작열	주70	전자화폐
주7	매혹할 매	주39	경개	주71	섬멸
주8	두렁 천	주40	준선	주72	엄습
주9	징 정	주41	도야	주73	배낭
주10	씹을 저	주42	녹즙	주74	매파
주11	망아지 구	주43	즐비	주75	구랍
주12	만날 후	주44	작렬	주76	수렵
주13	감귤나무 귤	주45	각신	주77	모독
주14	괘이름/그칠 간	주46	外 → 猥	주78	수척
주15	의지할 의	주47	順 → 醇	주79	호도
주16	개펄 석	주48	擁 → 甕	주80	핍진
주17	화목할 목	주49	讚 → 餐	주81	挽回
주18	틈 극	주50	叔 → 塾	주82	野鄙
주19	가게 전	주51	仔詳	주83	誘拐
주20	찰 패	주52	刺傷	주84	浴槽
주21	灘	주53	邁進	주85	緘口令
주22	腋	주54	賣盡	주86	脾胃
주23	杳	주55	剩餘	주87	點綴
주24	駁	주56	批准	주88	惡辣
주25	伶	주57	欣慕	주89	粘膜
주26	宥	주58	紈袴	주90	烏鵲橋
주27	訌	주59	藥湯罐	주91	稽
주28	悚	주60	摸索	주92	轍
주29	亘	주61	煤煙	주93	濤
주30	懿	주62	急遽	주94	肱
주31	견발	주63	剛毅	주95	月 , 珠
주32	미담	주64	匡諫	주96	得 , 免
주97	道不同不相爲謀				
주98	財聚則民散				
주99	어떻게 호랑이 새끼를 잡겠는가.				
주100	생각만 하고 배우지 않으면 위태롭다.				

모범답안

〈 5 〉

객관식

No		No		No		No		No	
1	①	11	④	21	③	31	③	41	②
2	②	12	③	22	①	32	②	42	②
3	④	13	①	23	②	33	①	43	①
4	②	14	④	24	③	34	③	44	③
5	①	15	④	25	④	35	④	45	④
6	①	16	②	26	①	36	②	46	②
7	②	17	①	27	③	37	①	47	①
8	④	18	④	28	②	38	①	48	①
9	③	19	①	29	④	39	③	49	③
10	②	20	②	30	④	40	④	50	③

주관식

No	답	No	답	No	답
주1	밀가루 면	주33	옹슬	주65	霄壤
주2	무늬 문	주34	짐작	주66	객동선
주3	떳떳할 이	주35	발우	주67	합병
주4	찰 영	주36	시엽	주68	잠재성장률
주5	모을 췌	주37	섬라	주69	원내교섭단체
주6	나눌 반	주38	재결	주70	현안
주7	참소할 참	주39	응사	주71	영수
주8	마치 흡	주40	경감	주72	개벽
주9	갈빗대 륵	주41	박피	주73	척수
주10	아첨할 녕	주42	음소	주74	형극
주11	미쁠 부	주43	상슬	주75	충전
주12	부스럼 종	주44	조륜	주76	석가탑
주13	통할 경	주45	유곽	주77	굉음
주14	우두머리 괴	주46	指 → 咫	주78	개전
주15	그리워할 동	주47	巡 → 醇	주79	봉함
주16	호협할 협	주48	口 → 溝	주80	파란
주17	껍질 각	주49	綏 → 穗	주81	驚蟄
주18	원수 수	주50	滌 → 剔	주82	蹈襲
주19	용서할 유	주51	模擬	주83	攪亂
주20	도타울 돈	주52	謀議	주84	請牒狀
주21	屠	주53	飛翔	주85	柑橘
주22	麓	주54	非常	주86	鍍金
주23	塾	주55	懈怠	주87	恪別
주24	痢	주56	遁甲	주88	錚錚
주25	礪	주57	緋緞	주89	豊饒
주26	宏	주58	痼疾	주90	拂拭
주27	擢	주59	諧謔	주91	桀
주28	彙	주60	遭遇	주92	鰥
주29	塵	주61	凌駕	주93	搔
주30	琉	주62	紙粘土	주94	鄒
주31	퇴비	주63	螢光	주95	儉 , 卑
주32	임숙	주64	殞命	주96	學 , 夜
주97	若吾斷斯織也				
주98	賢婦令夫貴				
주99	열 살이 많으면 형으로 섬긴다.				
주100	윗사람에게 신임을 얻지 못한다.				

〈 6 〉

객관식

No		No		No		No		No	
1	①	11	②	21	④	31	②	41	④
2	③	12	④	22	③	32	④	42	②
3	②	13	①	23	①	33	③	43	④
4	①	14	①	24	①	34	①	44	③
5	④	15	④	25	④	35	③	45	①
6	③	16	③	26	④	36	④	46	①
7	④	17	②	27	②	37	②	47	②
8	①	18	①	28	①	38	②	48	④
9	②	19	③	29	②	39	①	49	③
10	③	20	④	30	①	40	③	50	④

주관식

No	답	No	답	No	답
주1	삼갈 비	주33	논박	주65	准將
주2	겨드랑이 액	주34	계감	주66	유도신문
주3	역말 일	주35	예인	주67	구루병
주4	보리수 보	주36	분향	주68	표준점수
주5	이 슬	주37	정승	주69	간접교사
주6	버틸 탱	주38	당간	주70	가공전선
주7	감탕나무 억	주39	매혹	주71	위촉
주8	이길 극	주40	능엄경	주72	탕관
주9	살필 체	주41	일임	주73	준공
주10	전복 복	주42	팽형	주74	옥저
주11	섬돌 폐	주43	설의	주75	취약
주12	장막 유	주44	찬정	주76	시기
주13	널/관 구	주45	순례	주77	우회
주14	어지러울 교	주46	阿 → 娥	주78	목욕재계
주15	넘어질 차	주47	棘 → 戟	주79	즙액
주16	두려울 송	주48	透 → 套	주80	주술
주17	등성마루 척	주49	附 → 敷	주81	婉曲
주18	기뻐할 흔	주50	呑 → 鱗	주82	舞蹈會
주19	내분 홍	주51	社稷	주83	背馳
주20	대산 대	주52	辭職	주84	玩賞
주21	紐	주53	報酬	주85	逼迫
주22	瀆	주54	補修	주86	概括
주23	匡	주55	妖艶	주87	捺印
주24	芭	주56	淋巴腺	주88	凌/陵辱
주25	馥	주57	階梯	주89	肋膜炎
주26	跆	주58	貝塚	주90	怒濤
주27	棉	주59	炸裂	주91	刎
주28	妬	주60	嬪宮	주92	糊
주29	譎	주61	鷗鷺	주93	餐
주30	痰	주62	癒着	주94	窀
주31	규곽	주63	柴扉	주95	梅 , 鷄
주32	길굴	주64	聚落	주96	陰 , 變
주97	二人同心 其利斷金				
주98	浮生空自忙				
주99	사람들이 미워하더라도 반드시 그것을 살펴본다.				
주100	남이 나를 알아주지 못하는 것을 근심하지 않는다.				

모범답안

〈 7 〉

객관식

번호	답	번호	답	번호	답	번호	답	번호	답
1	③	11	①	21	④	31	④	41	②
2	②	12	④	22	④	32	③	42	②
3	①	13	③	23	①	33	②	43	③
4	③	14	①	24	③	34	③	44	④
5	④	15	④	25	④	35	①	45	④
6	④	16	③	26	④	36	④	46	③
7	③	17	②	27	②	37	②	47	④
8	②	18	②	28	③	38	③	48	①
9	①	19	①	29	①	39	④	49	④
10	②	20	③	30	①	40	①	50	②

주관식

번호	답	번호	답	번호	답
주1	큰길 규	주33	치한	주65	肇業
주2	꺼질 식	주34	정려	주66	결선투표
주3	향기 분	주35	의아	주67	도매금융
주4	호박 호	주36	분영	주68	감모상각
주5	시내 계	주37	두흔	주69	감독관청
주6	알깔 부	주38	양절	주70	방화벽
주7	쓸어질 미	주39	박탈	주71	휘호
주8	까치 작	주40	추선	주72	유리
주9	오나라배 강	주41	구타	주73	수학
주10	구덩이 참	주42	증려	주74	해학
주11	때릴 박	주43	훤당	주75	포상
주12	거둘 렴	주44	주유	주76	도정
주13	소로 경	주45	습개	주77	인색
주14	영특할 준	주46	悟 → 奧	주78	타성
주15	빛날 경	주47	守 → 狩	주79	함양
주16	속일 궤	주48	修 → 酬	주80	빙자
주17	글방 숙	주49	庶 → 棲	주81	杞憂
주18	녹봉 채	주50	離 → 羅	주82	艶聞
주19	스승 부	주51	腐蝕	주83	稟議
주20	질나팔 훈	주52	副食	주84	披露宴
주21	楠	주53	糊口	주85	括弧
주22	枓	주54	護具	주86	看做
주23	鬧	주55	恢弘	주87	澎湃
주24	拮	주56	瓊團	주88	鹿茸
주25	穡	주57	捺染	주89	馬牌
주26	奠	주58	觀參	주90	釋迦塔
주27	慄	주59	前轍	주91	隙
주28	堡	주60	峻峙	주92	洩
주29	丞	주61	曖昧	주93	竿
주30	嗣	주62	釀造	주94	屠
주31	계고	주63	經筵	주95	躍 , 枝
주32	간석	주64	堪當	주96	交 , 恕
주97	出必告 反必面				
주98	不可恃富而怠學				
주99	함께 어울리면서도 당을 만들지 않는다.				
주100	남을 대접함에 넉넉하게 한다.				

〈 8 〉

객관식

번호	답	번호	답	번호	답	번호	답	번호	답
1	②	11	②	21	③	31	④	41	②
2	③	12	④	22	③	32	①	42	②
3	④	13	①	23	④	33	③	43	①
4	①	14	②	24	①	34	④	44	④
5	②	15	①	25	②	35	②	45	②
6	①	16	③	26	④	36	④	46	③
7	②	17	④	27	②	37	①	47	①
8	①	18	①	28	①	38	①	48	①
9	①	19	④	29	③	39	④	49	④
10	③	20	②	30	②	40	②	50	②

주관식

번호	답	번호	답	번호	답
주1	메울 전	주33	농개	주65	綸音
주2	물리칠 양	주34	주배	주66	진대법
주3	아침 흔	주35	흉궤	주67	감별배양기
주4	오줌통 광	주36	오열	주68	돈오점수
주5	투기할 투	주37	소급	주69	경제적발주량
주6	갓끈 영	주38	이훈	주70	고문
주7	나약할 나	주39	전패	주71	칩거
주8	개 오	주40	참호	주72	폭주
주9	성 예	주41	준담	주73	격분
주10	바퀴테 망	주42	견훤	주74	슬갑
주11	상고신인 종	주43	무계	주75	비루
주12	구슬 선	주44	교태	주76	말갈
주13	뚫을 찬	주45	귤유	주77	운확
주14	소용돌이 와	주46	盜 → 屠	주78	의연
주15	화끈거릴 흔	주47	緖 → 嶼	주79	체념
주16	밝을 예	주48	警 → 憬	주80	납향제
주17	싹 맹	주49	裘 → 襟	주81	嫡庶
주18	닻 묘	주50	碩 → 晢	주82	徘徊
주19	밟을 도	주51	袈裟	주83	詔勅
주20	사기그릇 자	주52	假死	주84	櫛文土器
주21	埃	주53	騷擾	주85	寃魂
주22	斧	주54	逍遙	주86	政丞
주23	隙	주55	吝嗇	주87	鵲報
주24	澎	주56	懈惰	주88	蹉跌
주25	詰	주57	讒佞	주89	紙匣
주26	嚆	주58	沮喪	주90	瀑布
주27	頸	주59	蹶起	주91	錐
주28	汁	주60	逼奪	주92	焚
주29	煤	주61	手腕	주93	骸
주30	牝	주62	螺旋形	주94	夙
주31	치유	주63	穎脫	주95	燭 , 風
주32	종식	주64	曙光	주96	義 , 小
주97	放於利而行				
주98	夏雲多奇峯				
주99	화로는 식었으나 불은 아직 남아 있네.				
주100	어둑어둑하게 밤길을 가는 것이다.				

모범답안

<table>
<tr><th colspan="10">〈 9 〉</th><th colspan="10">〈 10 〉</th></tr>
<tr><th colspan="10">객관식</th><th colspan="10">객관식</th></tr>
<tr><td>1</td><td>①</td><td>11</td><td>③</td><td>21</td><td>②</td><td>31</td><td>④</td><td>41</td><td>②</td><td>1</td><td>③</td><td>11</td><td>③</td><td>21</td><td>①</td><td>31</td><td>①</td><td>41</td><td>④</td></tr>
<tr><td>2</td><td>②</td><td>12</td><td>②</td><td>22</td><td>①</td><td>32</td><td>②</td><td>42</td><td>④</td><td>2</td><td>②</td><td>12</td><td>①</td><td>22</td><td>④</td><td>32</td><td>④</td><td>42</td><td>③</td></tr>
<tr><td>3</td><td>③</td><td>13</td><td>①</td><td>23</td><td>②</td><td>33</td><td>③</td><td>43</td><td>③</td><td>3</td><td>①</td><td>13</td><td>④</td><td>23</td><td>③</td><td>33</td><td>②</td><td>43</td><td>①</td></tr>
<tr><td>4</td><td>①</td><td>14</td><td>②</td><td>24</td><td>③</td><td>34</td><td>①</td><td>44</td><td>①</td><td>4</td><td>①</td><td>14</td><td>③</td><td>24</td><td>②</td><td>34</td><td>②</td><td>44</td><td>①</td></tr>
<tr><td>5</td><td>④</td><td>15</td><td>④</td><td>25</td><td>④</td><td>35</td><td>④</td><td>45</td><td>④</td><td>5</td><td>④</td><td>15</td><td>①</td><td>25</td><td>①</td><td>35</td><td>①</td><td>45</td><td>④</td></tr>
<tr><td>6</td><td>①</td><td>16</td><td>④</td><td>26</td><td>④</td><td>36</td><td>③</td><td>46</td><td>④</td><td>6</td><td>②</td><td>16</td><td>④</td><td>26</td><td>③</td><td>36</td><td>③</td><td>46</td><td>②</td></tr>
<tr><td>7</td><td>④</td><td>17</td><td>①</td><td>27</td><td>③</td><td>37</td><td>②</td><td>47</td><td>④</td><td>7</td><td>④</td><td>17</td><td>②</td><td>27</td><td>④</td><td>37</td><td>④</td><td>47</td><td>④</td></tr>
<tr><td>8</td><td>②</td><td>18</td><td>③</td><td>28</td><td>①</td><td>38</td><td>④</td><td>48</td><td>④</td><td>8</td><td>①</td><td>18</td><td>②</td><td>28</td><td>③</td><td>38</td><td>③</td><td>48</td><td>③</td></tr>
<tr><td>9</td><td>③</td><td>19</td><td>④</td><td>29</td><td>②</td><td>39</td><td>③</td><td>49</td><td>③</td><td>9</td><td>③</td><td>19</td><td>①</td><td>29</td><td>②</td><td>39</td><td>②</td><td>49</td><td>①</td></tr>
<tr><td>10</td><td>④</td><td>20</td><td>①</td><td>30</td><td>①</td><td>40</td><td>①</td><td>50</td><td>③</td><td>10</td><td>②</td><td>20</td><td>④</td><td>30</td><td>③</td><td>40</td><td>①</td><td>50</td><td>①</td></tr>
</table>

<table>
<tr><th colspan="6">주관식</th><th colspan="6">주관식</th></tr>
<tr><td>주1</td><td>아낄 린</td><td>주33</td><td>파초</td><td>주65</td><td>慰藉料</td><td>주1</td><td>송곳 추</td><td>주33</td><td>미령</td><td>주65</td><td>明澄</td></tr>
<tr><td>주2</td><td>쌓을 온</td><td>주34</td><td>무지</td><td>주66</td><td>긴급수입제한조치</td><td>주2</td><td>향기 형</td><td>주34</td><td>척강</td><td>주66</td><td>직무평가</td></tr>
<tr><td>주3</td><td>진한술 순</td><td>주35</td><td>칙찬</td><td>주67</td><td>자본잉여금</td><td>주3</td><td>지게미 조</td><td>주35</td><td>인후</td><td>주67</td><td>가계소득</td></tr>
<tr><td>주4</td><td>춤출 일</td><td>주36</td><td>건체</td><td>주68</td><td>오염방지</td><td>주4</td><td>삼갈 원</td><td>주36</td><td>생황</td><td>주68</td><td>불체포특권</td></tr>
<tr><td>주5</td><td>곤이 곤</td><td>주37</td><td>혜경</td><td>주69</td><td>전황</td><td>주5</td><td>머뭇거릴 저</td><td>주37</td><td>쇄소</td><td>주69</td><td>나용선</td></tr>
<tr><td>주6</td><td>거스를 소</td><td>주38</td><td>괴대</td><td>주70</td><td>생산장려금</td><td>주6</td><td>게으를 라</td><td>주38</td><td>새보</td><td>주70</td><td>매도확약서</td></tr>
<tr><td>주7</td><td>이 식</td><td>주39</td><td>익대</td><td>주71</td><td>예봉</td><td>주7</td><td>속일 괴</td><td>주39</td><td>진신</td><td>주71</td><td>도루</td></tr>
<tr><td>주8</td><td>쇠고랑 곡</td><td>주40</td><td>퇴적</td><td>주72</td><td>노복</td><td>주8</td><td>어리석을 치</td><td>주40</td><td>회삭</td><td>주72</td><td>옹기</td></tr>
<tr><td>주9</td><td>술통 준</td><td>주41</td><td>삼리</td><td>주73</td><td>부연</td><td>주9</td><td>뜰 범</td><td>주41</td><td>감여</td><td>주73</td><td>처방전</td></tr>
<tr><td>주10</td><td>끌 만</td><td>주42</td><td>정결</td><td>주74</td><td>척결</td><td>주10</td><td>굽 제</td><td>주42</td><td>극려</td><td>주74</td><td>퇴적</td></tr>
<tr><td>주11</td><td>준걸 준</td><td>주43</td><td>전재</td><td>주75</td><td>잠언</td><td>주11</td><td>타이를 순</td><td>주43</td><td>전포</td><td>주75</td><td>탁발승</td></tr>
<tr><td>주12</td><td>사마귀 당</td><td>주44</td><td>반계</td><td>주76</td><td>저택</td><td>주12</td><td>호미 기</td><td>주44</td><td>호위</td><td>주76</td><td>퇴고</td></tr>
<tr><td>주13</td><td>향기날 필</td><td>주45</td><td>종양</td><td>주77</td><td>요란</td><td>주13</td><td>허물 구</td><td>주45</td><td>왜구</td><td>주77</td><td>실추</td></tr>
<tr><td>주14</td><td>구기자 구</td><td>주46</td><td>稿 → 敲</td><td>주78</td><td>해후</td><td>주14</td><td>아첨할 첨</td><td>주46</td><td>夷 → 弛</td><td>주78</td><td>완력</td></tr>
<tr><td>주15</td><td>격문 격</td><td>주47</td><td>鬪 → 妬</td><td>주79</td><td>혼신</td><td>주15</td><td>기뻐할 환</td><td>주47</td><td>嫉 → 叱</td><td>주79</td><td>신문</td></tr>
<tr><td>주16</td><td>다룰 급</td><td>주48</td><td>脅 → 挾</td><td>주80</td><td>미제</td><td>주16</td><td>담 도</td><td>주48</td><td>滋 → 藉</td><td>주80</td><td>즐비</td></tr>
<tr><td>주17</td><td>창포 창</td><td>주49</td><td>緘 → 涵</td><td>주81</td><td>下水溝</td><td>주17</td><td>막을 알</td><td>주49</td><td>滌 → 瘠</td><td>주81</td><td>對峙</td></tr>
<tr><td>주18</td><td>클 탁</td><td>주50</td><td>飾 → 蝕</td><td>주82</td><td>駭怪</td><td>주18</td><td>불사를 분</td><td>주50</td><td>般 → 頒</td><td>주82</td><td>沮止</td></tr>
<tr><td>주19</td><td>장미 장</td><td>주51</td><td>遺骸</td><td>주83</td><td>弛緩</td><td>주19</td><td>거짓 양</td><td>주51</td><td>罵倒</td><td>주83</td><td>凜凜</td></tr>
<tr><td>주20</td><td>맏 곤</td><td>주52</td><td>有害</td><td>주84</td><td>湖畔</td><td>주20</td><td>갚을 수</td><td>주52</td><td>賣渡</td><td>주84</td><td>孕胎</td></tr>
<tr><td>주21</td><td>囹</td><td>주53</td><td>復讐</td><td>주85</td><td>酒酊</td><td>주21</td><td>螺</td><td>주53</td><td>悚懼</td><td>주85</td><td>海溢</td></tr>
<tr><td>주22</td><td>寇</td><td>주54</td><td>複數</td><td>주86</td><td>琵琶</td><td>주22</td><td>攘</td><td>주54</td><td>送球</td><td>주86</td><td>彷徨</td></tr>
<tr><td>주23</td><td>彭</td><td>주55</td><td>襟度</td><td>주87</td><td>雲梯</td><td>주23</td><td>稼</td><td>주55</td><td>飢饉</td><td>주87</td><td>羨望</td></tr>
<tr><td>주24</td><td>臂</td><td>주56</td><td>煽情性</td><td>주88</td><td>竣工</td><td>주24</td><td>剔</td><td>주56</td><td>嗜好</td><td>주88</td><td>取扱</td></tr>
<tr><td>주25</td><td>瞳</td><td>주57</td><td>排泄</td><td>주89</td><td>肋骨</td><td>주25</td><td>鯨</td><td>주57</td><td>愛嬌</td><td>주89</td><td>撫摩</td></tr>
<tr><td>주26</td><td>斅</td><td>주58</td><td>攘夷論</td><td>주90</td><td>激昂</td><td>주26</td><td>喚</td><td>주58</td><td>嬰兒</td><td>주90</td><td>友誼</td></tr>
<tr><td>주27</td><td>狐</td><td>주59</td><td>逼眞</td><td>주91</td><td>喚</td><td>주27</td><td>蠹</td><td>주59</td><td>頑固</td><td>주91</td><td>猿/猫</td></tr>
<tr><td>주28</td><td>訛</td><td>주60</td><td>烙印</td><td>주92</td><td>鯨</td><td>주28</td><td>鱗</td><td>주60</td><td>隱遁/遯</td><td>주92</td><td>羹</td></tr>
<tr><td>주29</td><td>俚</td><td>주61</td><td>蠢動</td><td>주93</td><td>袖</td><td>주29</td><td>橘</td><td>주61</td><td>魁首</td><td>주93</td><td>繩</td></tr>
<tr><td>주30</td><td>脊</td><td>주62</td><td>耽讀</td><td>주94</td><td>蓬</td><td>주30</td><td>沫</td><td>주62</td><td>決潰</td><td>주94</td><td>樵</td></tr>
<tr><td>주31</td><td>외설</td><td>주63</td><td>躬行</td><td>주95</td><td>推 , 還</td><td>주31</td><td>수렴</td><td>주63</td><td>繪畫</td><td>주95</td><td>讀 , 棘</td></tr>
<tr><td>주32</td><td>배심</td><td>주64</td><td>喫怯</td><td>주96</td><td>懲 , 懲</td><td>주32</td><td>소안</td><td>주64</td><td>溪澗</td><td>주96</td><td>常 , 遠</td></tr>
<tr><td>주97</td><td colspan="5">破心中賊難</td><td>주97</td><td colspan="5">不遠遊 遊必有方</td></tr>
<tr><td>주98</td><td colspan="5">道吾惡者 是吾師</td><td>주98</td><td colspan="5">不能舍己從人</td></tr>
<tr><td>주99</td><td colspan="5">천 번을 생각하면 반드시 하나는 맞는 것이 있다.</td><td>주99</td><td colspan="5">어찌 따로 씨가 있겠는가.</td></tr>
<tr><td>주100</td><td colspan="5">길을 가다가 좁은 곳에서 마주치면 회피하기 어렵다.</td><td>주100</td><td colspan="5">만족할 줄 알면 욕되지 않을 것이다.</td></tr>
</table>

모범답안

〈 11 〉 객관식									
1	②	11	②	21	④	31	③	41	③
2	①	12	①	22	④	32	②	42	④
3	②	13	③	23	④	33	④	43	④
4	④	14	③	24	②	34	①	44	④
5	③	15	②	25	①	35	②	45	①
6	④	16	④	26	②	36	④	46	①
7	③	17	①	27	③	37	③	47	③
8	②	18	③	28	①	38	④	48	①
9	①	19	②	29	③	39	①	49	①
10	④	20	①	30	①	40	②	50	①

〈 12 〉 객관식									
1	④	11	③	21	③	31	②	41	②
2	③	12	②	22	④	32	①	42	④
3	②	13	③	23	②	33	④	43	①
4	②	14	②	24	①	34	④	44	④
5	④	15	①	25	③	35	①	45	④
6	②	16	④	26	②	36	②	46	①
7	①	17	②	27	②	37	③	47	②
8	③	18	④	28	③	38	②	48	③
9	④	19	①	29	①	39	④	49	③
10	①	20	②	30	③	40	①	50	②

〈 11 〉 주관식

주1	묶을/굳을 공	주33	의척	주65	攸好德
주2	단비 주	주34	주방	주66	귀주대첩
주3	뗏목 벌	주35	패찰	주67	사기죄
주4	너럭바위 반	주36	주술	주68	무산소등정
주5	어그러질 려	주37	탄회	주69	가혹행위
주6	햇살 현	주38	앵접	주70	금융혁신
주7	믿을 시	주39	여염	주71	요체
주8	놀랄 악	주40	개관	주72	전율
주9	굳셀 경	주41	선염	주73	진대
주10	매울 랄	주42	촉규	주74	재계
주11	편안할 온	주43	비파	주75	보리수
주12	대개 경	주44	사첨	주76	요람
주13	담 용	주45	정격	주77	앵무
주14	함께 해	주46	就 → 聚	주78	교활
주15	젖먹이 유	주47	退 → 堆	주79	소요
주16	문채 욱	주48	潮 → 槽	주80	풍미
주17	비파 파	주49	優 → 迂	주81	嫡出
주18	짓밟을 유	주50	戴 → 擡	주82	草芥
주19	멀 료	주51	錠劑	주83	堡壘
주20	자루 병	주52	精製	주84	語彙力
주21	婆	주53	嗜好	주85	進陟
주22	詮	주54	畿湖	주86	潰滅
주23	昂	주55	糟糠	주87	終熄
주24	菱	주56	譴罰	주88	殘骸
주25	仄	주57	捕繩	주89	先塋
주26	諷	주58	滌蕩	주90	窯業
주27	墾	주59	雙璧	주91	濡
주28	垢	주60	鹹泉	주92	橅
주29	魅	주61	軫念	주93	聾
주30	饉	주62	湯罐	주94	曳
주31	일무	주63	沈淪	주95	寶 , 朝
주32	전안	주64	恪虔	주96	琢 , 道

주97	子欲養而親不待
주98	吾日三省吾身
주99	그 향기가 난초와 같다.
주100	하늘이 재앙으로써 보답한다.

〈 12 〉 주관식

주1	절인어물 포	주33	영동	주65	諦念
주2	빛날 엽	주34	골계	주66	쌍무계약
주3	금빛바랠 훈	주35	갱탕	주67	독립채산제
주4	석간수 간	주36	수유	주68	학점은행제
주5	들 대	주37	처량	주69	경상수지
주6	비단 기	주38	요지경	주70	부석사무량수전
주7	제비 첨	주39	진몰	주71	선동
주8	이야기 담	주40	능라	주72	경칩
주9	도울 익	주41	첩경	주73	공수
주10	새우 하	주42	간택	주74	도습
주11	암컷 빈	주43	구적	주75	납설수
주12	뽀족할 철	주44	공고	주76	알영정
주13	서고 성	주45	염아	주77	짐작
주14	넓을 항	주46	泛 → 帆	주78	규환
주15	자세할 자	주47	抛 → 褒	주79	기탄
주16	다할 갈	주48	趣 → 脆	주80	힐책
주17	재주 량	주49	轟 → 宏	주81	咽喉炎
주18	찔을 도	주50	豐 → 諷	주82	遭難
주19	비늘 린	주51	齋戒	주83	渦中
주20	갓난아이 영	주52	財界	주84	食怯
주21	獒	주53	使嗾	주85	塹壕/濠
주22	矩	주54	沙洲	주86	廢墟
주23	菖	주55	奧妙	주87	伶俐/怜悧
주24	窺	주56	泯沒	주88	拔萃
주25	剝	주57	義俠心	주89	殲滅
주26	艾	주58	絳帳	주90	平坦
주27	塡	주59	立錐	주91	轍
주28	隅	주60	竣工	주92	猫
주29	鋒	주61	喚呼	주93	璧
주30	套	주62	兩棲類	주94	縛
주31	호상	주63	魅力	주95	應 , 氣
주32	완강	주64	苛酷	주96	獲 , 禱

주97	以責人之心責己
주98	知松柏之後凋也
주99	덕은 외롭지 않으니, 반드시 이웃이 있다.
주100	나무가 먹줄을 따르면 곧아진다.

모범답안

	〈 13 〉						〈 14 〉				
	객관식						**객관식**				
1	③	11	③	21	④	1	①	11	③	21	①
31	③	41	④			31	①	41	③		
2	③	12	②	22	④	2	②	12	①	22	④
32	④	42	③			32	②	42	②		
3	①	13	②	23	②	3	④	13	④	23	①
33	①	43	④			33	③	43	③		
4	①	14	④	24	①	4	④	14	①	24	②
34	③	44	①			34	③	44	④		
5	②	15	③	25	①	5	①	15	④	25	①
35	④	45	④			35	①	45	①		
6	③	16	②	26	③	6	②	16	②	26	②
36	②	46	②			36	②	46	③		
7	②	17	①	27	①	7	①	17	③	27	④
37	①	47	③			37	④	47	②		
8	①	18	④	28	④	8	①	18	④	28	①
38	②	48	②			38	①	48	②		
9	④	19	①	29	②	9	④	19	②	29	③
39	③	49	①			39	②	49	①		
10	①	20	②	30	②	10	②	20	③	30	④
40	①	50	②			40	④	50	④		

주관식 〈13〉

주1	흰비름 이	주33	취선	주65	手帖
주2	바구니 람	주34	온당	주66	대량살상무기
주3	서른근 균	주35	유대	주67	조업단축
주4	몽둥이 간	주36	기자	주68	금난전권
주5	물을 자	주37	이륜	주69	은폐
주6	자작나무 화	주38	이뇌	주70	미륵사지석탑
주7	뻗칠/건널 긍	주39	면막	주71	벽란도
주8	눈동자 동	주40	추선	주72	호반
주9	들 강	주41	박옥	주73	각성
주10	산기슭 록	주42	사윤	주74	영휴
주11	무너질 궤	주43	질타	주75	오지
주12	빛날 빈	주44	척결	주76	선어
주13	홀아비 환	주45	편도선	주77	묘사
주14	손수레 련	주46	准 → 竣	주78	조칙
주15	복 조	주47	逍 → 遡	주79	비요
주16	해돋을 섬	주48	杳 → 遝	주80	추락
주17	언덕 치	주49	螺 → 懶	주81	黜黨
주18	젖을 함	주50	颱 → 眙	주82	明瞭
주19	보살 살	주51	褒章	주83	譴責
주20	긁을 소	주52	鋪裝	주84	陋醜
주21	疼	주53	弟嫂	주85	緘口
주22	狩	주54	除授	주86	眞摯
주23	蹶	주55	邸宅	주87	指紋
주24	蝕	주56	影幀	주88	蟄居
주25	咽	주57	敷衍/演	주89	語套
주26	煮	주58	牝牡	주90	驕慢
주27	肱	주59	怨讐	주91	痼
주28	斟	주60	什長	주92	狐
주29	癡	주61	袴衣	주93	梓
주30	醴	주62	佯病	주94	鸚
주31	창연	주63	磨崖佛	주95	遠 , 憂
주32	흘립	주64	猜忌	주96	讀 , 心
주97	人間私語 天聽若雷				
주98	智者 千慮 必有一失				
주99	콩을 심으면 콩을 얻는다.				
주100	가을 달은 밝은 빛을 드날리네.				

주관식 〈14〉

주1	겁낼 겁	주33	추밀	주65	支撐
주2	깁 사	주34	조감	주66	낙성계약
주3	노 도	주35	정광	주67	청약부금
주4	모기 문	주36	숙당	주68	대충자금
주5	한가지 동	주37	산록	주69	병참선
주6	가구 가	주38	팽배	주70	감홍전극
주7	발가락 지	주39	나타	주71	알력
주8	나무할 초	주40	야금	주72	갈채
주9	꺼릴 탄	주41	도열	주73	흡족
주10	화할/농갓거리 해	주42	보살	주74	철자법
주11	밝을 병	주43	납월	주75	돈대
주12	쐐기 설	주44	보수	주76	유착
주13	비빌 찰	주45	숙장	주77	나약
주14	바칠 전	주46	軀 → 柩	주78	감내
주15	말리 말	주47	惠 → 彗	주79	배석
주16	풍류이름 소	주48	廉 → 斂	주80	완구
주17	엿볼 규	주49	維 → 紐	주81	魚物廛
주18	묶을 괄	주50	倆 → 輛	주82	黎明
주19	더러울 설	주51	島嶼	주83	沃沮
주20	수놓을 수	주52	圖書	주84	罪悚
주21	恍	주53	狼藉	주85	棗栗梨杮
주22	渲	주54	娘子	주86	詭辯
주23	熄	주55	瀆職	주87	委囑
주24	笠	주56	嫡孫	주88	膝下
주25	蹄	주57	僥倖	주89	壅拙
주26	昆	주58	老婆	주90	描寫
주27	仔	주59	盈虧	주91	璧
주28	鈇	주60	枉臨	주92	沫
주29	瞻	주61	衾枕	주93	邀
주30	杳	주62	喫煙	주94	菫
주31	통첩	주63	相剋	주95	璧 , 寸
주32	핍박	주64	帆船	주96	軍 , 志
주97	人而不知有五常				
주98	春若不耕 秋無所望				
주99	아랫사람에게 묻기를 부끄러워하지 않는다.				
주100	남을 책망하는 자는 교제를 온전히 할 수 없다.				

모범답안

<table>
<tr><td colspan="10" align="center">〈 15 〉</td></tr>
<tr><td colspan="10" align="center">객관식</td></tr>
<tr><td>1</td><td>②</td><td>11</td><td>④</td><td>21</td><td>③</td><td>31</td><td>②</td><td>41</td><td>①</td></tr>
<tr><td>2</td><td>③</td><td>12</td><td>②</td><td>22</td><td>④</td><td>32</td><td>④</td><td>42</td><td>②</td></tr>
<tr><td>3</td><td>④</td><td>13</td><td>①</td><td>23</td><td>③</td><td>33</td><td>③</td><td>43</td><td>①</td></tr>
<tr><td>4</td><td>①</td><td>14</td><td>③</td><td>24</td><td>③</td><td>34</td><td>④</td><td>44</td><td>④</td></tr>
<tr><td>5</td><td>②</td><td>15</td><td>①</td><td>25</td><td>①</td><td>35</td><td>②</td><td>45</td><td>③</td></tr>
<tr><td>6</td><td>③</td><td>16</td><td>④</td><td>26</td><td>④</td><td>36</td><td>①</td><td>46</td><td>①</td></tr>
<tr><td>7</td><td>①</td><td>17</td><td>②</td><td>27</td><td>③</td><td>37</td><td>③</td><td>47</td><td>②</td></tr>
<tr><td>8</td><td>②</td><td>18</td><td>④</td><td>28</td><td>③</td><td>38</td><td>④</td><td>48</td><td>③</td></tr>
<tr><td>9</td><td>④</td><td>19</td><td>①</td><td>29</td><td>①</td><td>39</td><td>②</td><td>49</td><td>④</td></tr>
<tr><td>10</td><td>③</td><td>20</td><td>②</td><td>30</td><td>①</td><td>40</td><td>③</td><td>50</td><td>①</td></tr>
<tr><td colspan="10" align="center">주관식</td></tr>
</table>

주1	방자할 사	주33	추로	주65	鞠躬
주2	지극할 지	주34	궤휼	주66	쌍무협상
주3	콩잎 곽	주35	호련	주67	탄핵소추권
주4	밝을 절	주36	파사	주68	경락허가결정
주5	삶을 자	주37	욱렬	주69	무구정광대다라니경
주6	문짝 비	주38	남상	주70	강박성인격장애
주7	합할 흡	주39	요조	주71	해서
주8	횃불 홍	주40	도습	주72	날조
주9	슬퍼할 창	주41	참회	주73	원앙
주10	무쇠 선	주42	연길	주74	치한
주11	다 첨	주43	차질	주75	해괴
주12	달릴 치	주44	구징	주76	예지
주13	맑을 징	주45	원비	주77	매진
주14	덩굴 만	주46	幣 → 陛	주78	응수
주15	아낄 색	주47	鋼 → 慷	주79	팽배
주16	기둥 영	주48	尖 → 籤	주80	촉탁
주17	인할 잉	주49	琉 → 硫	주81	眷屬
주18	볼 첨	주50	殿 → 栓	주82	恐喝
주19	사위 서	주51	猜忌	주83	嘲弄
주20	지을 주	주52	時期	주84	遑急
주21	楷	주53	補塡	주85	支撑
주22	晙	주54	保全	주86	反駁
주23	炷	주55	瞳孔	주87	湧出
주24	芥	주56	微軀	주88	瘠薄
주25	彗	주57	壙穴	주89	耽溺
주26	萃	주58	甥姪	주90	橋頭堡
주27	餠	주59	祚業	주91	彝
주28	貽	주60	堵列	주92	嘯/吟
주29	蹊	주61	拇印	주93	紗
주30	詢	주62	膿液	주94	蚊
주31	빙의	주63	艾年	주95	樹 , 敲
주32	조두	주64	詰抗	주96	妻 , 亂

주97	一日不念善 諸惡皆自起
주98	臨難毋苟免
주99	군자는 의리에 밝다.
주100	달빛은 쓸어내도 다시 생긴다.

사범, 1 ~ 3급 응시자용

국가공인 한자자격시험 답안지

주관 : (사)한자교육진흥회
시행 : 한국한자실력평가원

1 1

회 차	제 회	응시등급		문제유형	
감독관 확 인	(서명)	사범	○	A형	○
		1 급	○		
		2 급	○	B형	○
		3 급	○		

성 명	

수 험 번 호

			-			-			-				
⓪	⓪	⓪		⓪	⓪		⓪	⓪		⓪	⓪	⓪	⓪
①	①	①		①	①		①	①		①	①	①	①
②	②	②		②	②		②			②	②	②	②
③	③	③		③	③		③			③	③	③	③
④	④	④	-	④	④	-			-	④	④	④	④
⑤	⑤	⑤		⑤	⑤					⑤	⑤	⑤	⑤
⑥	⑥	⑥		⑥	⑥					⑥	⑥	⑥	⑥
⑦	⑦	⑦		⑦	⑦					⑦	⑦	⑦	⑦
⑧	⑧	⑧		⑧	⑧					⑧	⑧	⑧	⑧
⑨	⑨	⑨		⑨	⑨					⑨	⑨	⑨	⑨

생 년 월 일

⓪	⓪	⓪	⓪	⓪	⓪
①	①	①	①	①	①
②	②		②	②	②
③	③		③	③	③
④	④		④		④
⑤	⑤		⑤		⑤
⑥	⑥		⑥		⑥
⑦	⑦		⑦		⑦
⑧	⑧		⑧		⑧
⑨	⑨		⑨		⑨

채점위원확인란 (응시자표기금지)
(초 검)
(재 검)

객 관 식 답 안 란

1	① ② ③ ④	16	① ② ③ ④	3	① ② ③ ④
2	① ② ③ ④	17	① ② ③ ④	32	① ② ③ ④
3	① ② ③ ④	18	① ② ③ ④	33	① ② ③ ④
4	① ② ③ ④	19	① ② ③ ④	34	① ② ③ ④
5	① ② ③ ④	**20**	① ② ③ ④	**35**	① ② ③ ④
6	① ② ③ ④	21	① ② ③ ④	36	① ② ③ ④
7	① ② ③ ④	22	① ② ③ ④	37	① ② ③ ④
8	① ② ③ ④	23	① ② ③ ④	38	① ② ③ ④
9	① ② ③ ④	24	① ② ③ ④	39	① ② ③ ④
10	① ② ③ ④	**25**	① ② ③ ④	**40**	① ② ③ ④
11	① ② ③ ④	26	① ② ③ ④	41	① ② ③ ④
12	① ② ③ ④	27	① ② ③ ④	42	① ② ③ ④
13	① ② ③ ④	28	① ② ③ ④	43	① ② ③ ④
14	① ② ③ ④	29	① ② ③ ④	44	① ② ③ ④
15	① ② ③ ④	**30**	① ② ③ ④	**45**	① ② ③ ④
				46	① ② ③ ④
				47	① ② ③ ④
				48	① ② ③ ④
				49	① ② ③ ④
				50	① ② ③ ④

※ 답안지 작성요령

1. 객관식 답은 해당번호에 검정색 펜으로 표기
   - ▶ 바른표기 예 : ●
   - ▶ 틀린표기 예 : ◑ ⊙ ✓ ⊗
2. 객관식 답을 수정할 때는 수정테이프를 사용
3. 객관식 답을 수정할 때는 두줄로 긋고 작성
4. 본 답안지를 구기거나 훼손하지 마시오.

문항	주관식 답안란	초검	재검	문항		초검	재검
주 1		○	○	주 16		○	○
주 2		○	○	주 17		○	○
주 3		○	○	주 18		○	○
주 4		○	○	주 19		○	○
주 5		○	○	주 20		○	○
주 6		○	○	주 21		○	○
주 7		○	○	주 22		○	○
주 8		○	○	주 23		○	○
주 9		○	○	주 23		○	○
주 10		○	○	주 25		○	○
주 11		○	○	주 26		○	○
주 12		○	○	주 27		○	○
주 13		○	○	주 28		○	○
주 14		○	○	주 29		○	○
주 15		○	○	주 30		○	○

※ 응시자는 채점란의 ○표에 표기하지 마시오.

1 2

문항	주관식 답안란	초검	재검	문항	주관식 답안란	초검	재검	문항	주관식 답안란	초검	재검	문항	사범, 1급 답안란 (2, 3급은 작성불가)	초검	재검	문항	사범, 1급 답안란 (2, 3급은 작성불가)	초검	재검
주31		○	○	주46		○	○	주61		○	○	주75		○	○	주90		○	○
주32		○	○	주47		○	○	주62		○	○	주76		○	○	주91		○	○
주33		○	○	주48		○	○	주63		○	○	주77		○	○	주92		○	○
주34		○	○	주49		○	○	주64		○	○	주78		○	○	주93		○	○
주35		○	○	주50		○	○	주65		○	○	주79		○	○	주94		○	○
주36		○	○	주51		○	○	주66		○	○	주80		○	○	주95		○	○
주37		○	○	주52		○	○	주67		○	○	주81		○	○	주96		○	○
주38		○	○	주53		○	○	주68		○	○	주82		○	○	주97		○	○
주39		○	○	주53		○	○	주68		○	○	주83		○	○	주98		○	○
주40		○	○	주55		○	○	주70		○	○	주84				주99		○	○
주41		○	○	주56		○	○		사범, 1급 답안란 (2, 3급은 작성불가)			주85		○	○				
주42		○	○	주57		○	○	주71		○	○	주86		○	○	주100		○	○
주43		○	○	주58		○	○	주72		○	○	주87		○	○				
주44		○	○	주59		○	○	주73		○	○	주88		○	○	사범II점수	①②③④⑤⑥⑦⑧⑨ ⓪①②③④⑤⑥⑦⑧⑨		
주55		○	○	주60		○	○	주74		○	○	주89		○	○	(응시자 표기금지)	⓪①②③④⑤⑥⑦⑧⑨		

국가공인 한자자격시험 답안지

주관 : (사)한자교육진흥회
시행 : 한국한자실력평가원

1 1

사범, 1 ~ 3급 응시자용

인적사항

회 차	제 회	응시등급		문제유형	
감독관 확인	(서명)	사범	○	A형	○
		1급	○		
		2급	○	B형	○
		3급	○		

성 명	

수 험 번 호

0	0	0		0	0		0	0		0	0	0	0
1	1	1		1	1		1	1		1	1	1	1
2	2	2		2	2		2	2		2	2	2	2
3	3	3		3	3		3	3		3	3	3	3
4	4	4		4	4		4	4		4	4	4	4
5	5	5		5	5		5	5		5	5	5	5
6	6	6		6	6		6	6		6	6	6	6
7	7	7		7	7		7	7		7	7	7	7
8	8	8		8	8		8	8		8	8	8	8
9	9	9		9	9		9	9		9	9	9	9

생 년 월 일

0	0	0	0	0	0
1	1	1	1	1	1
2		2	2	2	2
3		3	3	3	3
4		4	4	4	4
5		5	5	5	5
6		6	6	6	6
7		7	7	7	7
8		8	8	8	8
9		9	9	9	9

채점위원확인란 (응시지표기금지)

(초 검)

(재 검)

객 관 식 답 안 란

1	① ② ③ ④	16	① ② ③ ④	3	① ② ③ ④
2	① ② ③ ④	17	① ② ③ ④	32	① ② ③ ④
3	① ② ③ ④	18	① ② ③ ④	33	① ② ③ ④
4	① ② ③ ④	19	① ② ③ ④	34	① ② ③ ④
5	① ② ③ ④	20	① ② ③ ④	35	① ② ③ ④
6	① ② ③ ④	21	① ② ③ ④	36	① ② ③ ④
7	① ② ③ ④	22	① ② ③ ④	37	① ② ③ ④
8	① ② ③ ④	23	① ② ③ ④	38	① ② ③ ④
9	① ② ③ ④	24	① ② ③ ④	39	① ② ③ ④
10	① ② ③ ④	25	① ② ③ ④	40	① ② ③ ④
11	① ② ③ ④	26	① ② ③ ④	41	① ② ③ ④
12	① ② ③ ④	27	① ② ③ ④	42	① ② ③ ④
13	① ② ③ ④	28	① ② ③ ④	43	① ② ③ ④
14	① ② ③ ④	29	① ② ③ ④	44	① ② ③ ④
15	① ② ③ ④	30	① ② ③ ④	45	① ② ③ ④
46	① ② ③ ④				
47	① ② ③ ④				
48	① ② ③ ④				
49	① ② ③ ④				
50	① ② ③ ④				

※ 답안지 작성요령

1. 객관식 답은 해당번호에 검정색 펜으로 표기
   ▶ 바른표기 예 : ●
   ▶ 틀린표기 예 : ◑ ⊙ ⊘ ⊗
2. 객관식 답을 수정할 때는 수정테이프를 사용
3. 객관식 답을 수정할 때는 두줄로 긋고 작성
4. 본 답안지를 구기거나 훼손하지 마시오.

주관식 답안란

문항	주관식 답안란	초검	재검	문항		초검	재검
주1		○	○	주16		○	○
주2		○	○	주17		○	○
주3		○	○	주18		○	○
주4		○	○	주19		○	○
주5		○	○	주20		○	○
주6		○	○	주21		○	○
주7		○	○	주22		○	○
주8		○	○	주23		○	○
주9		○	○	주23		○	○
주10		○	○	주25		○	○
주11		○	○	주26		○	○
주12		○	○	주27		○	○
주13		○	○	주28		○	○
주14		○	○	주29		○	○
주15		○	○	주30		○	○

※ 응시자는 채점란의 ○표에 표기하지 마시오.　　　　　　　　　　　　　　1 2

문항	주관식 답안란	초검	재검	문항	주관식 답안란	초검	재검	문항	주관식 답안란	초검	재검	문항	사범, 1급 답안란 (2, 3급은 작성불가)	초검	재검	문항	사범, 1급 답안란 (2, 3급은 작성불가)	초검	재검
주31		○	○	주46		○	○	주61		○	○	주75		○	○	주90		○	○
주32		○	○	주47		○	○	주62		○	○	주76		○	○	주91		○	○
주33		○	○	주48		○	○	주63		○	○	주77		○	○	주92		○	○
주34		○	○	주49		○	○	주64		○	○	주78		○	○	주93		○	○
주35		○	○	주50		○	○	주65		○	○	주79		○	○	주94		○	○
주36		○	○	주51		○	○	주66		○	○	주80		○	○	주95		○	○
주37		○	○	주52		○	○	주67		○	○	주81		○	○	주96		○	○
주38		○	○	주53		○	○	주68		○	○	주82		○	○	주97		○	○
주39		○	○	주53		○	○	주68		○	○	주83		○	○	주98		○	○
주40		○	○	주55		○	○	주70		○	○	주84		○	○	주99		○	○
주41		○	○	주56		○	○		사범, 1급 답안란 (2, 3급은 작성불가)			주85		○	○				
주42		○	○	주57		○	○	주71		○	○	주86		○	○	주100		○	○
주43		○	○	주58		○	○	주72		○	○	주87		○	○				
주44		○	○	주59		○	○	주73		○	○	주88		○	○	사범II점수 (응시자 표기금지)	①②③④⑤⑥⑦⑧⑨ ⓪①②③④⑤⑥⑦⑧⑨		
주55		○	○	주60		○	○	주74		○	○	주89		○	○		⓪①②③④⑤⑥⑦⑧⑨	○	○

국가공인 한자자격시험 답안지

주관 : (사)한자교육진흥회
시행 : 한국한자실력평가원

1 1

사범, 1 ~ 3급 응시자용

회 차	제 회	응시등급		문제유형	
감독관 확 인	(서명)	사범	○	A형	○
		1급	○		
		2급	○	B형	○
		3급	○		

성 명

수 험 번 호

생 년 월 일

채점위원확인란
(응시자표기금지)

(초 검)

(재 검)

객 관 식 답 안 란

1	①②③④	16	①②③④	3	①②③④
2	①②③④	17	①②③④	32	①②③④
3	①②③④	18	①②③④	33	①②③④
4	①②③④	19	①②③④	34	①②③④
5	①②③④	20	①②③④	35	①②③④
6	①②③④	21	①②③④	36	①②③④
7	①②③④	22	①②③④	37	①②③④
8	①②③④	23	①②③④	38	①②③④
9	①②③④	24	①②③④	39	①②③④
10	①②③④	25	①②③④	40	①②③④
11	①②③④	26	①②③④	41	①②③④
12	①②③④	27	①②③④	42	①②③④
13	①②③④	28	①②③④	43	①②③④
14	①②③④	29	①②③④	44	①②③④
15	①②③④	30	①②③④	45	①②③④
				46	①②③④
				47	①②③④
				48	①②③④
				49	①②③④
				50	①②③④

※ 답안지 작성요령

1. 객관식 답은 해당번호에 검정색 펜으로 표기
   ▶ 바른표기 예 : ●
   ▶ 틀린표기 예 : ◐ ⊙ ✓ ⊗
2. 객관식 답을 수정할 때는 수정테이프를 사용
3. 객관식 답을 수정할 때는 두줄로 긋고 작성
4. 본 답안지를 구기거나 훼손하지 마시오.

문항	주관식 답안란	초검	재검	문항		초검	재검
주 1		○	○	주 16		○	○
주 2		○	○	주 17		○	○
주 3		○	○	주 18		○	○
주 4		○	○	주 19		○	○
주 5		○	○	주 20		○	○
주 6		○	○	주 21		○	○
주 7		○	○	주 22		○	○
주 8		○	○	주 23		○	○
주 9		○	○	주 23		○	○
주 10		○	○	주 25		○	○
주 11		○	○	주 26		○	○
주 12		○	○	주 27		○	○
주 13		○	○	주 28		○	○
주 14		○	○	주 29		○	○
주 15		○	○	주 30		○	○

※ 응시자는 채점란의 ○표에 표기하지 마시오.

1 2

문항	주관식 답안란	초검	재검	문항	주관식 답안란	초검	재검	문항	주관식 답안란	초검	재검	문항	사범, 1급 답안란 (2, 3급은 작성불가)	초검	재검	문항	사범, 1급 답안란 (2, 3급은 작성불가)	초검	재검
주31		○	○	주46		○	○	주61		○	○	주75		○	○	주90		○	○
주32		○	○	주47		○	○	주62		○	○	주76		○	○	주91		○	○
주33		○	○	주48		○	○	주63		○	○	주77		○	○	주92		○	○
주34		○	○	주49		○	○	주64		○	○	주78		○	○	주93		○	○
주35		○	○	주50		○	○	주65		○	○	주79		○	○	주94		○	○
주36		○	○	주51		○	○	주66		○	○	주80		○	○	주95		○	○
주37		○	○	주52		○	○	주67		○	○	주81		○	○	주96		○	○
주38		○	○	주53		○	○	주68		○	○	주82		○	○	주97		○	○
주39		○	○	주53		○	○	주68		○	○	주83		○	○	주98		○	○
주40		○	○	주55		○	○	주70		○	○	주84		○	○	주99			
주41		○	○	주56		○	○		사범, 1급 답안란 (2, 3급은 작성불가)			주85		○	○			○	○
주42		○	○	주57		○	○	주71		○	○	주86		○	○	주100			
주43		○	○	주58		○	○	주72		○	○	주87		○	○			○	○
주44		○	○	주59		○	○	주73		○	○	주88		○	○	사범II점수	①②③④⑤⑥⑦⑧⑨		
주55		○	○	주60		○	○	주74		○	○	주89		○	○	(응시자 표기금지)	⓪①②③④⑤⑥⑦⑧⑨ / ⓪①②③④⑤⑥⑦⑧⑨		

사범, 1 ~ 3급 응시자용

국가공인 한자자격시험 답안지

주관 : (사)한자교육진흥회
시행 : 한국한자실력평가원

1 1

회 차	제 회	응시등급		문제유형	
감독관 확 인	(서명)	사범	○	A형	○
		1 급	○		
		2 급	○	B형	○
		3 급	○		

성 명	

수 험 번 호

			-			-			-				
⓪①②③④⑤⑥⑦⑧⑨	⓪①②③④⑤⑥⑦⑧⑨	⓪①②③④⑤⑥⑦⑧⑨	-	⓪①②③④⑤⑥⑦⑧⑨	⓪①②③④⑤⑥⑦⑧⑨	-	⓪①②③	⓪①	-	⓪①②③④⑤⑥⑦⑧⑨	⓪①②③④⑤⑥⑦⑧⑨	⓪①②③④⑤⑥⑦⑧⑨	⓪①②③④⑤⑥⑦⑧⑨

생 년 월 일

⓪①②③④⑤⑥⑦⑧⑨	⓪①②③④⑤⑥⑦⑧⑨	⓪①	⓪①②③④⑤⑥⑦⑧⑨	⓪①②③	⓪①②③④⑤⑥⑦⑧⑨

채점위원확인란 (응시자표기금지)
(초 검)
(재 검)

객 관 식 답 안 란

1	① ② ③ ④	16	① ② ③ ④	3	① ② ③ ④
2	① ② ③ ④	17	① ② ③ ④	32	① ② ③ ④
3	① ② ③ ④	18	① ② ③ ④	33	① ② ③ ④
4	① ② ③ ④	19	① ② ③ ④	34	① ② ③ ④
5	① ② ③ ④	**20**	① ② ③ ④	**35**	① ② ③ ④
6	① ② ③ ④	21	① ② ③ ④	36	① ② ③ ④
7	① ② ③ ④	22	① ② ③ ④	37	① ② ③ ④
8	① ② ③ ④	23	① ② ③ ④	38	① ② ③ ④
9	① ② ③ ④	24	① ② ③ ④	39	① ② ③ ④
10	① ② ③ ④	**25**	① ② ③ ④	**40**	① ② ③ ④
11	① ② ③ ④	26	① ② ③ ④	41	① ② ③ ④
12	① ② ③ ④	27	① ② ③ ④	42	① ② ③ ④
13	① ② ③ ④	28	① ② ③ ④	43	① ② ③ ④
14	① ② ③ ④	29	① ② ③ ④	44	① ② ③ ④
15	① ② ③ ④	**30**	① ② ③ ④	**45**	① ② ③ ④
				46	① ② ③ ④
				47	① ② ③ ④
				48	① ② ③ ④
				49	① ② ③ ④
				50	① ② ③ ④

※ 답안지 작성요령

1. 객관식 답은 해당번호에 검정색 펜으로 표기
   - ▶ 바른표기 예 : ●
   - ▶ 틀린표기 예 : ◑ ⊙ ✓ ⊗
2. 객관식 답을 수정할 때는 수정테이프를 사용
3. 객관식 답을 수정할 때는 두줄로 긋고 작성
4. 본 답안지를 구기거나 훼손하지 마시오.

문항	주관식 답안란	초검	재검	문항		초검	재검
주 1		○	○	주 16		○	○
주 2		○	○	주 17		○	○
주 3		○	○	주 18		○	○
주 4		○	○	주 19		○	○
주 5		○	○	주 20		○	○
주 6		○	○	주 21		○	○
주 7		○	○	주 22		○	○
주 8		○	○	주 23		○	○
주 9		○	○	주 23		○	○
주 10		○	○	주 25		○	○
주 11		○	○	주 26		○	○
주 12		○	○	주 27		○	○
주 13		○	○	주 28		○	○
주 14		○	○	주 29		○	○
주 15		○	○	주 30		○	○

※ 응시자는 채점란의 ○표에 표기하지 마시오.

1 2

문항	주관식 답안란	초검	재검	문항	주관식 답안란	초검	재검	문항	주관식 답안란	초검	재검	문항	사범, 1급 답안란 (2, 3급은 작성불가)	초검	재검	문항	사범, 1급 답안란 (2, 3급은 작성불가)	초검	재검
주31		○	○	주46		○	○	주61		○	○	주75		○	○	주90		○	○
주32		○	○	주47		○	○	주62		○	○	주76		○	○	주91		○	○
주33		○	○	주48		○	○	주63		○	○	주77		○	○	주92		○	○
주34		○	○	주49		○	○	주64		○	○	주78		○	○	주93		○	○
주35		○	○	주50		○	○	주65		○	○	주79		○	○	주94		○	○
주36		○	○	주51		○	○	주66		○	○	주80		○	○	주95		○	○
주37		○	○	주52		○	○	주67		○	○	주81		○	○	주96		○	○
주38		○	○	주53		○	○	주68		○	○	주82		○	○	주97		○	○
주39		○	○	주53		○	○	주68		○	○	주83		○	○	주98		○	○
주40		○	○	주55		○	○	주70		○	○	주84		○	○	주99		○	○
주41		○	○	주56		○	○	사범, 1급 답안란 (2, 3급은 작성불가)				주85		○	○				
주42		○	○	주57		○	○	주71		○	○	주86		○	○	주100		○	○
주43		○	○	주58		○	○	주72		○	○	주87		○	○				
주44		○	○	주59		○	○	주73		○	○	주88		○	○	사범II점수	①②③④⑤⑥⑦⑧⑨		
주55		○	○	주60		○	○	주74		○	○	주89		○	○	(응시자 표기금지)	⓪①②③④⑤⑥⑦⑧⑨ / ⓪①②③④⑤⑥⑦⑧⑨		

국가공인 한자자격시험 답안지

사범, 1 ~ 3급 응시자용

주관 : (사)한자교육진흥회
시행 : 한국한자실력평가원

1 1

객관식 답안란

회 차	제 회	응시등급	문제유형
감독관 확인	(서명)	사범 ○ / 1급 ○ / 2급 ○ / 3급 ○	A형 ○ / B형 ○

성 명

수 험 번 호

생 년 월 일

채점위원확인란 (응시지표기금지)

(초 검)

(재 검)

1	16	3
2	17	32
3	18	33
4	19	34
5	20	35
6	21	36
7	22	37
8	23	38
9	24	39
10	25	40
11	26	41
12	27	42
13	28	43
14	29	44
15	30	45
		46
		47
		48
		49
		50

※ 답안지 작성요령

1. 객관식 답은 해당번호에 검정색 펜으로 표기
 ▶ 바른표기 예 : ●
 ▶ 틀린표기 예 : ◐ ⊙ ✓ ⊗
2. 객관식 답을 수정할 때는 수정테이프를 사용
3. 객관식 답을 수정할 때는 두줄로 긋고 작성
4. 본 답안지를 구기거나 훼손하지 마시오.

주관식 답안란

문항	주관식 답안란	초검	재검	문항		초검	재검
주1		○	○	주16		○	○
주2		○	○	주17		○	○
주3		○	○	주18		○	○
주4		○	○	주19		○	○
주5		○	○	주20		○	○
주6		○	○	주21		○	○
주7		○	○	주22		○	○
주8		○	○	주23		○	○
주9		○	○	주23		○	○
주10		○	○	주25		○	○
주11		○	○	주26		○	○
주12		○	○	주27		○	○
주13		○	○	주28		○	○
주14		○	○	주29		○	○
주15		○	○	주30		○	○

※ 응시자는 채점란의 ○표에 표기하지 마시오.

1 2

문항	주관식 답안란	초검	재검	문항	주관식 답안란	초검	재검	문항	주관식 답안란	초검	재검	문항	사범, 1급 답안란 (2, 3급은 작성불가)	초검	재검	문항	사범, 1급 답안란 (2, 3급은 작성불가)	초검	재검
주31		○	○	주46		○	○	주61		○	○	주75		○	○	주90		○	○
주32		○	○	주47		○	○	주62		○	○	주76		○	○	주91		○	○
주33		○	○	주48		○	○	주63		○	○	주77		○	○	주92		○	○
주34		○	○	주49		○	○	주64		○	○	주78		○	○	주93		○	○
주35		○	○	주50		○	○	주65		○	○	주79		○	○	주94		○	○
주36		○	○	주51		○	○	주66		○	○	주80		○	○	주95		○	○
주37		○	○	주52		○	○	주67		○	○	주81		○	○	주96		○	○
주38		○	○	주53		○	○	주68		○	○	주82		○	○	주97		○	○
주39		○	○	주53		○	○	주68		○	○	주83		○	○	주98		○	○
주40		○	○	주55		○	○	주70		○	○	주84		○	○	주99		○	○
주41		○	○	주56		○	○	사범, 1급 답안란 (2, 3급은 작성불가)				주85		○	○				
주42		○	○	주57		○	○	주71		○	○	주86		○	○	주100		○	○
주43		○	○	주58		○	○	주72		○	○	주87		○	○				
주44		○	○	주59		○	○	주73		○	○	주88		○	○	사범II점수	①②③④⑤⑥⑦⑧⑨		
주55		○	○	주60		○	○	주74		○	○	주89		○	○	(응시자 표기금지)	⓪①②③④⑤⑥⑦⑧⑨ ⓪①②③④⑤⑥⑦⑧⑨		